Basic Theories of Adult Education

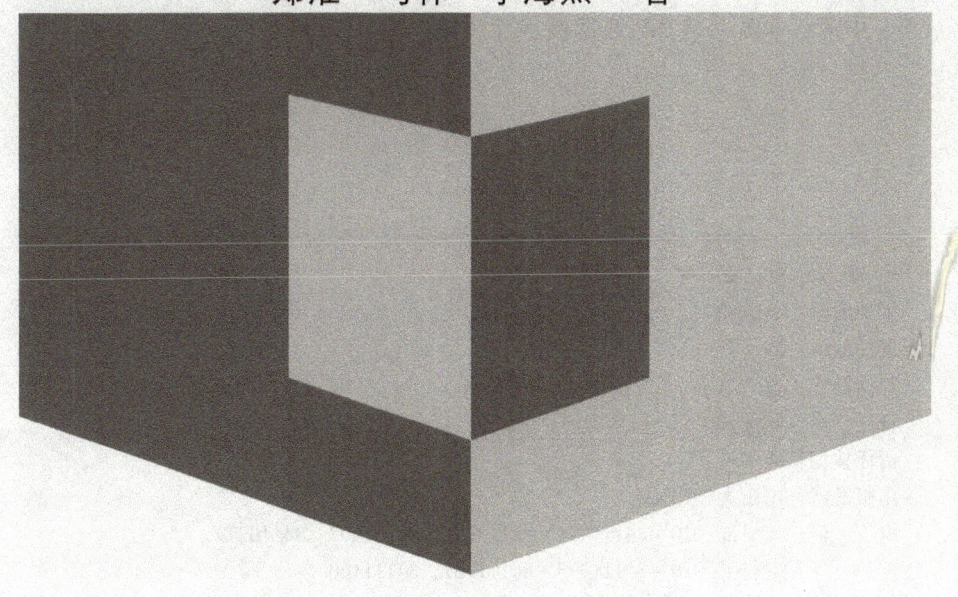

成人教育基础理论

郑淮　马林　李海燕　著

中山大学出版社
SUN YAT-SEN UNIVERSITY PRESS
·广州·

版权所有　翻印必究

图书在版编目（CIP）数据

成人教育基础理论/郑淮，马林，李海燕著.—广州：中山大学出版社，2015.1
ISBN 978-7-306-05194-3

Ⅰ.①成… Ⅱ.①郑… ②马… ③李… Ⅲ.①成人教育—教育理论 Ⅳ.①G720

中国版本图书馆 CIP 数据核字（2015）第 031788 号

出 版 人：	徐　劲
策划编辑：	金继伟
责任编辑：	陈　芳
封面设计：	曾　斌
责任校对：	陈俊婵
责任技编：	何雅涛
出版发行：	中山大学出版社
电　　话：	编辑部 020 - 84111996，84113349，84111997，84110779
	发行部 020 - 84111998，84111981，84111160
地　　址：	广州市新港西路 135 号
邮　　编：	510275　　传　真：020 - 84036565
网　　址：	http://www.zsup.com.cn　E-mail: zdcbs@mail.sysu.edu.cn
印 刷 者：	虎彩印艺股份有限公司
规　　格：	787mm×1092mm　1/16　18.25 印张　335 千字
版次印次：	2015 年 1 月第 1 版　2015 年 1 月第 1 次印刷
定　　价：	35.00 元

如发现本书因印装质量影响阅读，请与出版社发行部联系调换

内 容 简 介

本专著是作者在成人教育学硕士研究生专业学位课程"成人教育理论基础"的教学和研究基础上，从终身教育和学习社会的角度对成人教育学的发展历史、基本概念、学科性质、理论基础和思想流派进行的较为全面的梳理，比较深入地把握了成人教育的基本问题、理论框架和重要发展趋势。全书有自己独特的体系和风格，内容共9章，包括国际成人教育的历史、成人教育有关概念、成人教育学学科体系、成人教育研究方法论、成人教育理论学派、成人教育的目的理论、成人教育功能论、成人教育的制度和体系、学习社会与社区成人教育。本书作为成人教育学的基础理论，结合我国成人教育的发展趋势，以成人教育学的研究对象与问题为线索，把握本学科前沿，关注和探讨本研究领域的热点问题，反映成人教育的最新研究进展及其成果，注重现实教育问题的研究和分析，为成人教育专业的读者提供必要的理论基础，也可以作为成人教育管理、成人教育服务和社区教育工作者的培训教材。

序

人类社会发展表明，实践发展永无止境，认识真理永无止境，理论创新永无止境。同理，尽管我国成人教育学研究取得了前所未有的历史性成就，然而对其研究还需不断地进行理论创新。何况，现代成人教育学科仍是一门正在走向成熟的学科，其成熟度有待提升。更何况，整个世界正处于高度信息化时代，人类社会正处在空前变革阶段，成人教育正在迅速发展和进一步展开，终身学习日益成为人们的生活方式。基于上述的思考，本人于2008年发表的《我国现代成人教育30年：历程、评价和展望》一文就提出："成人教育学需进一步理论创新和专业化。"

以华南师范大学教育科学学院郑淮教授为首的教学科研团队长期坚持在教学和科研第一线，一手抓教学，一手抓科研，以教学需要促进科研深入发展，以科研成果丰富教学内容。今天，我们很高兴地看到《成人教育基础理论》一书即将问世，这是作者多年来的教学积累和潜心研究的结晶。它的问世，有效地加强了我国成人教育基础理论研究的薄弱环节，是我国成人教育学界的一件喜事。在这里，我热烈祝贺该著作的问世。

该专著是作者在成人教育学硕士研究生专业学位课程"成人教育理论基础"多年教学和研究的基础上，从终身教育和学习社会的角度对成人教育学的发展历史、基本概念、学科性质、理论基础和思想流派等所做的较为全面的梳理，比较深入地把握了成人教育的基本问题、理论框架和重要发展趋势。综观全书，框架结构合理，内在逻辑性较强，条理清楚，层次分明。作者力求将历史与现实、理论与实践、国内与国外相结合，来阐明成人教育基础理论，有不少创新之点。尤为可贵的是：作者尝试构建成人教育学的新框架，让专著有了自己独特的体系和风格；在论述成人教育功能观方面，不仅从人力资本视角进行论述，而且引进社会资本视角探讨成人教育新功能；在成人教育研究方法论方面，不是仅介绍诸研究方法，而是着重各类研究的理论基础和相互比较；如此等等。

总之，这是一部有创意、有厚度、有水平的成人教育基础理论专著。该专著的出版，既有学术价值，可促进成人教育基础理论的深入研究，可作为成人教育研究参考材料；又有教学价值，为成人教育培训提供了一本新的教学用书，可作为成人教育学专业研究生教育教学参考用书。作为我国成人教育学界的一位"老兵"，在这里我愿意向学界同仁们推荐这本好书。

叶忠海

2014年11月10日

（叶忠海系中国成人教育协会咨询专家、学术委员会主任，华东师范大学教授）

目 录

第一章 成人教育的产生和发展 … 1
一、世界成人教育的历史渊源 … 1
（一）古代成人教育的实践 … 1
（二）古代成人教育思想的萌生 … 5
二、近代成人教育的兴起 … 8
（一）欧美国家的成人教育运动 … 8
（二）近代成人教育思想的发端 … 12
三、现代成人教育的发展 … 15
（一）国外成人教育的规范化 … 15
（二）我国成人教育的演变和改革 … 20

第二章 学科视野的成人教育概念 … 27
一、成人的学习特征与教育属性 … 27
（一）成人的词义分析 … 27
（二）成人的学习特征 … 31
（三）成人的教育属性 … 34
二、成人教育概念的定义 … 36
（一）成人教育的界定 … 37
（二）成人教育的内涵 … 38
（三）成人教育的外延 … 41
三、与成人教育有关的概念分析 … 42
（一）成人教育与终身教育、终身学习、永续教育 … 42
（二）成人教育与培训、职业教育、职业技术教育 … 45
（三）成人教育与继续教育、回流教育 … 48
（四）成人教育与现代远程教育、网络教育 … 51

第三章 成人教育学的学科论 … 54
一、成人教育学的学科体系 … 54
（一）什么是成人教育学 … 54

（二）成人教育学的学科框架 …………………………… 59
　　（三）成人教育学的研究对象 …………………………… 63
二、成人教育学的发展路径 …………………………………… 65
　　（一）成人教育学的研究基础 …………………………… 65
　　（二）成人教育学的发展阶段 …………………………… 68
三、成人教育学的学科建设 …………………………………… 73
　　（一）国外成人教育学学科的拓展 ……………………… 73
　　（二）我国成人教育学学科的完善 ……………………… 75

第四章　成人教育研究方法论 …………………………………… 80
一、成人教育研究的历史发展 ………………………………… 80
　　（一）国外成人教育研究的历史 ………………………… 80
　　（二）我国成人教育研究的进程 ………………………… 85
二、成人教育研究的分类和基础 ……………………………… 89
　　（一）成人教育研究的分类 ……………………………… 89
　　（二）成人教育研究的科学基础 ………………………… 94
　　（三）成人教育研究的课题 ……………………………… 98
三、成人教育的研究方法 ……………………………………… 103
　　（一）成人教育研究的方法论基础 ……………………… 103
　　（二）成人教育研究的常用方法 ………………………… 108

第五章　成人教育的理论和学派 ………………………………… 114
一、成人教育理论的基础 ……………………………………… 114
　　（一）成人教育理论的概念 ……………………………… 114
　　（二）成人教育理论的基础 ……………………………… 118
二、成人教育理论的主要流派和观点 ………………………… 125
　　（一）林德曼的成人教育理论 …………………………… 126
　　（二）诺尔斯的 Andragogy 理论 ………………………… 127
　　（三）朗格朗的终身教育理论 …………………………… 131
　　（四）弗莱雷的觉悟化理论 ……………………………… 135
　　（五）麦克卢斯基的余力理论 …………………………… 137
　　（六）麦基罗的转化学习理论 …………………………… 139
　　（七）杨曼的社会主义成人教育理论 …………………… 141

三、成人教育理论的应用问题……………………………………… 142
　　　（一）成人教育理论与实践的关系………………………………… 142
　　　（二）成人教育理论存在的问题…………………………………… 145
　　　（三）成人教育理论的建设………………………………………… 149

第六章　成人教育目的理论………………………………………… 153
　　一、成人教育目的和价值……………………………………………… 153
　　　（一）成人教育目的的内涵………………………………………… 153
　　　（二）成人教育目的的价值选择…………………………………… 157
　　二、国内外成人教育目的观的分析…………………………………… 161
　　　（一）各种教育目的观的主张……………………………………… 161
　　　（二）成人教育目的观的争论……………………………………… 164
　　三、成人教育目的的确定及其功能…………………………………… 169
　　　（一）国内外成人教育目的的表述………………………………… 170
　　　（二）确定成人教育目的的依据…………………………………… 174
　　　（三）成人教育目的的功能………………………………………… 178

第七章　成人教育功能理论………………………………………… 181
　　一、成人教育功能的论争……………………………………………… 181
　　　（一）教育的结构和功能…………………………………………… 181
　　　（二）成人教育功能………………………………………………… 183
　　　（三）成人教育的正负功能观……………………………………… 186
　　二、成人教育功能观的人力资本取向………………………………… 189
　　　（一）人力资本理论………………………………………………… 189
　　　（二）成人教育与人力资本开发…………………………………… 191
　　　（三）成人教育的经济价值………………………………………… 194
　　三、社会资本理论视角的成人教育新功能…………………………… 196
　　　（一）社会资本理论的观点………………………………………… 196
　　　（二）成人教育的社会资本研究…………………………………… 199
　　　（三）成人教育功能新的思考……………………………………… 201

第八章　成人教育制度和体系……………………………………… 207
　　一、成人教育制度的分析……………………………………………… 207
　　　（一）教育制度的基本属性………………………………………… 207

（二）成人教育制度的特殊性 …………………………………… 211
　二、我国现行的成人教育专项制度 ………………………………… 215
　　（一）成人学校教育制度 …………………………………………… 215
　　（二）岗位培训制度 ………………………………………………… 219
　　（三）继续教育制度 ………………………………………………… 221
　　（四）资格证书制度 ………………………………………………… 222
　　（五）自学考试制度 ………………………………………………… 225
　三、成人教育体系 ……………………………………………………… 227
　　（一）成人教育体系的含义与特性 ………………………………… 227
　　（二）我国成人教育的分类体系 …………………………………… 229
　　（三）成人教育的职能体系 ………………………………………… 232

第九章　学习社会与社区成人教育 …………………………………… 237
　一、学习社会的理念和问题 …………………………………………… 237
　　（一）学习社会的含义及其发展 …………………………………… 237
　　（二）学习社会理念对成人教育的影响 …………………………… 242
　　（三）我国构建学习社会的实践 …………………………………… 247
　二、社区与社区教育 …………………………………………………… 251
　　（一）社区与社区发展 ……………………………………………… 251
　　（二）社区教育的理论问题 ………………………………………… 259
　　（三）国内外的社区教育实践 ……………………………………… 264
　三、社区成人教育与社区学院 ………………………………………… 268
　　（一）社区成人教育体系 …………………………………………… 268
　　（二）社区学院的教育形式 ………………………………………… 272
　　（三）社区成人教育的发展 ………………………………………… 274

第一章 成人教育的产生和发展

成人教育是人类社会发展到一定历史阶段出现的教育形态，在世界教育历史的长河中，成人教育活动可谓源远流长，许多古代文明比较发达的国家都有成人教育活动的有关记载，在全球范围内最初的教育活动是和成人教育一起产生的。然而，现代成人教育在西方工业革命后形成制度，其教育的内容和形式也随着社会发展而不断变化。研究成人教育学就需要了解成人教育产生和发展的历史。

一、世界成人教育的历史渊源

在原始社会，儿童在社会中尚无地位可言，然而一旦到了青春期，就需要进行一定的仪式或者训练使他们获得成人的资格。从教育史来看，成人教育先于儿童教育出现。而对每个成人来说，教育机会都是均等的，所有的年轻人都享有受教育的权利，只是根据年龄与性别的差异实施不同的仪式或生活技能的教育而已。原始教育的对象具有普遍性的特征，教育内容反映当时社会多方面的需要，教育形式则是社会生产方式和生活的仪式，整体没有阶级性；古代社会也产生了满足不同层次需要的学校组织，而由于历史文化背景的差异，各国的成人教育实践有着不同的发展历程。

（一）古代成人教育的实践

1. 国外古代的成人教育活动

在古代世界文明中，人类通过某些媒介（各种传说和记载），如中国的洛书河图、《周易》、《山海经》、气功等，古希腊的战车与法典，古罗马的《荷马史诗》和巫术，印度的瑜伽和精神至上的信仰，北美印第安人的神秘咒语等，间接地将知识和信息传播、扩散给成人。古代罗马的神话传说中，诸神灵管辖着人们的日常生活和精神世界，从人们的吃、穿、住、行到各种社会活动都有一个相应的神，其中有一名叫 Educa 的神，掌管教导人们的饮食和作息，现在英文的"教育"一词"education"即由此演变而来。在古代的苏美尔文化、埃及文化以及希腊文化中，先后出现了各种各样的学校教育，其目的在于训练政府官僚或者宗教教士。① 如位于现在伊拉克卡迪西亚省的苏美尔学校，目标是培养国家经济和管理需要的缮写员，尤以培养寺院和宫廷里的缮写员为主。学校的课程包括两个部分，一部分是半科学性的、学术性的课程，另一部分是关于文学和创作的课程。② 许多历史资料都说明，对成年人进行的有组织、有目的的教育活动似乎早于对青少年的正规教育。

国外成人教育的发端，可以从最早的教育专著《色诺芬百科全书》的论述中窥见一斑，它记载了生活在现今伊朗这块土地上的人们是如何对成年人进行教育的。古希腊城邦时期就开始重视对一般民众的政治教育，也关心公民责任心的发展。斯巴达及雅典的教育制度主要培养公民的责任感，并奠定了现代教育制度的基础。斯巴达人认为，"如果给青年人以适当教育，对于国家的幸福有重要意义"。③ 古希腊哲学家苏格拉底是雅典的第一个教师，他从事社会教育活动，其弟子又分赴各地聚徒讲学，形成许多学派，其中以柏拉图、色诺芬最为著名。色诺芬曾经对斯巴达人特别关注青年人的教育问题给予高度肯定。古希腊教育的理想是培养公民，好的公民是其所有能力都得到发展，而且具有节制、勇敢、宽宏大量和正义的美德。雅典城邦也高度重视培养公民履行公共义务时所应具有的理智、智慧和公正等品质。但是此时的公民教育仅仅是一种国民教育，强调的是国民意识、国家观念和国家利益。在古希腊的学校，如"阿加德米"、"吕克昂"及"伊壁鸠鲁"等学院，以形而上学为传播内容，学生来源不局限于青少年，无明确的师生关系但经常在一起平等探讨问题。到了公元前1世纪早期，古罗马出现第一所教授希腊文和拉丁文的拉丁文法学校。至此，西方的成人教育和国民教育才在形式与内容上有了一定的联系。

古埃及的学校主要有宫廷学校、寺庙学校（或称"僧侣学校"）、职官学校（又叫"政府机关学校"）和文士学校（又叫"书吏学校"）4种类型。寺庙有着藏书丰富的图书馆，便于钻研参考，僧侣就学术问题进行讨论，僧侣学校为培养继承人传授所需的知识，因此曾有人认为埃及的学校教育起源于对僧侣的训练。寺庙学校还进行其他形式的教育，如建筑、医学教育等，这可能是古代最早的职业教育。文士学校也是古埃及最主要的学校，学生多来自于富有家庭，并且均为男性，主要学习和誊写过去的文学作品，学生毕

---

① 马骥雄. 外国教育史略 [M]. 北京：人民教育出版社，1991：6.
② 滕大春. 外国教育通史（第一卷）[M]. 济南：山东教育出版社，1989：11.
③ 塞尔格叶夫. 古希腊史 [M]. 缪灵珠，译. 北京：高等教育出版社，1955：165.

业后担任寺院和宫廷的誊写员。据金字塔文记载，书吏的名目也五花八门。古印度出现研究《吠陀》经义、教导青年的古儒，由古儒设立的经义学校称为"阿什仑"。后来婆罗门教推动了经义学校的发展，创办讲授宗教、哲学、逻辑、文学、数学、天文、医学知识的塔克撒西拉大学。婆罗门教认为人的一生只有具备"四行期"，生活才是最完美的。"四行期"是指梵行期（举行再生礼后拜师求学）、家居期（学业有成回家娶妻生子，履行世俗义务）、林栖期（儿子长大后将家政交给儿子，自己隐居森林修炼）、遁化期（四处深游，乞食行化）。① 实际上，这是人生修炼臻于完善的4个阶段，也是人生必不可少的不同教育阶段，可以看成是古印度终身教育和成人教育的模式。

古代的埃及、印度等国家已经建立了对成年人进行系统培训的体系，有的培训甚至跨越国家界限。另外，较早期的"成年礼"教育过程一般是青年人从12岁左右开始，到15岁左右结束。在古希腊的角力学校、伊斯兰教的古代寺院、犹太人的犹太教堂等一类早期的学校里就有"冠仪"的遗制。"冠仪"即成年礼，既是对年轻人施以即将到来的生活训练，使其明了即将履行的责任和义务，也是教育、考查、考验年轻人的机会。例如，授以猎取食物的技术、对长辈的礼仪、执行宗教仪式的方法等，同时还施以割礼、鞭打、拔牙、文身、烙火等苛酷的考验。年轻人只有经受住这些考验，才能具备做一个成人的资格。从中世纪修道院的苦行生活和近代残存的青年和女子集体住宿训练的风俗，也可以看到此种遗制的痕迹。

在西方的中世纪，成人教育伴随着声势浩大的宗教传播活动，成就了学校教育功能的扩展。一些伊斯兰国家的学者和成人教育活动专家通过宗教活动传播数学、自然科学、医学、艺术、文学、工程学、建筑学等社会发展必需的知识，客观上形成一定的成人教育途径。哈利·格拉顿在研究中世纪雅典、罗马和其他许多地区的这种教育活动没被保留下来的原因时说："由于当时没有持续的、正规的教育形式，因此这些教育活动很难像某一政治或哲学时代那样被长久地延续下去。然而，上述教育形式消亡的最关键因素也许恰恰是由于这些教育计划作为当时的文化与政治的表达方式有着极其重大意义，以至每一位新的军事入侵者都将其视为必须予以摧毁的目标。"② 因此，

---

① 鲍道宏. 国外"终身教育"理论、理念和思潮发展脉络探析［J］. 福建教育学院学报，2007（1）.

② 李国斌. 成人教育在社会发展中的作用［EB/OL］. http：//www.edu.cn/20020802/3063256.shtml，2002-08-02.

中世纪的成人教育虽然有比较大的发展空间，并且对社会的发展起到了促进的作用，但是由于成人教育活动没有正规的教育形式、场所等，未能真正形成成人教育体系。直到18世纪的欧洲工业革命，对劳动者提出了文化和新技术方面的客观要求，成人教育发展成为客观需求，于是产生了提高劳动者职业技能的教育和训练活动，成人教育也从文化教育方向派生出了职业教育的方向，这可以说是成人教育的萌芽时期。古代西方虽然已经有了大量的成人教育活动，也与现代成人教育思想息息相通，但还不是完整意义上的成人教育。

2. 我国古代的成人教育活动

在中国古代传说中，巢氏教民穴处巢居，燧人氏教民钻木取火，伏羲氏教民渔猎，都可以说是我国有文字记载的成人教育的开端。成人教育古已有之，古人说：“观乎天文以察时变，观乎人文以化成天下。”没有教化就不成社会。我国古代的成人教育与社会教化相联系和发展，甚至早于对青少年的正规教育。

夏、商、周时期实行"学在官府"，并有辟雍、庠、序等教育机构。春秋战国时期，群雄四起，诸侯割据，为了巩固本国的政治、军事、经济基础，各国大兴"养士"之风，纷纷聘请一些大师出谋划策，进行一些实用的教育与训练。孔子弟子三千，贤者七十二。通过对有关资料的研究可知，孔子所收的徒弟大部分是成人，孔门弟子无论是早期、中期还是晚期，入门的多在20岁以上，即孔子所招弟子中有千余是成人。孔子私学实质上是一种成人教育，所进行的是成人教育活动。[①] 从孔、墨、孟、荀的"周游"来看，"行万里路、读万卷书"的旅行修学活动，是具有成人教育意义的修学形式；"寻师访友"也是成人求学的普通方式；而具体的教学组织形式或可概括为松散的自学辅导式，除宗师主讲、提问外，师友间的质疑问难也经常采用。

秦始皇统一六国之后，为强化专制统治而断然下令废私学，实施文化蒙昧主义，也使私立的成人教育失去了发展的土壤。汉代私学学生中分为"及门弟子"与"著录弟子"两种："及门弟子"是指正式登门拜师受业的学生；"著录弟子"则是在著名儒学大师门下著其名，不必亲来受业，采用高业弟子进行辅导的学校教育模式，相当于近代函授教育模式。隋唐时期，

---

① 李均惠. 论孔子对古代成人教育的历史贡献 [J]. 重庆师院学报：哲学社会科学版，1998（4）.

私学又有了一定的发展,私立的成人教育也有一些种类,包括经学性质的、道玄性质的、诗赋性质的、技艺性质的私学。虽然没有固定的校址、校舍,但就其性质而言都是成人教育。特别是在科举制度发展过程中,先由祭酒、长史选出优秀的"生徒"和地方官吏选出"乡贡",然后由礼部定期命题考试;省试中者必须送入国子监的太学读书,酌加津贴,然后再到尚书省吏部复试,及格者录用授官,不及格者三年后再试。这种制度虽然使学校成了科举的附庸,但其对象都是成年人,内容和形式都具有典型的成人教育性质。

唐末、五代时,战乱连年,学校几乎停废,加上科举考试诸多流弊,一些学者名流为了研究学术,传播思想,发表自己的政治主张,争取参政,选择一些风景名胜修舍讲学,形成了我国古代特有的私立大学——书院。书院是由私人自筹经费开办,与官学不同的是,书院教育并非为科举准备,而是主张学术自由,强调自学、讨论,并注重个别指导,体现了自由讲学、自学讨论的成人教育形式。明朝中后期,官学衰败,四废书院,尽管后来书院的性质有所变化,与科举也有着密切的联系,主要是对成人讲授经书或指导练习科举文字的高级私学,有结庐授徒、授徒讲学和官办教学3种形式,但毕竟是通过传播学术思想和宣传政治文化对青年学子予以培养的途径。封建社会中,通过自学成才的也大有人在,如祖冲之、张衡、李时珍等人,几乎是家喻户晓的成人学习者。

洋务运动和维新运动以后,新思想、新技术影响着我国的教育。以康有为、梁启超为代表的维新派,曾经提出过改革学制的建议。康有为1891年的《大同书》和1898年的《请开学校折》中的建议,以及梁启超1902年的《教育政策私议》等,对后来的学制改革都有一定的影响,同时,也把成人教育的启蒙思想——平民教育观念引入中国。尽管戊戌变法失败后,清政府取缔了几乎所有的新政措施,但适应社会发展进步潮流的平民教育思想却无法从人们的观念中抹去,并逐渐成为人们争取受教育的权利、争取个性解放的重要武器。尤其是新文化运动,深刻地改变了植根于国人思想深处的封建文化,从而唤醒了国人教育强国和民族复兴的热忱。

(二) 古代成人教育思想的萌生

1. 国外成人教育的思想根源

古希腊时期思想家们关于教育问题的探讨,在一定意义上,只是他们的哲学观在教育这一具体领域中的运用和体现。关于教育的价值问题和教育的方法问题,诸如国家为什么要办教育、人为什么要接受教育、教育应该如何办等直接面对教育实践的原则性问题，是对教育存在的必要性和如何使之趋向于合"理想目标"之理的探究，也是对教育合理性的理性探究。

伴随古代成人教育活动的出现，也产生了与成人教育实践息息相通的教育思想。古希腊哲学家柏拉图（公元前427—前347）是西方教育史上第一位在理论上提出从幼儿到成人的一套完整教育体系的人。柏拉图重视教育在"理想国"中的作用，明确指出需要依靠教育培养未来的统治者，"理想国"里最高统治者是哲学王。他认为作为最高统治者必须具有最高的智慧，即集政权与智慧于一身；而哲学是智慧的标志，柏拉图将他们称之为哲学王，要经过层层严格的筛选和理想的教育去培养。因此，他认为：教育要从幼儿开始，并主张儿童从3岁开始送到村庄的神庙，由国家规定的专人监护与教育；7岁以后，儿童开始学习军人所需要的各种知识和技能直到18岁；18～20岁的青年要受军事训练，进行意志教育，培养勇敢的美德，以坚守岗位、保卫国家；20～30岁的青年要学习算术、几何、天文学和声学，以锻炼思考力，使他们开始探索宇宙奥妙；30岁以后学习辩证法，培养洞察世界的能力；35岁以后要参与战争或其他社会实际的公务活动，经受锻炼，成为优秀人物直到50岁。[①]

欧洲中世纪的奥古斯丁认为教育的首要目的是以伦理、知识、实践、信仰、希望和谦恭等方面的教育，为人的来世生活做准备。在基督教学校教学计划中人文学科占有重要地位，开设三艺（语法、修辞、逻辑）和四科（算术、几何、音乐、天文）课程。[②] 实际上是为了让成人学习者增加阅读和理解《圣经》的本领，把宗教传统的禁欲主义教育以及伦理教育与希腊的智力教育结合起来同步进行成人教育。文艺复兴时期的人文主义教育思想家宣扬唤醒大自然和人世间一切生命之物，高度评价艺术和文化（包括绘画、文学、诗歌与建筑艺术）的作用，这些观点和做法无疑对成人教育具有特别的意义，如伊格内修斯的教育思想成为教会教育活动的理论基础。

捷克教育家夸美纽斯也强调，对18岁以后的成人，应施以大学教育，其课程应该是真正普遍的，应准备学习每一部门的人类知识。夸美纽斯在《泛智学校》中设想了一个完整的学校教育制度。他把一个人从诞生到成年分为4个时期，即婴儿期、儿童期、少年期和青年期，然后根据年龄分期设立相应的学校，婴儿期在母育学校，儿童期在国语学校，少年期在拉丁语学

---

① 孔凡俊. 柏拉图成人教育思想探微 [J]. 中国成人教育, 2007 (16).
② 伊里亚斯, 梅里安. 成人教育的哲学基础 [M]. 高志敏, 译. 北京: 职工教育出版社, 1990: 17.

校，青年期在大学。这4种不同的学校间存在着内在联系，是统一的。"在前期的学校里面，一切事物都是用一种一般的、不确定的方式去教授，而在后期的学校里面，所授的知识就是细致的、确切的了。"[①] 夸美纽斯把追求教育的有效性放在突出位置，由此重视研究教育对象的本性和发展规律，这一转变的重要意义是把对教育的探究引向对教育对象和教育过程本身的探究，实质是把演绎过程的大前提由哲学、神学转为自然，但当时的大学教育还不是完整意义上的成人教育。

2. 我国成人教育的思想根源

我国古代教育家的孔子（公元前551—前479）曾经说过："道之以政，齐之以刑，民免而无耻；道之以德，齐之以礼，有耻且格。"[②] 提倡以教化治理国家和教育民众，可以说是对成人教育的最早呼吁。孔子有段为人熟知的话："吾十有五而志于学，三十而立，四十而不惑，五十而知天命，六十而耳顺，七十而从心所欲，不逾矩。"[③] 可以理解为："我十五岁时专心致志的学习（文化和社会知识）；三十岁时，有了一定的知识，能够独立生活；四十岁时，不会受到某些现象的迷惑；五十岁时，懂得了一些社会现象和自然规律；六十岁时，就能够倾听各种不同意见；七十岁时，就可以随其心愿做事，而且不会违反道德规范、伦理法则。"这段话概说了成人的发展阶段和特点，即活到老，学到老；它是指自学、向生活和实践学习、自我修养以及手艺上的精益求精。无论是诸子百家的教育经验，如"有教无类"、"教学相长"、"温故知新"、"学而优则仕"等，还是他们关于成人教育的思想，都成为我国优良、精深的教育传统。尽管各家各派私学的教学内容、形式均有不同，但其总体特征都与当今社会普遍接受的教育民主化、成人教育、继续教育、终身教育等思想相通。

魏晋南北朝是中华民族历史文化的更新时期，形成了玄学、儒学和宗教3大教育思潮，内容非常丰富，在这些教育思潮中出现了很多各有特色的成人教育思想。隋唐时期出现了王道教育思想、佛教教育思想、道教教育思想、复兴儒学的教育思想和三教调和的教育思想等主要教育思想流派，每个流派都包含一定的成人教育观点，在理论基础和特定方法上体现了成人教育的特点及对成人教育的系统思考。

---

① 夸美纽斯. 大教学论［M］. 傅任敢，译. 北京：教育科学出版社，1999：204.
② 程树德. 论语集释［M］. 北京：中华书局，1990：68.
③ 黄朴民，等. 白话四书［M］. 西安：三秦出版社，1990：62.

宋、元、明、清的教育家的教育思想涉及3个基本论题：人性论与人的道德发展、格物致知与教学认识论、存理去欲与道德教育和修养。无论是哲学思考和认识论，还是对教育实践经验的概括，如传统的读书法、道德修养和诸多的教学原则，都是从成人的立场角度来说的，对后世教育的影响颇为深远。

古代的成人教育思想不仅在当时推动了教育实践与教育理论的发展，也为后代留下了许多珍贵的遗产和有待研究的问题。

二、近代成人教育的兴起

世界成人教育是随着资本主义社会化大生产而逐步发展起来的，迄今已有300多年的历史，而有组织的成人教育产生于最早经历工业革命（又称产业革命）的英国。18世纪中叶，以英国蒸汽机的使用为标志，欧洲拉开了工业革命的序幕。这次工业革命是从手工业向大机器生产过渡的技术革命，对劳动者提出了提高文化水平、掌握新技术的客观要求，于是就有了提高劳动者职业技能的教育和训练，同时也推动着成人教育从文化教育方向派生出了职业教育的方向。

（一）欧美国家的成人教育运动

1. 英国的成人教育

在英国最早出现了相对独立的成人教育形态。1737年，威尔士牧师琼斯（G. Jones）在大不列颠发起了大规模的宗教教育运动，并组织"巡回贫民义务学校"教人们阅读和书写。这所学校条件简陋，流动性大，课程内容仅限于《教义问答》，却取得了十分惊人的成就。据有关资料估计，1737—1766年至少有15万人在这所学校学会了阅读和书写。成人教育活动对于当时的社会扫除文盲和适应社会发展需求做出了卓越贡献。1780年前后出现的星期日学校、慈善学校、导生制学校是英国最早的成人教育学校。追溯成人教育的源起，一般认为在第一次工业革命浪潮中应运而生的英国诺丁汉成人学校（1798）是现代意义上的第一所成人教育学校。[①] 这所学校的教育对象主要是工厂女工，教学读、写、算知识，并进行宗教教育。1799年，哥拉斯哥安德生学院教师白贝克为工人免费提供了专门设计的科学课

---

① 高志敏．"成人教育"概念辨析［J］．陕西师范大学继续教育学报，2000（1）．

程，随后这种课程发展成为工艺学院并在全国扩大。许多文献上经常提到的诺丁汉劳动妇女星期日学校就是在这种需求的推动下诞生的。此后，轰轰烈烈的工业革命对工人阶级的教育程度提出了更高要求。由此，技工讲习会等实业教育勃兴，大大促进了英国成人教育的发展。

1814年，英国掀起了一场成人教育运动，很快波及全国城乡，其主要活动形式是职工运动讲习所，如伦敦和哥拉斯哥建立的"职工讲习所"，又称"工艺学校"。这些讲习所全由工人自己组织管理，设有图书室、机械展览室，主要向工人讲授哲学、机械工艺学、数学、化学、天文等知识。1850年，职工讲习所已发展到600多所并拥有十万名会员。1842年，教会人士创办了民众学院，为市民提供晚间学习的机会；1870年，剑桥大学为一般市民开设了校外高等教育讲座，开始了大学推广运动，传统的正规大学也被卷进了波及全国的成人教育浪潮。大学推广运动由剑桥大学教授斯图尔特（Steward）倡导发起。斯图尔特在英格兰北部应邀为妇女巡回讲学，开设系列讲座获得成功，他便建议剑桥大学建立校外课程演讲机构，把大学教育向民间传播，在英格兰中部地区设立了3个"大学推广中心"，由大学和地方共同承办，大学负责选派教师、审定课程和颁发文凭等教学事务，地方负责招生、收费和安排教学设施，举办的活动颇为成功。随后，英国各地广泛建立了"大学推广中心"。

这一时期，英国成人教育的特点是政府没有参与成人教育，只是由各种组织自愿自发地对成人进行教育，成人教育内容在职业和人文的划分并未出现。此时，成人教育是把教育水平较低或基本没受过教育的人作为对象，对其进行识字、算术的补习教育，带有浓厚的"慈善"色彩。

2. 其他欧洲国家的成人教育

欧洲的成人学校运动兴起于19世纪初，它是在主日学校（以宗教为目的，教民众读圣经）运动的带动下逐步展开的。1812年，一些宗教家成立成人教育学会，开办了大量的成人学校、慈善学校，并在星期日学校附近设成人夜校。北欧的瑞典、挪威和丹麦在19世纪50年代也开始了成人教育运动，其中以丹麦的民众高等学校最为著名。1815年，尼士林成立了第一所民众高等学校，这是一种为年轻人提供就读机会的长期住宿学院，1895年，此类学校的数量达到65所，其成人教育以自由为原则，注重开展"民众启蒙运动"，希望通过普及国民教育达到救国之目的。我国教育家雷沛鸿对丹麦与瑞典成人教育的不同做了比较研究，发现两国的成人教育主旨略有不同：瑞典的庶民高校除人文知识外还学习农业技术，在训育中重师生感情的交流，重人格的感化，往往准许男女同校；而丹麦庶民高校的主旨以"春风时雨之化"为中心，以人文知识为教育内容，技术教育由农业技校补充之。两国相同的是均将其作为改造社会生活的中心，培养社会所需之人才，重视人生的实际经验，男女学生以必须曾经从事过一种职业为入学的合格条件，均无入学考试、毕业考试，亦无毕业证书，以求得实际知识为目的。

1789年，法国爆发了资产阶级革命，发表了《人权宣言》，同时受英国大学推广教育的刺激，法国初等教育局开始倡导"民众大学运动"，得到排字工人的支持。1794年，在"王室机械馆"的基础上创办了"工艺院"，进行机械技术教育。工艺院每天早上7时开放，星期天全天免费举办公开讲座，每天听讲者达百人之多。当时对成人进行教育的机构还有中央工业学校开设的夜间成人讲座、基础教育协会（1815年创立）在巴黎和其他城市为工人开设的夜间讲座，这些讲座以成人班和成人学校的形式，对成人进行读、写、算等基础教育，讲授几何、制图、机械等职业所需要的知识。19世纪三四十年代，理工协会和由其派生出来的爱好技术协会是组织讲座最著名的私人团体，它们通过讲座向成人普及各种基础科学，如开设算术、应用几何、工艺应用算术、制图、工艺应用化学、冶金、工商业、应用地理、建筑等理论与技能的夜间讲座。另外一些工业团体、同行业者委员会、工人共济会也都先后组织、开办讲座，讲授经商方法、制图理论和实际制造方法，这些夜间讲座都是免费的。1864年之后，里昂的罗纳省职业教育协会也积极向工人、徒工及雇用者提供职业讲座。

德国作为后起的新兴资本主义国家也相当重视成人教育，其表现形式是建立向公众开放的图书馆、博物馆学会、读书俱乐部，以及由各种职业工人、农民建立旨在向那些未上过学的成人传授职业所需要的知识的俱乐部和团体。在德国的成人教育实践活动中，成人教育协会是对工人实施普通教育的成人教育机关。第一批成人教育机关出现在19世纪30年代，后来几经挫折，在1860年后又恢复起来了。据统计，1865年工人教育协会发展到106个，会员达23000人。随着经济、政治对成人教育要求的提高以及在丹麦民众高等学校的影响下，德国成人教育运动空前高涨，如首相俾斯麦创设的民众教育普及协会、都市夜间民众大学（1878年成立）和工人民众学校，以及在英国大学推广运动影响下出现的"民众之家"。在"施教于民众，施教于人民"的口号下，各种民众教育事业开展起来，形成了民众文化运动。

3. 美国的成人教育

美国成人教育一开始就受到欧洲民众教育运动的影响，最具代表性的是机械讲习所运动。该运动是一些徒工和熟练机械工为提高其社会地位、改善经济条件而掀起争取受教育机会的抗争。1820 年，纽约市机械工和店员协会为徒工开设图书馆，开办机械工学校。机械工讲习所中最有名的是创办于 1824 年的富兰克林讲习所，后改为公共教育制度的学校，称富兰克林学院，宗旨是普及机械学的知识，公布费城有价值的工艺技术，开设公开讲演，设立博物馆、图书馆，为改革机械工艺有成就者设立奖学金。① 除此之外，在城镇则出现了以普及科学知识为主的讲座运动，首倡者是布鲁克。1826 年，布鲁克在麻省创立了工农自由组织讲演会，以文化陶冶、讨论公共问题为宗旨，该组织到 1839 年已发展为 3000 个。后来兴起的专题演讲会、班级讲座等非正规的各类教育活动也是根据市民自身的生活要求，开展自己学习、相互学习等活动。随着移民者发展成为紧密的社区结构，社区教育兴起并具有强烈的宗教性。还有一些州通过立法形式，促使州立大学开展以普及农业知识与改良农业为中心的大学推广运动，并且举办了短期讲习会、讲演会、巡回图书业务活动，从而促使成人教育服务于社会经济发展。苏格兰社会主义者戴维森（Davison）1898 年在纽约创办的 College（意为养家糊口的人的学院），专门从事适应男女劳动者的普通培训，开设了哲学、宗教、科学、文字和经济等科目的课程。戴维森希望把扎实的职业训练和宽广的文化知识教育结合起来，这项教育实践活动一直延续到他去世为止。1862 年，美国通过了《莫雷尔法案》，规定联邦向各州提供联邦土地，以资助各州工艺教育的发展。根据该法案，各州要使用联邦土地资助至少一所学院，也就是所谓的"土地赠予"学院。该法案的颁布成为初级学院和社区学院发展的契机，从而开创了以大学为中心的成人高等教育。

20 世纪初，移民大量涌入美国，这不仅引起了一系列新进移民的生活福利问题，也使社会对因为语言、观念差异以及公民意识、行为方式差异等所带来的诸多不便而忧心忡忡。于是，成人教育在夜校、工厂、教会、社会事业机构等许多部门开始对移民实施专门的"美国化教育"。伊里亚斯（Elias）等人后来补充道："移民的美国化教育至今仍然盛行在美国各个社区。这些项目主要强调进行公民生活预备教育。英语作为第二语言的教学活动和移民其他科目的教育活动一般是与正式的公民培训课程分班进行的。美国化教育……实际上现在主要由成人学校提供这类项目或课程。"②

---

① 张维. 世界成人教育概论 [M]. 北京：北京出版社，1990：5.
② 伊里亚斯，梅里安. 成人教育的哲学基础 [M]. 高志敏，译. 北京：职工教育出版社，1990：87.

此后，美国成人教育开始立法，出现了组织、引导成人教育的各种机构和职业训练制度，成人教育开始制度化。1917年，劳动总同盟的教育委员会在《史密斯－休斯法》的制定过程中，主张公立学校应进行职业教育并要求为在职青年开办公费的教育机构。与此同时，出现了产学合作的教育形式及艺徒制度，并对职工实施定型训练，采用科学管理方法。美国建立联邦职业教育委员会，主要加强对军需和基干产业的职工训练。1921年，首次召开了全国训练会议，向全国推广定型系统训练模式及其他被认为是值得推荐的培训方式。1936年，美国建立了成人教育协会（AAAE），此会的成员均为知名专家学者。成人教育协会是美国重要的成人教育组织，该协会建立以后，美国成人教育组织间的合作趋向协调，地区性的团体也相互交换信息、举办会议、推进地区研究、实施联合计划、提供咨询、推动社会公益活动等。

（二）近代成人教育思想的发端

工业革命对成人教育的发展提出了客观需求，成人教育的发展又推动了工业革命的深化和成果的巩固。包括成人教育在内的社会教育的发展无疑会作为社会发展进步的推动力之一，推动着社会前进的步伐。随着广大劳工群众教育需求的日益高涨，教育理论界也开始关注成人教育的问题。就世界而言，成人教育理论萌芽于19世纪的英国，而呈现学科化趋势则出现在美国。

1. 成人教育理念的萌芽

在欧洲工业革命发展过程中，成人教育的发展不仅使成人教育观念深入人心，也引起了教育家对成人教育问题的关注。人文主义学者伊拉斯谟（Erasmus）、莫尔（More）在著作中强调教育要培养文人雅士和良好的公民或宗教信徒。德国教育家福禄培尔（Froebel）在其所著的《人的教育》中指出："教育的目的就是实现忠诚的、纯洁的、宁静的也便是神圣的人生。"裴斯泰洛齐（Pestalozzi）的成名作《林哈德和葛笃德》主要体现了农村成人教育思想，他提出了独特的贫民教育思想，认为贫民教育应致力于农民的观念和精神的改造，使其发现自己的内在价值，成为自强不息的人。

彼得·贾维斯（Peter Jarvis）的《20世纪成人教育和继续教育思想家传记》是对成人教育思想家的介绍。[①] 北欧受丹麦教育家葛龙维（Grundtvig）教育思想的影响，普遍发展起民众高等学校制度，其中最重要的是民众高等

[①] Peter Jarvis. *Twentieth Century Thinkers in Adult & Continuing Education* [M]. London：Kogan Page Limited，2001.

学校计划。葛龙维是最早提出专门论述的成人教育思想家,在1833—1841年先后出版11本著作和其他教育作品。由于他是一名基督教牧师,其教育思想来自国家主义和非正统基督教思想,认为个体能对自我进行心灵上的启发,强调发展人性;认为可利用教育使民众分享政治、社会的权力和责任,避免革命对民主运动的伤害。他主张成人教育应采用讨论、谈话等方式,注重启发,极力反对考试,认为这不是增进成人文化地位及生活幸福的方法。

围绕成人教育发展中出现的有关问题,托马斯·波尔(Thomas Pole)开始研究成人教育,他在其出版的《成人学校的起源与发展》(1816)一书中,首次对成人教育做出界定,认为成人教育是指与普通学校教育不同的成人学校的活动。1918年麦丁斯基的《校外教育和它的作用、组织和技术》提出了创建研究成人学习的专门学科问题。凯利的《大不列颠成人教育史》[1]和格拉哈姆·米的《成人教育体系》是用结构学的方法论述成人教育,即从成人教育的组织体系、机构看其组成部分之间的关系,例如,从财政来源、课程设置方面分析承办单位和参加人员之间的关系。另外,塞尔希奥·哈达德的《成人教育、立法和政策环境》简略介绍了成人教育的立法情况。罗纳德·切尔韦罗的《社会实践中的权力:成人教育与社会中追求知识和权力的斗争》采取了别具一格的视角——权力分配的角度来分析成人教育的功能。著者认为进行成人教育的另一坚固基础是人们需要获得知识,只有获得知识才能生存发展。阿诺德·霍尔的《20世纪的成人教育运动》介绍了从1899年到20世纪末的英国成人学校运动,以人物为线索,并附有历届成人学校主席姓名、章程以及一些相关的数据统计。因此,欧美学者对成人教育问题的探讨导致成人教育的理念广泛传播,也为后来成人教育学的创立奠定了一定的思想基础。

2. 成人教育的哲学思考

成人教育哲学是通过本体论、认识论和价值论对成人教育的存在和基本问题进行研究,可以在成人教育的所有领域发挥指导作用。教育哲学家首先关心的是教育过程的普遍原理,这有助于成人教育者更好地了解成人教育与社会的关系,奠定分析教育问题的理论基础。其次是教育理论与实践之间的重要关系。成人教育领域的主要哲学问题包括:成人教育定义、成人需要与兴趣、成人教育方法与内容、成人教育目的与课程、成人教育教学过程与学

---

[1] T. Kelly. *A History of Adult Education in Great Britain* [M]. Liverpool: Liverpool University Press, 1992.

习过程、成人教育发展的意义及成人教育的社会变革作用等，这些构成了成人教育研究的理论问题。

英国成人教育家曼斯布里奇（A. Mansbridge）和托尼（R. H. Tawney），共同参与了英国政府《1919年报告》的起草，它被认为是对成人教育哲学和成人教育实践具有重要指导意义的文件。托尼充分肯定成人教育的意义，他认为工人的文化启蒙有赖于知识的学习和获得适当的教法，合适的成人教育才能造就有理智的公民，没有一定学术标准的成人教育是对社会民主思想和道德观念的损害，他将成人教育视为最终达到民主的保证。① 1934年，由欧洲成人教育局编的《成人基础教育》一书出版，内容包括欧洲各国成人基础教育介绍、成人基础教育讨论小组报告；讨论范围包括正规教育系统、非正规社区团体、工作场所、特殊环境、典型研究和电视介绍、培训成人基础教育工作者工作组的报告，以及大会通过的论文和建议。美国的成人教育协会特别重视成人教育的研究工作，一批成人教育学者编写了对美国成人教育产生重大影响的著作，如《为龄长学生而设的新学校》（佩佛，1926）、《成人教育的意义》（林德曼，1926）和《成人教育》（哈特，1927）等。

美国成人教育哲学家林德曼（E. Lindeman）受到进步主义哲学的影响，把人看成是社会的人，认为成人教育也应当为社会活动做出贡献。他的理论观点包括对成人教育的基本特性的论述、成人教育功能的说明、教育目的及其教学方法等。林德曼将成人教育的特性归纳为4个方面：首先，教育是终身的过程。他认为："整个生活就是学习，因而教育是没有止境的。"其次，成人教育具有非职业的特性。在他看来，"成人教育应更确切地确定在职业教育停止的地方。它的目的是使人们的整个生活具有意义"。再次，在成人教学中以情景为主而不是以课程为主，即"我们教的是儿童，而不是课程"的思想。最后，成人教育应以学习者的经验为学习的主要资源。以上这些思想始终贯彻在林德曼的整个成人教育思想中，反映了成人教育的整体哲学思考。

英国成人教育家耶克斯利（B. A. Yeaxlee，1883—1967）是最早提出"终身教育"（lifelong education）一词的教育家。主要著作有《成人教育的精神价值》（1925）、《终身教育》（1929）、《宗教和成长中的心灵》（1939）等。其中，《终身教育》是世界教育史上最早论述终身教育的一本著作，书

---

① 巨瑛梅. 终身教育的理论与实践：渊源、演变及现状［D］. 北京：北京师范大学，1999：22-25.

中主要阐述一种思想：学校教育仅仅是教育过程的开始，应该将各种教育（包括初等、中等、职业、大学教育）统一起来，将教育看成是真正贯穿于人的一生的活动。他将成人教育设想为一种精神的活动，认为通过教育可以帮助和发展青年人的个性，并使之适应社会的发展。他指出，成人教育"作为一种实现政治和经济自由的工具，一种闲暇时间获得快乐的资源，一种使个人的趣味和志向得到满足的手段，可能有其特殊的价值……"。① 他的终身教育思想无疑是对成人教育的未来预言。

成人教育的目的是成人教育哲学要解决的最重要问题，回答这个问题主要涉及成人教育与它所存在的社会之间的关系。1926—1948年，美国成人教育学会的刊物《成人教育杂志》刊登了许多分析教育哲学的论文，主要观点包括成人教育的目标是发展个体、成人教育的目标是改进社会等。美国分析教育哲学代表人物派特森（Paterson）曾经应用概念分析的方法分析成人教育的目的，认为成人教育有3个目的：①传递成人知识，以增强其知觉及意识；②增强成人理性能力的发展，以达成心理的自主；③加强成人道德价值的学习，以提升道德的自主。美国成人教育哲学家伯奇文（Bergevin）于1967年出版《成人教育哲学》，对成人教学方法、师生关系、成人教育的社会变革作用等问题做了比较系统的研究。

三、现代成人教育的发展

较为正式的成人教育是一种以成年人为教育对象，采取适合成年人的形式和方法，以满足社会发展和个人需要的，有计划、有组织、有目标的教育活动。进入20世纪以后，成人教育遍及世界各国，并且逐渐走向制度化。成人教育已成为各国教育体制的重要组成部分，形成了自身的结构体系，具有多层次、多渠道、内容多样化的特点，同时也是教育现代化的重要组成部分。

（一）国外成人教育的规范化

1. 国外成人教育的制度化进程

成立于1903年的英国"工人高等教育协会"不久后改名为"工人教育协会"，到1907年英国各地已建立74个支部，并加强了工人补习学校制度。其支持者有工人、中产阶级、妇女、福音主义传教士、大学校外教育部、成

---

① B. A. Yeaxlee. *Lifelong Education* [M]. London: Cassel, 1929: 28-29.

人学校等。1920年以后，英国成人教育学社和教育部成人教育委员会成立，极大地推进了英国成人教育的发展。1924年，英国制定了《成人教育法规》，地方教育当局直接承办的成人教育主要有以下几种方式：地区成人教育中心、学院或学校——配有专职人员和上课校舍的教育机构；社区学校、社区学院、乡村学院——以中等学校为核心，组织成人学习，有时也组织青年人的非正式教育；继续教育学院的成人学习部或社区教育部——在提供职业技术教育的传统下，发挥学院潜力为成人教育服务；多科性高等院校推广部——为成人提供多学科推广课程；住宿的成人教育——有些地方教育当局在与其他地区接壤的地方举办短期住宿学院。"二战"中英国成人教育也有发展，不仅进一步增强了民众的责任意识，也有利于建设战后的民主社会。1945年以后，教育部开始扶助大学成人教育部门和劳动教育协会，使其可以雇佣全职的教员，加速了两者发展。此后，英国的成人教育便被纳入建设福利国家的政策，以民间协会主体为主，国家资助为辅，奠定了成人教育制度建设的基础。

美国成人教育制度化的重要标志是1917年制定了《史密斯-休斯法》，其制定的基础是职业教育国库补助委员会的报告书，要求定时制学校是面向14岁以上的青年工人的学校，它传授职业的知识，为就业做准备或者为提高一般市民和在职者的文化教养水平服务。在此期间，初级学院（社区学院）制度开始萌芽，提供了另一种形式的成人教育，还主张公立学校进行职称教育，对在职青少年开办公费的教育课程。夜校吸引了大量年轻人，课程设置逐渐发展为美国化课程、职业性课程、中学和大学程度推广课及实验性的非正式成人教育课程。尤其是1926年美国成人教育协会的成立，开展扫盲运动和同化移民运动，许多综合性大学纷纷成立成人教育学系，招收硕士、博士研究生，涌现出众多成人教育研究人员和成果，极大地促进了美国成人教育制度的发展。

法国的成人职业技术教育随着对技术工人的需求增加而迅速发展起来，一方面表现为职业讲座的普及并逐渐走向义务化。据科恩迪的调查表明：1905年，法国有122个公立团体举办过3593个讲座，听讲者达8万人；由雇主工会举办的有130个，听讲者3000人。另一方面，1919年，法国政府制定颁布了《阿斯蒂埃法》，这部被誉为"技术教育宪章"的法案规定：要由国家来代替个人承担开办职业教育的任务，规定中央由教育部设置主管职业技术教育的部门，各省设立专门机构负责管理职业技术教育工作；全国每一市政都要设立一所职业技术教育学校，经费由国家和雇主各负担一半；18岁以下青年有免费接受职业教育的义务；职业教育的内容主要包括初等普通教育、职业基础的各个学科以及获得劳动技能的劳动学习，对法国的技术教育起了极大的推动作用。

北欧国家也发展起一些形式各异、各有侧重的成人教育。在瑞典，成人教育与平民教育相结合，并出现了读书会这一特殊的实现形式。读书会受到了政府的大力支持，到20世纪50年代已超过了5000个。此外，瑞典的成人教育多以慈善捐助为主，政府部门给予补给。其中重要的民间组织有1912年成立的劳动教育协会、1930年成立的瑞典教育协会和1942年成立的民众大学。与瑞典一样，丹麦的民众学校和民间组织也迅速发展起来，包括劳动教育协会、民众教育协会。政府高度重视职业训练，以期实现教育和经济的结合。

2. 各国成人教育的体系建立

"二战"后，欧洲成人教育开始复苏并进入独立发展时期。英国政府于1944年制定了《巴特勒法》，根据这部教育法，英国的教育体系分为初等教育、中等教育和扩充教育3个相互衔接的阶段，而把成人教育纳入到扩充教育中。该教育法不仅在法律上确立了继续教育的地位，而且把促进其发展的职责交给地方当局，并规定相应的经费保障。英国的成人教育和高等教育都有重要发展，政府为了鼓励成人继续学习，采用断续性和利用带薪教育休假的定时制等形式，于1969年成立了世界上第一所开放大学，利用隔空教学法为成人提供高等教育的机会，使英国的成人教育体系更加完善。

德国为了迅速医治战争创伤，实现国家复兴，西德政府当局和民众都寄厚望于教育，尤其是成人教育，把它看成是提高竞争力，以及为更多人提供就业机会的手段。1953年，建立了成人教育学院，专门培训从事成人教育的师资和研究人员。1955年，又建立了培训企业经理人员的研究所。对西德成人教育起显著推动作用的是1953年成立的成人教育学会。它是全国性的成人教育组织，该学会通过与大学合作，使成人教育无论是师资还是科研力量都得到前所未有的增强，极大地促进了成人教育的发展。

战后法国也在先前的基础上致力于成人教育的复苏，以适应社会经济和科学技术迅速变革的要求。政府以法律的形式规定职业培训中双方的权利和义务，如1971年法律规定："雇主有义务对员工进行培训，在培训期间，同时支付工资和培训费，要求企业把工资总额的1.1%作为培训费。"除政府外，成人职业培训协会和一些私人团体也可以举办国家认可的培训学会。政府大力开展农村继续教育，并有相应的资金予以保证，一定程度上促进了成人教育的发展和社会经济的复苏，形成了让整个社会受益的成人教育体系。

美国的成人教育在战后无论在规模上还是研究水平上都得到了长足的发展。1946年，美国制定了旨在推行大众教育援助计划和推行日间职业教育计划的《乔治-巴登法》，该法对成人教育给予财政资助，在公开训练、徒工培训、监督者培训方面取得显著性成果。同时，美国在成人教育研究方面也取得显著成果，成人教育作为一门独立的学科呼之欲出。1951年，成立了成人教育协会，随着美国战后社区教育发展迅速，社区学院、大学纷纷建立。1958年，制定《国防教育法》，一方面适应国防需要，另一方面为与科学技术发展有影响的领域的职业训练筹措"训练补助"。1963年，又制定了《职业教育法》，目的是使渴望就业者、具有工作经验的人都有机会受到应有的培训和再培训，以推进人力资源开发，形成有特色的成人教育体系。

瑞典、丹麦政府战后相继承认民间的成人教育，瑞典当局开始将成人教育纳入国民教育体系。1960年以后，瑞典的成人教育的发展朝向实用主义，成人教育的目的在于追求经济利益和满足个人教育的期望。政府也积极通过法案来确保教育发展。1967年制定的改革教育法案中，允许有才能的成人获得第二次教育机会。1975年的法案揭示机会均等的理想为成人教育的主要目标。成人教育获得政府和法律的支持。丹麦政府于1960年通过了关于训练技术工人的法案，期望通过培训，使工人的技术随时代的变化而提高。1968年政府通过了《休闲法案》，规定各郡教育及地方当局均有提供非职业教育的责任，以此来满足战后随着经济发展，人们生活水平提高、闲暇时间增多对休闲生活的要求，更加丰富和发展了成人教育体系。

3. 成人教育与终身教育的融合

自1965年联合国教科文组织第三届成人教育委员会在巴黎召开成人教育促进国际会议，保罗·朗格朗（Paul Lengrand）向会议提交"关于终身教育"的提案，终身教育的理念被国际广泛接受，成人教育迎来了崭新的时代；1997年在德国汉堡召开第五届世界成人教育大会发表《汉堡成人学习宣言》，30多年来，各国政府，无论发达地区还是发展中地区，都以积极的姿态迎接终身学习时代的来临，建立各种成人教育机构，加强成人教育的管理，努力将终身教育付诸实践。

英国政府和企业控制着终身教育并一直强调终身学习的经济作用，成人教育制度成为非正式学生的正式教育。教育与科学国务大臣于1985年5月向议会提出建议书（即绿皮书），该报告书的第四章专门阐述了终身学习教育领域，致力于国家终身教育体系的构建；提出为了工作和个人的更大需求，应该给人以终身教育的机会。英国的终身学习政策是需求导向性的

"志愿合作关系"的代表，与市场合作影响的教育系统相联系。过去传统上曾为成人提供教育的机构和志愿团体逐渐被一些以营利为目的的培训组织所替代，新成立的培训与企业局（TECS）不仅负责基层社会群体的培训项目，也负责提出各类旨在发展当地经济的培训促进措施。政府把终身教育交给类似 TECS 这样的新机构，使他们成为雇主和教育机构之间的桥梁。此外，在1997 年成立面向成人和职业群体的产业大学，旨在向学员提供高质量、灵活性的个性化学习，从而开发人力资源，提高劳动者技能。进入 21 世纪后，英国的学习技能委员会致力于提供工作车间培训，从而提升行业标准，并依据国家和地区对学习和技能的需求，制定出策略和计划。

　　德国在 1970 年以后开始重视终身教育。国家教育审议委员会制订的《教育制度结构计划》中明确指出，终身学习是社会、科技与经济发展的关键因素，并提出了以"学习的学习"为核心的终身学习原则。进入 20 世纪90 年代后，联邦议院研究委员会提交报告《未来的教育政策：教育 2000》，该报告强调继续教育和终身教育是重要主题，并认为无论男女均享有在高等教育机构中接受继续教育的机会。1994 年，又提出了《联邦法令规章与联邦、州、地区共同发展继续教育使之成为第四教育领域基本原则》。1995年，研究、科技与革新委员会发表了《信息社会：机会、革新与挑战》报告书，提出发展民众"自我导向终身学习能力"。1996 年，颁布《晋升进修教育促进法》，激励在职人员终身学习。1998 年，又发表《终身学习的新基础：发展继续教育成为第四教育领域》，强化了继续教育发展成为教育的第四个主要领域，与正规学校教育具有同样重要的价值。2000 年，联邦议会以《全民终身学习：扩展与强化继续教育》为题，明确表示全民终身学习是未来教育发展与革新的主要目标，并提出许多关于推动终身学习与拓展继续教育的策略，促进成人继续教育和终身教育有机结合。

　　美国成人教育进入终身教育阶段的主要标志是政府相继出台了许多法案，建立开放的教育机构和教育休假制度。如《成人教育法案》(1966)、《全面就业与培训法案》(1973)，特别是 1976 年的《终身学习法案》倡导"使每个人在工作中都有机会重新学习或训练，在人的一生中，工作时期和受教育时期可以交替进行"。还有 1977 年的《青年就业与示范教育计划法案》及 1982 年的《工作训练伙伴法案》，从法令制度上保证成人教育的终身化，而完善的法律体系保证成人教育得以实施。1994 年颁布的《美国2000 年教育目标法》，其宗旨在于为成人提供更多的学习机会，达到改进成人的技能，拓展其潜力的最终目的。在终身教育的发展过程中，除了完善立法外，政府从机构设施上创造条件，十分注重终身教育和终身学习资源的建设，构建了系统的学习资源提供体系，建立开放大学，实行教育机构的开放，借助现代互联网技术发展现代远程教育，努力开展终身教育实践。同时，实行教育休假制度，确保职工有更多或更集中的时间接受教育。社区学院凭着交通便利、学费便宜、面向大众、办学灵活以及课程设置从需求出发等优势，吸引了大量的妇女、成年人和少数民族学生。据统计，美国有社区学院1123所，其中公立的980所，私立的143所，在校生达1050万人，占美国在校本科生总数的45%，社区学院也成为实践终身教育与终身学习的重要机构。

法国1977年成立了国家职业教育部，下设继续教育局，主管全国的成人教育工作。1985年，法兰西学院全体教授向总统提交的一份题为《对未来教育的建议》的报告主张："提倡连续、交替的教育。"

在丹麦，成人教育被视为终身教育的一个重要组成部分，现行的成人教育政策是与长期以来重视职业培训的悠久文化传统相一致的。1995年，教育部颁布"实施回归教育的十大纲领"提到了继续学习的重要性，强调通过与企业合作或接受正规教育的形式为更多的人提供学习机会，要求进一步扩大学习的机会，为学习者提供经费上的资助以及为文化水平低的人提供特殊支持。2000年，国会颁布法案将继续教育和培训融为统一而富有连贯性的成人教育体系。

此外，亚洲的一些国家也兴起在终身教育理念下的成人教育改革热潮，如日本在文部省设有终生学习局和终生学习审议会，专门管理和审议成人教育工作，制定各种成人教育法律和规定，加大资金投入，对职业教育和继续培训进行重大改革，不断完善成人教育的有效机制。因此，终身教育思潮在全球范围内与成人教育改革形成相互促进的局面，推动各国成人教育事业的不断发展壮大。

（二）我国成人教育的演变和改革

在中国社会的演变过程中，文化教育也发生了许多重大的变化，旧有的教育制度、体制、内容和模式已经无法适应社会发展的需要。引自西方的成人教育制度，被当成"唤起民众"、"启发民智"的工具，围绕革命运动而展开。成人教育与社会变革的互动关系密切，因此，中国成人教育发展也显露出与西方成人教育发展不同的特点和轨迹。

1. 半封建半殖民地时期的成人教育

从1840年鸦片战争开始，外国列强纷纷从军事、政治、经济等方面入侵中国，西方文化和教育制度也逐渐向我国渗透，我国逐步沦为半殖民地半封建社会。我国有组织形式的成人教育活动始于清末，19世纪末已出现了许多专为成年人举办的通学所、宣讲所、讲堂、夜校等教育形式，其授课内容为国文、国民道德、算术、习字、体操等，学制1～2年，每日授课2～3小时。宣统元年（1909），除了简易学塾外，正式设立了简易学堂。清政府在1904年元月颁布的《奏定学堂章程》中规定：通儒院招收大学堂毕业生，可以无固定教学场所，学习时间可以灵活安排，学生以自学、研究、辅导为主进行学习，并且把"实业补习普通学堂"列入癸卯学制系统图，所招收的学生就是年满16周岁以上且已从事农、工、商各业或准备从业的各类成年人。实业补习普通学校的性质就是典型的成人教育，是中国成人教育产生的重要标志。

辛亥革命前，革命人士蔡元培、章炳麟、叶瀚等于1902年在上海创立中国教育会，还编写教科书并实行仿通信教授法，刊行丛书报，进行带有函授性质的教育活动。中华民国临时政府非常重视教育的发展和成人教育工作，在1912年教育部公布的《学校系统令》和1913年颁布的《壬子癸卯学制》中都将成人教育纳入学制管理体系。最早引入和使用成人教育概念的是著名教育家蔡元培先生。他任教育总长时就积极倡导平民教育和成人教育，并设立社会教育司管理成人教育工作。社会教育司设立的重要意义在于直接推动了当时的平民和成人教育的开展。蔡元培任北京大学校长时在1918年开办了平民夜校和校役夜校，对于宣传科学真理、传播西方文明、教育平民大众、巩固辛亥革命成果等都起到了重要作用。有资料统计表明，1918年时全国已有通俗教育讲演所2597个，通俗教育会342个，巡回宣讲团742个，巡回文库259处，简易识字学塾4851个。1914年，上海商务印书馆创设了函授学社，开创了中国近代远程教育的开端。

1919年五四运动前后，北京大学的邓中夏、张太雷、张国焘、许德珩等曾多次组织北京大学平民教育讲演团，分赴北京、长辛店、南口等地宣讲革命的科学道理。1920年又在长辛店开办了劳动补习学校，向工人传授科学文化知识，宣传马克思主义真理，启发工人阶级投身到推动社会进步的运动中去。与此同时，上海、武汉、长沙、广州、天津、郑州、济南等地在共产主义小组领导下也组织了工人夜校、识字班等成人教育活动，为中国的新民主主义革命培养了强大的生力军。除了外国传教士办理的成人教育以外，社团举办的成人教育也蓬勃发展起来，如中华职业教育社、平民教育促进会、乡村建设派等十数个知识分子社会团体纷纷投身平民教育事业，以北京大学为首的中国大学也纷纷办理平民学校。但是，接踵而来的民族救亡运动使大部分平民教育计划流产。

国民政府统治时期，成人教育一般称"社会教育"或"民众教育"。国民政府教育部从1928年到1949年在《壬戌学制》的基础上对成人教育多次进行修改，进一步规定成人教育学制的地位。如1929年颁布《各省市失学民众强迫入学暂行办法》和《社会教育机关临时工作大纲》，1932年国民政府公布《民众教育馆暂行规程》，1938年颁布《各级学院兼办社会教育办法》，1940年颁布《中心学校国民教育办理社会教育要点》，1941年颁布《补习学校章程》等，以法规形式强迫实施社会教育，由教育部直接拨发社会教育经费，社会教育经费应占教育经费总额的10%～20%。同时，在大学院校的行政处也设有社会教育组和图书馆组，负责社会教育行政事宜。另外，陈礼江于1935年出版《民众教育》（商务印书馆），全书共16章约50万字，总结了中国近代民众教育的发展及实施状况，也介绍了一些发达国家民众教育的概况，对民众教育的意义、范围和特征做了阐述。

中国共产党成立前后，一些社会活动家始终注意以成人教育宣传革命理论，组织动员人民群众参加革命斗争。1915年，陈独秀等人在上海创办了《青年》杂志（后改为《新青年》），传播革命真理和先进思想，抨击封建思想和愚昧、落后的习俗文化，促进了社会先进文化和文明的普及。毛泽东于1917年在湖南创办了工人夜校，提出了专为工人开设国文课、算术课和常识课。1921年，在党的第一次代表大会决议中就明确提出了成人教育的办学方向，指出"劳工补习学校应逐步成为劳工组织的核心，所授所学，最重要的是应能唤醒劳工觉悟"。在这种思想的指导下，中国共产党组织了大量的成人教育活动，例如，20世纪20年代的湖南自修大学、安源工人夜校、上海大学、上海平民女校、沪西工人学校、南洋义务学校、广州农民运动讲习所等；20世纪30年代的中国工农红军大学、苏维埃大学、中央农业学校和红军第一、第二步兵学校；抗日战争时期的中国人民抗日红军大学（后改为"中国人民抗日军政大学"）、鲁迅艺术学院、延安大学、中国女子大学、军事学院、八路军医科大学、俄文学院、民族学院和各种干部训练班、识字班等；20世纪40年代的东北大学、东北军需学校、哈尔滨青年干部学校、华北人民革命大学、华北大学、白求恩医科大学、铁路学院、内蒙古学院、苏皖地区的华中大学和建设大学、西北地区的西北军政大学，以及各解放区、根据地举办的工人补习学校、业余技术补习学校、工人政治大学、工人政治学校等。这些成人学校的开办和成人教育活动的开展为中国革命各个阶段培养了大批干部和骨干力量，造就了革命和新社会管理的人才。

新民主主义革命时期的成人教育曾被称为"民众教育"、"工农教育"

或"业余教育"。广大人民群众在这种成人教育活动中学习了革命理论和科学知识,摆脱了封建思想和愚昧、落后的习俗文化的束缚,逐步自觉地承担起改造社会、推动革命和历史前进的巨大任务。成人教育的社会职能充分体现出来,直接推动了社会的进步和发展。由此可见,成人教育在社会变革和新民主主义革命中扮演着极其重要的角色。

2. 新中国的成人教育发展

新中国成立以后,成人教育体制、体系、制度建立并纳入法制化的轨道。中央政府做出发展教育、提高新中国建设者素质的决策,提出了大力发展成人教育的主张。在首届中国人民政治协商会议制定的《共同纲领》中明确提出:"要加强对劳动者的业余教育和在职干部教育。"1949年12月,中央人民政府召开第一次全国教育工作会议时又明确指出:"要做必要的准备,以便在全国范围内进行识字教育、扫除文盲的伟大工作",同时还草拟了《工农速成中学实施方案》。1950年中央人民政府政务院又发布了《关于开展职工业余教育的指示》,并颁布了《各级职工业余教育委员会组织条例》。在中央政府的号召和领导下,从新中国成立初至第一个五年计划时期,工农大众业余教育如火如荼,成人教育有了较好的发展势头,不仅为后来的大规模扫除文盲运动和成人教育的发展奠定了基础,也为新中国成人教育的健康发展指明了方向。

十年"文革"期间,成人教育与整个教育事业一样遭到了严重的破坏,基本处于停滞状态。党的十一届三中全会以后,我国开始了"四个现代化"建设的新时期,面对成人教育"十年浩劫"造成的人才"青黄不接",对职工进行的"双补"(对1966年后进厂青工的基础文化和岗位技术教育补习)教育拉开序幕,1980年国务院批转的教育部《关于大力发展高等学校函授教育和夜大学的意见》,积极恢复、大力发展高等函授教育和夜大学,并将函授、夜大纳入高等教育事业计划。中共中央于1980年和1982年发布了《关于加强干部教育工作的意见》和《关于中央党校机关干部教育工作的决定》,加大对干部的知识化和专业化培训。与此同时,1981年中共中央、国务院颁布《关于加强职工教育工作的决定》,要求各级政府重视职工教育,把职工教育纳入国民教育体系。随着信息技术的发展,各地的远程教育和广播电视大学均迅速发展起来。特别是1987年国务院颁布了《关于改革和发展成人教育的决定》,提出"把开展岗位培训作为成人教育的重点",并首次提出成人教育实行"三种证书制度"。由于经济复苏而日益凸显的成人在岗位培训方面的需求使成人教育获得长足发展,同时,中央教育科学研究所设立"成人教育研究中心",各地政府教育主管部门、地方教育科研院(所)也相继设立了成人教育研究机构。通过几代成人教育学者的努力,成人教育作为一门独立的学科已广泛为人所接受。1992 年,成人教育学被纳入《学科分类与代码》(中华人民共和国国家标准)。1992 年,全国成人高等教育工作会议召开。中共中央、国务院在 1993 年印发《中国教育改革和发展纲要》,明确指出:"成人教育是传统学校教育向终身教育发展的一种新型教育制度,对不断提高全民族素质,促进经济和社会发展具有重要作用。"1995 年,《中华人民共和国教育法》颁布,明确规定"国家实行职业教育和成人教育制度",标志着成人教育法律地位的确立。

在教育部制订了《面向 21 世纪教育振兴行动计划》之后,2000 年教育部职业教育与成人教育司(下称"职成教司")下发了《关于在部分地区开展社区教育实验工作的通知》,由此开始的全国社区教育实验工作,成为成人教育发展进入崭新阶段的起点。我国成人教育以岗位培训、继续教育和社区教育为重点,通过建立现代企业教育制度和职业资格证书制度,采取灵活多样的办学形式;大力发展现代远程教育、职业资格证书教育和学位继续教育;完善自学考试制度,形成社会化、开放式的教育网络;开展社区教育的实验工作,逐步建立和完善终身教育体系,努力提高全民素质。改革开放 30 多年来,成人教育事业的发展取得辉煌的成就:全国 2000 年如期实现了基本扫除青壮年文盲的目标,"十五"规划以来累计开展实用技术培训达 4.13 亿人次,参加各类培训和学历教育的企业职工共计 9174 万人次,占企业职工总数的 43.7%。独立设置的成人高等学校有 962 所,举办函授、夜大学学历教育的普通高等学校 1311 所,各类成人中等学校 40 余万所,成人初等学校 18 余万所,成人教育在我国社会发展的贡献越来越大。

3. 成人教育事业的不断拓展

跨进 21 世纪,我国的成人教育事业迎来了新的发展时代,特别是党的十六大报告在论述实现全面建设小康社会宏伟目标中提出了"形成全民学习、终身学习的学习型社会,促进人的全面发展",这是在党中央的正式文件中首次提出建设学习型社会。各级各类的成人教育都有不同程度的进展。

我国政府始终把扫除文盲作为保障公民接受教育的基本权利,也作为关注弱势群体、消除贫困的重要途径,以及实现全民教育目标及社会公平的核心内容。在扫除文盲方面,2001—2010 年,全国累计扫除文盲 1435.82 万人。据第六次全国人口普查数据,2010 年全国文盲 5465.65 万人,比 2000 年减少3041.31万人，文盲率从6.72%下降为4.08%，下降2.64个百分点。[①]在农村成人教育方面，2006—2010年教育系统的中等职业学校、农村成人学校开展农村实用技术培训21392万人次，年均4278万人次；开展农村劳动力转移培训19607万人次，年均3921万人次。2010年开展的农村实用技术培训3712万人，开展农村劳动力转移技能培训1496万人次，有效地提高了农村劳动力技能水平，增加了农民收入，帮助拟转移的农村劳动力实现了转移就业。整体而言，到2012年，全国接受各种非学历高等教育的学生达394.84万人次，当年已结业778.53万人次；接受各种非学历中等教育的学生达4969.81万人次，当年已结业5537.04万人次。2012年全国接受教育培训的成人有6274万人，约占76105万城乡劳动者的8.2%；加上职成教司组织统计的农村劳动力转移培训（1400多万人次）、社区教育培训（5000万人次）、企业职工教育培训（5000万人次），推算全年约有近2亿人次接受了成人继续教育，约占城乡劳动者的20%以上。[②] 成人教育在国家的经济发展和社会建设中做出了巨大的贡献。

20世纪90年代中期，我国把"建立和完善终身教育体系"作为法律规定纳入《中华人民共和国教育法》等法律体系。福建省出台了我国第一部《终身教育法律条例》，随后许多地方借鉴这一经验，纷纷提出终身教育的法律建设问题和尝试。2005年以来，教育部职业教育与成人教育司、中国成人教育协会、中国联合国教科文组织全委会及各地政府、成人教育协会每年共同举办"全民终身学习活动周"，通过开展形式多样、内容丰富的学习活动，宣传终身教育和全民终身学习观念，促进全民终身学习。2013年，全国共有27个省（区、市）的890个县（市、区）级以上单位开展了学习周活动，据不完全统计，共有1067万人次参加各类教育培训活动。活动周为民众提供了更多的接受教育培训和展示学习成果的机会，对发展成人继续教育和建设学习社会发挥了积极作用。

2009年，我国颁布了《国家中长期教育改革和发展规划纲要（2010—2020年）》，明确提出到2020年，要实现"现代国民教育体系更加完善，终身教育体系基本形成"和"基本形成学习型社会"的战略目标。各地开始尝试开展学习型城市建设活动，上海市、北京市、大连市、常州市、南京市和深圳市等率先提出建设学习型城市，拉开了我国建设学习型城市的序幕。各地尝试探索学习型城市的建设路径，形成"多力合一"整体性推进的运

---

① 参见中华人民共和国统计局《2010年第六次全国人口普查主要数据公报（第1号）》。
② 参见张昭文在广东省成人教育协会2014年年会上的讲座（PPT讲稿）。

行机制,即党政主导力、市场调节力、社会参与力、教育支撑力、基层社区和单位自治力、社会民众主体力整合成统一的力量,整体性推进学习型城市的构建。在建设城市终身学习文化方面,分别从终身学习物质文化建设、终身学习制度文化建设、终身学习精神文化建设3个层面着手,使学习成为社会的核心理念之一,学习价值观取得社会共识,学习活动成为社会时尚,越来越多的社会成员自觉地参与终身学习。许多地方都纷纷成立社区学院,与社区教育结合起来,以市场机制为手段,强调教育的全面性、全民性、全程性;采取公办民营、公私合办、联合办学等方式,通过对成人教育资源的整合、重组与建构,形成科学、完善、合理的现代成人教育组织结构。各类学习型组织的创建应是建设学习型城市的重点和基石,其中,组织学习又是建设学习型组织的关键,是个体学习通向学习型组织的必经中介。2013年10月,联合国教科文组织、中国教育部、北京市人民政府联合在北京召开了首届"国际学习型城市大会",会议通过了《建设学习型城市北京宣言》和《学习型城市主要特征》两个重要文件,标志着学习型城市建设进入了联合国有关组织和与会国政府共同推进的历史新阶段。

随着终身教育理念在我国不断推进和发展,众多专家和学者把终身教育作为21世纪教育发展的新蓝图,用终身教育的理念来指导和推进成人教育的发展,把终身教育与成人教育、远程教育、社区教育、高等教育和农村教育等有机地结合起来进行研究,提出了不同的发展模式。成人教育初步形成了与普通教育、传统学校教育并驾齐驱、协调发展的新局面,进一步承担起了对在岗、转岗和各类求职人员进行岗前、岗位培训,对离开正规学校的人员进行基础教育和高等教育,对受过高等教育的人进行继续教育培训的任务,同时也为老人、妇女乃至全体公民提供了旨在建设文明、健康、科学、民主生活方式的教育服务。同时,网络教育与学习成为新世纪最先进、最富有挑战意义的时代发展命题,成为现代任何教育均不可回避的焦点。

成人教育现代化问题对成人教育的具体实践提供参照,结合一定的标准量化了现代化的成人教育的发展水平,尽可能地利用现代化的条件普及成人教育,发挥成人在教育中的主动性,努力提高成人的素质,让他们更好地适应社会发展要求,具体从终身教育制度化、教育民主化、大众化、普及化、网络化、办学开放化,支持学习系统服务化,办学体制与管理体制多元化,教育教学内容和手段的现代化,功能整体化,教育培训市场产业化,地方统筹化等做了深入改革。我国成人教育发展历史表明,伴随着社会进步和发展,中国的成人教育已步入现代化、规范化、法制化的发展轨道。

第二章　学科视野的成人教育概念

一、成人的学习特征与教育属性

在我国，成人教育古已有之。顾名思义，成人教育就是对成人进行的各种教育活动，如"学习"、"修身"、"教化"、"读书"等。而西方的"成人教育"（adult education）一词早在1814年就已经出现在相关文献中，即为成人提供的教育。一些国家或语种则从不同的角度来描述这种向成人提供的教育，如从教育对象的角度来描述，有"大众教育"、"国民教育"、"人民的或公众的教育"、"社会教育"、"公民教育"等术语。当前，学术界对"成人教育"的定义仍然众说纷纭，对普通教育的体系、观念、内涵及方式方法是否适用于成人也有分歧。如何定义成人教育的问题既关乎界定者的学术背景、立场和观点，也涉及对成人教育自身的对象、内容、目的、形式等要素的分析。

（一）成人的词义分析

界定"成人"这一概念，先要看其汉语的词性，"成人"既可是一个名词，也可作为动词。前者是指一个既定的状态，而后者则意味着一个发展的过程。在通俗意义上，成人被认为是生理上成熟的人，一般理解为成人就是完全发展的和成熟了的大人，如我国古代男子到了20岁即可称为"成人"。在《论语》中"成人"的意思就是成就理想人格，可理解为一个人的人格在全面发展方面取得长足的进展。而现行的法律规定年龄到18岁时为法定成年人。英语中的"成人"（adult）是指已成熟或达到法定年龄的人。"成熟"指贯穿个人一生所发生的变化过程，作为年代学意义是年龄增加的结果，包括生理、心理和社会性的发展程度。然而，西方社会对成人的法定年龄界定则存在差异。成人在日常生活实践的文化建构中，其内涵日益丰富，包括诸如心理的、法律的、社会的等规定性。虽然对成人的界定至今没有形成统一的定义，但其词义一般从生物、心理、社会和法律等角度来加以考察。

1. 生物学的解释

从生物学的观点来界定，成人是身体各方面俱已发展成熟的人，成熟即"达到完全生长与发展的阶段"。当一个人到了能够生育的年龄——青春期早期，他就成为生物学上的成年人。不同国家的法令、机构团体或专家学者对成人的界定，常以年龄为指标，均蕴含"成熟"的意味。与未成年人相比，成人是一个"已经成长完成并具有生殖能力的个体"。哈维格斯特（Havighurst）将成年期划分为3个时期：成年早期、中年期、成熟后期，并依据成人身体的、社会的以及个人变化情况制定了不同的发展任务。世界卫生组织将青春期年龄范围定为10～24岁。我国一般把青春期年龄范围定为10～20岁，其中10～13岁为青春前期，14～16岁为青春中期，17～20岁为青春晚期。其实，人的生长与发展是一个持续的过程，它意味着成人的发展是动态的，而不是静止不变的。在生物学对成人的认识上，以前的生长观把儿童的生长与成人已完成了的生长进行比较，而没有从儿童内在的生长出发看待成熟的问题，造成了成人的发展标准与儿童的对立。

2. 心理学的解释

在心理学意义上的"成人"是指个体已达到心理和情绪上的成熟，即"能控制冲动、对挫折有忍受力、不再依赖父母、能够对自己的行为负责、能对未来做计划、能对假设的情况做思考、能够适应新的情境，根据心理学的解释，当一个人形成自我指导和为自己的生活承担责任的自我概念时，就是成年人了"。[①] 当代大多数心理学家认为，个体心理的发展既具有连续性，又具有阶段性。根据个体生物、认知和社会性发展的水平和状况，可以把人一生的发展历程划分为3大时期——童年期、青少年期和成年期。发展是指个体在一生中随着年龄的增长而经历的一系列具有顺序性的变化，表现在生理、心理和社会性等方面。在成人是否具有学习的可能性问题上，美国心理学家詹姆士（W. James）说："人至25岁，纯粹的好奇心已衰退，神经的通道已固定，同化的能力已消失，学习新观念非常困难。"而教育心理学家桑代克（Thorndike）通过实验认为："人的学习能量永不停止，成人的可塑性或可教性仍然很大，25岁后仍可继续学习。"根据心理学的理解，当人的心理过程和心理特征基本成熟，能够形成自我指导和为自己的生活承担责任的自我概念的时候，就是成年人了。

---

① 黄富顺. 成人学习 [M]. 台北：五南图书出版公司，2002：4.

3. 社会学的解释

从社会学的角度，成人被认为是能够扮演成人角色，在社会上能够负起一定责任的人，如全时工作者、配偶、父母、有投票权的公民等。美国在传统上将离开家庭独自生活作为成年的标志。学者佩特森认为，"成人说到底就是成年。说某一个人是成人，是指他有权享受大范围的自由生活方式，有权充分参与做出社会决定的活动，他的成年状态在于他充分行使权利并充分承担社会管理、传递社会利益的责任"。① 诺尔斯（Knowles）用"社会成熟性"判断一个人是否为成人，他认为，"凡对自己的生活负有主要责任的人便是成人"，"成人有典型的成人职责——工人的职责、配偶的职责、父母的职责、负责任的公民的职责、士兵的职责等"。② 进而言之，一个人进入成人期意味着个人的自我认知及他人对其认知均得到认可，即认为他达到了社会成熟性的某一水平，而这一水平是与其所处的社会及其承担的成人身份相适应的。成人要能负担起家庭和工作的角色，通常是已婚或者已建立家庭，在经济上能够自立。在社会学中，对成人的划分标准仍有不确定性，如项秉健认为，"基于社会学的条件来判断，18岁的青年工人属于成人，而22岁的普通高校学生还不算成人，他主要的任务是作为一名学生，而他所接受的是普通学校教育，不属于成人"。③ 在现实社会中，绝大多数的成人相较于儿童确实有更多的智力才能、体质力量、性格特点、信仰、爱好和习惯，担负起更多的社会责任和角色。因而就其社会意义来说，儿童期是依赖时期，成人期是负责时期。

4. 法学的解释

从法学的角度，一个人是否进入成年期，是根据他所承担的特定文化、社会和经济上的责任以及他在法律体系中所处的适当地位来确定的。在法律上说，成人是指达到法定年龄、开始享有某些法定权利（如选举、驾车、喝酒和到军中服役等）的人。对于"法定年龄"，各国的规定并不一致，但为了有明确划一的标准，各国法律均规定某一年龄作为成人的下限。某些国家强制人们进入提供基础教育的学校学习，对教育者来说，他们的责任是帮

---

① 达肯沃尔德，梅里安. 成人教育——实践的基础 [M]. 刘宪之，等，译. 北京：教育科学出版社，1986：51-52.
② 马尔科姆·诺尔斯. 现代成人教育实践 [M]. 蔺延梓，译. 北京：人民教育出版社，1989：13.
③ 项秉健. 什么是成人教育——关于定义的探索 [J]. 北京成人教育，1989（3）.

助每一个人达到成熟并表现出成人的举止、行为,成为一个独立自主的人。一旦这些人达到某一特定年龄,其学习开始建立在自愿的基础上,那么这部分人就被看作是成年人。此外,不同的国家、社会、地区,赋予成人的权利范围也并不相同。《中华人民共和国宪法》和《中华人民共和国全国人民代表大会和地方各级人民代表大会选举法》规定,凡年满18周岁的公民都有选举权和被选举权,享受法律规定所能享有的一切权利和义务。而我国台湾地区《民法》第十二条规定"满20岁为成年"。法律上对成年人与未成年人进行划分,主要是以人能否履行自己的社会责任,承担自己的行为责任为依据,而在成人教育中,关于教育对象的年龄限定问题仍然存在争议。

5. 教育学的解释

从教育学的角度,一个人进入成人期意味着其认知能力及学习能力均达到了成熟的水平。"成人"与"成人发展"一样,都表示成年生活是一个变化和成长的持续过程。成人是具有生活和工作经验的人,这些经验增强了其认知能力,是成人学习过程中的重要资源。《国际教育标准分类》(1976)对成人教育的界定是从对"成人"界定开始的,把成人以"不再进入正规和全日制学校的大门"、"不在正规学校和大学系统学习、通常年龄在15岁及15岁以上的人们"和"已超过义务教育年龄而且其主要活动已不再是受教育的公民"等方面加以限定。[①] 此外,在成人教育文献中,成人的定义还常被替换为达到生理和心理发展高峰后的下降过程。许多作者试图将成人教育定义为一个与年龄无关的过程,定义为那些已完成初始连续教育周期的人们通过执行自觉目标的、持续的、有组织的活动,在信息、知识、理解力或技能、评价能力和态度等方面发生变化的过程。在一些国家的教育系统中,成人教育被完全视为除一、二、三级教育体制之外的教育,而不管学习者的年龄有多大。

除从生物学、心理学、社会学、法学和教育学的角度对"成人"作界定之外,还有从民俗学、生理学、生态学等角度来探讨成人的界定标准。例如在民俗学中,人至成年要行成年礼。成年礼或叫成人礼,该仪式表明个体通过此种形式,实现了从未成年人向成年人、从家庭向氏族、从个人向社会的真正转化。所以,"从本质上看,成年礼是个体的角色转换、确认个体在

---

① 高志敏. "成人教育"概念辨析 [J]. 陕西师范大学继续教育学报,2000 (1).

社会中的成人角色与地位"。① 个体开始认同一种成人的角色并规范自己的行为，从而完成一种心理上向成年的嬗变。有研究者主张通过以与成年相关的生活事件来作为研究成年的标准（一个多维的、综合的标准）。也有学者认为成年的标准是一个或几个标志性事件，如 Tamara Hareven 将向成年期的这种转变分为"个人时间"、"家庭时间"、"历史时间"；Elder 在《生活的轨迹》一书中指出，生活轨迹是由"生活事件"、"生活过渡"和"生活角色"构成。虽然人们常以生理年龄来衡量一个人是否成年，但从多学科角度来界定成人的概念，更重视社会因素及其影响的意义。

国外对成年标准的研究较多。一般认为成人的分期可以划分为 3 个阶段：成人早期（16～35 岁）、成人中期（35～60 岁）、成人晚期（60 岁以上）。Arnett 在 2000 年提出"始成年期"的概念。他认为"始成年期"是介于青春期和成年早期之间的特殊发展阶段，未来的一切几乎都没有确定，可以对未来的可能性进行探索。然而，成年期的开始不仅是一个时序年龄的问题，更与心理、社会等因素密不可分，更多地受社会文化的影响。在此方面最具代表性的是对于美国大学生成年过渡概念的研究，认为从青少年到成年的过渡不仅是简单的生物性过渡，而且是社会性、文化性的转换，标志成年期过渡的最重要的标准中可能存在文化差异。我国对成年标准的研究尚属空白，但很多研究证实了不同文化环境中的个体进入成年期的时间存在着差异，文化背景的差异会使人们对成人标志的认识产生影响。这就决定了我们不能直接照搬西方的研究结论，必须将成年界定标准的研究放在中国特有的文化背景下进行验证。因此，无论从什么角度解释成人，都要根据我国的国情和教育制度的实际来界定。

（二）成人的学习特征

1. 学习的含义

"学习"是众所周知的一个术语，也可以说是人们毕生都在从事的一项活动。从中文的"学"字来看，古代的甲骨文和金文的写法可以反映一定的字义，金文"𦥯"的左上方和右上方表示两只手，位于它们中间的部分表示占卜的活动；中部的部分表示房间；下面的部分"子"表示孩子，也就是学习的主体；合起来则表示孩子在一所房子里学习有关的知识。因此，从词

---

① 吴晓容. 仪式中的教育——摩梭人成年礼的教育人类学分析 [D]. 重庆：西南师范大学，2003.

源上看,"学"含有效仿之意。在教育发展史上,大量的教育经典性言论对"学"都有精辟的论述,其中有些教育家将学与教辩证统一起来,从不同的角度来描述同一种培养人的活动。但是,由于人们习惯于狭义地理解和运用"学习"这个概念,把学习窄化为文化知识的学习,致使对学习活动的研究局限于学习理论中,未能从更广阔的哲学和教育学层次上研究和揭示人类学习活动的特点与发展规律。

随着社会的加速发展和知识"爆炸",人类的学习活动和方式也发生了深刻的变化,心理学、社会学、脑科学等学科纷纷加入到研究学习的行列。从微观到宏观、从历史到现实,不断深化着人类对学习活动及其发展规律的认识。作为心理学的一个基本概念,对"学习"的界定有几种代表性观点:行为主义的心理学家一般把学习界定为"由练习或经验引起的、行为的、相对持久的变化"。学习是有机体适应环境的手段,有机体为了生存与适应,必须不断改变自己的行为。认知主义心理学家认为学习即形成和改变认知结构,强调学习是一种积极主动的加工过程,重视认知结构的形成与重组,以及学习动机与学习态度的培养。人本主义心理学家认为,真正的学习涉及整个人,而不仅仅是为学习者提供事实。真正的学习经验能够使学习者发现自己独特的品质,发现自己作为一个人的特征。建构主义的学习理论认为学习是学习者主动建构知识的意义的过程。建构一方面是对新信息的意义的建构,同时又包含对原有经验的改造和重组,是新旧经验之间的双向的相互作用。心理学家们在探讨学习规律的过程中,由于其哲学基础、学科背景不同,研究手段不同,因而对学习的内涵存在着各种争论和分歧,形成若干学习理论流派,从不同的角度说明和揭示部分学习的现象和规律,都对成人的教育和学习具有一定的指导作用。

综上所述,我们把学习定义为:在一定情境下,个体由于成熟和适应等需要通过反复练习和经验而产生的行为或潜能的比较持久的变化。这样的界定有几方面含义:首先,学习是以行为或潜能的改变为标志,包含着个体获得新的行为经验或智能发展的过程。学习总会引起个体的改变,既有明显的、外在的,也有隐性的、潜在的。其次,学习引起的行为变化是相对持久的,只有行为改变或潜能提高持续一定时间才可以称为学习。再次,学习由练习或经验引起,而不是先天的反应倾向导致的。最后,学习不仅指有组织的知识、技能、策略等的学习,也包括态度、行为准则等的学习;既有学校中的学习,也包括从出生以来一直持续终生的日常生活中的学习。

2. 成人学习的特殊性

学习对于人类来说，不是简单地适应环境的活动，而是具有社会意义的，这是人类学习与动物学习的本质不同。人类学习除了通过直接经验的方式获得个体经验以外，还在同其他人的交往过程中获得人类社会的历史经验，并且人类语言使人不仅能掌握具体的经验，而且有可能掌握概括、抽象的经验。更重要的是，人类学习是为了满足社会生活的需要，有极为丰富的学习动机和目的，并且人们一直在积极探求有效的学习方法。

根据对学习一般概念的理解可知，成人学习就是成人个体在一定情景下由于成熟和适应反复经验而产生的行为或潜能相对持久的变化。成人的学习包括正规学习、非正规学习和各种非正式学习或偶发学习。成人学习范围广泛、类型繁多，与传统正规教育体制下全日制学生的学习不同。具体而言，成人学习的特殊性体现在以下 5 个方面：

（1）成人学习主体的特殊性。从成人的社会性来看，成人已经是承担起一定社会责任的人，在心智和行为上能够独立自主。作为学习主体的成人对其学习活动有明确的目的和目标，能够了解自己的学习需要，制订适合自己的学习计划，并有实现计划的顽强毅力和恒心。这体现了成人学习与未成年人学习在主体性上的差异，也反映了成人学习主体的特殊性。

（2）成人学习基础的经验性。任何学习都需要一定的基本条件和心理基础，经验是成人学习的一个重要的资源。成人选择参加什么教育计划、采取什么学习方式及如何评价自己的学习，都以已有的知识经验为基础和依据。成人的经验性是指在学习过程中受到原有知识经验的影响，以自身的经验进行联想、比较、思考等心理过程来接受和理解现在的学习内容。成人最善于学习与他们的生活经验有关的新知识和技能。同时，由于成人的个性差异、受社会因素影响程度的不同等原因，成人的经验表现出个性化、多样化的特点。

（3）成人学习内容的多样性。与未成年人不同，成人作为社会活动的主体，绝大多数在社会组织中扮演着一定的角色，在不同人生阶段又扮演着不同的角色，面临着不同的挑战而不断产生新的学习需求，可以说成人需要学习的内容具有多样化的特征。成人学习内容的多样性还表现在不同性别、年龄、职业、经历、教育水平的人选择的学习内容也千差万别。如果考虑成人承担着无法推卸的责任和享有的学习权利，成人的学习内容更是包罗万象。

（4）成人学习过程的自主性。成人怎样学习比学习什么更重要，由于成人的工作、生活的时间和空间相对稳定，他们一般很难在固定时间和封闭空间内进行学习，往往是带着解决工作及生活中问题的动机来学习，不仅自己的学习目的相当明确，学习的态度也相当主动。有学者认为"成人学习的自主性主要表现在3方面：①主动性，非成人学习者通常扮演的是被动受教育者的角色，成人则是有着明确目标的主动学习者；②选择性，非成人学习者几乎完全处在被安排的位置，成人学习者则处在学习环境、内容、方式等方面的选择者的位置；③自学性，非成人学习者一般是通过教育者释疑解惑的单向传播活动进行学习的，而成人学习者则主要通过自学活动完成学习任务"。① 随着人类知识总量的急剧增加，在成人的实践活动中，学习"渔"比接受"鱼"更重要，因此，成人转变学习观念和主动学习显得更加重要。

(5) 成人学习目标的功利性。成人学习的动力，主要来自在现代社会中谋求自身生存和发展的现实考虑，这种考虑体现着现代成人学习需要的功利性特点。一方面，成人所具有的成熟的生理和心理特征、较强的学习能力、丰富的生活经验和善于理论联系实际等优势决定了成人学习效果的快捷高效。另一方面，成人的社会责任决定了成人学习受时间和精力的限制，成人学习者普遍期望学习过程更加迅速有效，因此成人的学习目标具有明显的功利性。

（三）成人的教育属性

1. 教育的含义

中文中的教育，从"教"这个字的甲骨文和金文的写法来看，它左下方的部分表示一个孩子，是教的对象；左上方的部分表示占卜的活动，是教的内容；右下方的部分表示手，右上方的部分表示鞭子或棍子，是教的过程与手段。那么，合起来则表示成人手拿着器械督促孩子学习的行为。从西方来看，"教育"一词在英语、法语和德语中都起源于同一个拉丁文词汇"educar"，意思是采用一定的手段，把某种本来就潜藏于人身上的东西引导出来，从一种潜质转变为现实。而《中国大百科全书·教育卷》中将"教育"定义为"凡是能够增进人们的知识和技能、影响人们的思想品德的活动，都是教育"。根据有关学者的研究，"教育是有意识的以影响人的身心发展为首要和直接目标的社会活动"。② 这是对"教育"的一般性定义或对广

---

① 黄富顺. 成人心理与学习 [M]. 台北：师大书苑有限公司, 1999：20.
② 扈中平. 现代教育学 [M]. 北京：高等教育科学出版社, 2000：24.

义教育的定义。在这个定义中,"人"不局限于青少年,而是包括各个年龄阶段的人,强调"有意识的",是为了把教育与其他并非有意、但可能对人身心发展产生影响的社会活动区别开来。因为从效果上看,任何社会活动,只要有人参加,都可能对人的身心发展产生影响。在教育这一属概念之下,与"学校教育"并列的同位种概念有"家庭教育"、"社会教育"等。

在《国际教育标准分类》(1976)中,"教育"一词的涵义是旨在满足学习需要的各种有意识的和系统的活动,包括一些国家中所谓的文化活动或培训。不管叫什么,教育被认为是导致学习的、有组织的及持续的交流。交流是两个人或更多的人之间传输信息(思想、知识、方法等)的关系,可分为言语的或非言语的、直接(面对面)的或间接(远距离)的,并可有各种各样的途径及媒介。学习意味着任何行为、信息、知识、理解力、态度、价值观或技能方面的长进。"有组织"是指有明确的或不言而喻的目标,并按一定的形式或顺序计划,必须有一个创造学习环境的提供者(一人或多人或机构)和一种开展交流的教学方法,一般是一个以教学为目的开展交流或传授知识和技能的人。"持续"是指学习应持续一段时间并有连续性。[①] 在这一教育的概念中,学习和交流成为教育的核心内容,实际也是扩大了教育的外延,反映了现代教育观念提倡人们学习的应是活生生的事物,教育能够帮助人们自由及批判性地思考问题,并且对新知识的吸取要通过终身学习的过程来进行。当代信息技术为人类教育提供了更加有利的条件,一些研究者认为,"教育"一词强调的是系统的、通常有专门教师指导的、制度化的培养过程,而"学习"则更强调学习者的主体性,注重学习者主导的、个性化的学习过程。他们主张用"终身学习"(lifelong learning)来代替"终身教育"的提法,并且认为学习应该成为现代教育的主要内涵。

2. 成人的教育依据

教育被看作是面向所有年龄人群的一个持续过程。成人的教育具有非常悠久的历史,而正式产生于现代的成人教育往往被看成是一种对普通教育的拾遗、补缺形式。其实,成人的教育作为人整个教育过程中的一个阶段,与其他阶段或类型的教育具有同等重要的地位。成人的教育可以被理解为一个以成人的方式指导教育的过程,区别普通教育和成人教育的标准主要是教育的对象。然而,成人教育的特殊性在于对象的社会属性和学习特征,与普通

---

① 赵中建. 全球教育发展的研究热点——90年代来自联合国教科文组织的报告 [M]. 北京:教育科学出版社,1999:1-7.

教育相比，成人的教育具有明显的成人性和社会性。

在成人的教育过程中，成人性意味着成人生理和心理已经成熟，能够成为一个自给自足的独立人，能够诊断自己的需要和评价自己的学习效果。这一特性至少规定着对成人所进行的一切教育活动都应当基于成人的自愿参与，教育内容起码是成人希望学习的，即闻其愿所闻，观其愿所观，学其愿所学。教育形式也是对成人来说所能够接受和比较有效的。其社会性是指社会中的个体为适应社会生活所表现出来的心理和行为特征，表现为成人必须拥有一定的社会经历，承担一定的社会角色和责任，具备社会生活和工作的能力等。成人的社会性表明，成人的社会化已经达到一定程度，只是还要继续社会化。

随着信息时代的不断变化，成人产生了比以往任何时代更为强烈的、不断学习的需要，继续社会化的目标和任务有了新的内容。就与社会劳动就业的密切相关性而言，成人教育在对劳动者进行再培训以适应科学技术的快速发展、解决结构性失业问题、实现社会弱势群体的劳动权利等方面发挥着重要作用。接受教育是成人的一项基本权利，通过接受教育，成人能够拓展和深化自己的知识，分享社会经济和文化发展的成果，促进自身在就业和公民生活等领域，特别是性别和不同社会阶层流动中的平等，这是成人教育的社会性意义。

成人教育对象的特殊性是以成人学习者与全日制的青少年在校生相比较而言，主要体现在如下几个方面：①成人学员年龄一般比全日制在校生大，且学员间年龄也存在着较大的差异；②成人学员拥有全日制学生所不能比拟的丰富而多样化的社会实践经验，学员间社会实践经验和阅历也不尽相同；③成人学员的知识构成、学历水平因人而异，彼此之间也存在着很大差异；④成人学员所拥有的供自己支配的学习时间较少，并且需要在有限的时间里完成相当繁重的学习任务；⑤成人学员生理、心理成熟程度比全日制学生高，具有很强的自主性；⑥成人学员参与学习的形式丰富而多样，如函授、电大、夜大、职大、扫盲、培训和进修等；⑦成人学员学习的内容除了全日制学生所学的基础性知识以外，更注重学习与其所从事的职业相关的、实用性较强的内容。

二、成人教育概念的定义

成人教育作为一个专门的术语，既是成人教育学理论的核心概念，也是我们认识和理解成人教育问题的起点。由于不同时代、地区和学术背景不同的学者，对这一术语有不同的看法，使成人教育的概念仍然十分模糊。现有关于成人教育概念的界定，有的学者是从成人教育的对象或内容角度入手，而有的学者是以成人教育的功能或目的为角度，也有些学者则从成人教育的形式角度进行界定，不同的切入点难免会出现成人教育概念的歧义。

（一）成人教育的界定

"成人教育"（adult education）一词最早由英国波尔（Thomas Pole）在1814年出版的《成人学校的起源和发展史》中率先使用。然而，直到1916年，成人教育的概念才开始在美国的杂志论文索引中被使用。成人教育的概念经历了一系列变化，在实践中也有较多的用法，可以被视为一种教育方法（program）、一个学习历程（process）、一项社会运动（social movement）和一门学科或研究的学问（discipline）。至今，对成人教育概念的定义仍面临着诸多的质疑和挑战。

所谓概念的定义是"揭示概念内涵的逻辑方法，给一个概念下定义就是用精练的语句将这个概念的内涵揭示出来，也就是揭示这个概念所反映的对象的本质属性"。[①] 1926年，美国的林德曼第一次界定成人教育，认为成人教育是一个促使成人能够认识和评价自我经验的过程。1949年，在丹麦召开的第一届国际成人教育大会，只是把成人教育作为一种社会组织自愿实施成人教育的形式。20世纪60年代起，随着对成人教育认识的趋同，成人教育逐渐被看作是正规学校教育系统内外都可以实施的、适应多元教育需要的、开放性的教育形式。1962年，在加拿大召开的第二届国际成人教育大会上，成人教育被确立为国民教育体系的组成部分。另外，在教育统计局编的《国际教育标准分类》（1976）中，成人教育被定义为"不在正规学校和大学系统学习，通常为满足年龄在15岁及15岁以上的人们的需要和利益而设计的有组织的教育项目"。为利于统计，这个定义明确把"成人"年龄的下限定在15岁，澄清了成人教育概念方面的许多混乱现象，在一定程度上规范了成人教育的基本范畴，但仍有很大的局限性，如把成人教育完全排除在"正规学校"和"大学系统"之外，这显然与当今蓬勃发展的成人教育事实不相符合。

有学者将界定成人教育的途径归结为3种：其一，从字面的意义做解释，即分别从"成人"和"教育"两词的解释入手，再结合而成。例如美国学者达肯沃尔德和梅里安（Darkenwald & Merriam）在分别探讨"成人"

---

① 《普通逻辑》编写组. 普通逻辑 [M]. 上海：上海人民出版社，1993：119-120.

和"教育"意义的基础上,将成人教育界定为"担负成人社会角色的人所进行的有系统、持续的学习活动,其目的在于促进知识、态度、价值和技巧上的改变"。其二,从功能上作界定,即从对功能的认识来理解成人教育。成人教育早期被认定为一种扫盲活动,只是教导民众基本的读、写、算等技能。其后逐渐扩展为因应技术变迁的需要以提升个人的知识能力为目的。采用这种界定比较多见,例如,在1976年联合国教科文组织第十九届教育大会上,来自142个国家的代表一致通过《关于成人教育发展的一般推荐意见》,意见指出:"成人教育一词,代表全部有组织的教育历程,不管内容、水平和方法如何,是正规的、非正规的,是学校教育的代替或学校教育的延长,目的在于使社会中的成人发展潜能、充实新知、改进技术和提升专业资格,引导其获得新的发展或使其在态度和行为上产生改变。"其三,从性质上作界定,即从成人教育的本质上作界定。以伯奇文为代表,他认为"成人教育"一词包含的是一种有系统、有组织的成人学习活动,是一种随机的经验学习,是一种研究领域。①

1972年,联合国教科文组织国际教育发展委员会在其著名的报告书《学会生存——教育世界的今天和明天》中指出:"成人教育可能有很多定义。对于今天世界上许许多多成人来说,成人教育是代替他们失去的基础教育。对于那些只受过很不完全的教育的人们来说,成人教育是补充初等教育或职业教育。对于那些需要应付环境的新要求的人们来说,成人教育是延长他们现有的教育。对于那些已经受过高等训练的人们来说,成人教育就给他们提供进一步的教育。"继联合国教科文组织建议之后,由世界上25个工业国的经济合作与发展组织给成人教育所下的定义在国际上影响也较大:成人教育是专门为满足已超过义务教育年龄的公民的学习需要和利益所提供的学习活动和项目,其范围包括非职业的、职业的、普通的、正规的或非正规的学习,以及带有集体社会目的的教育。这个定义指出成人教育具有双重目的:既为成人的学习需要和利益提供教育,又带有集体社会目的。同时,对成人教育范围的阐述较全面,包括职业和非职业、正规和非正规的教育。特别引人瞩目的是,此定义指明成人教育是为成人一生中任何阶段所提供的学习活动和项目,即强调了成人教育的终身性和成人的主动学习性。

(二)成人教育的内涵

概念的逻辑结构分为"内涵"与"外延"。"内涵"是指一个概念所概

---

① 刘义兵. 成人教育研究 [M]. 重庆:重庆出版社,2007:5.

括的思维对象特有的本质属性的总和。成人教育的内涵是对成人教育所固有的、根本属性的一种抽象。成人教育的内涵不能仅从字面确定，还必须从具体的成人教育实践入手，充分了解成人教育的实际形态，辨清与之相邻的教育体系的界线，特别是成人教育与普通教育的界线，从而清晰、科学、全面地把握成人教育的本质。

林德曼最早对成人教育概念的内涵进行概括。他在《成人教育的意义》一书中认为，"成人教育是一项商讨性的协作活动，是一个不拘形式，以发现经验之意义为目标的知识获取过程，成人教育也是一种为成人学习而设计的专门技术，它促使教育与生活紧密结合，从而将生活提高到一个大胆实验的水准"。[①] 由于受到杜威实用主义教育理论"教育即生活"、"教育即生长"、"教育即经验的改造"与"从做中学"等主张的影响，林德曼的观点属于进步主义成人教育思想。

成人教育家诺尔斯给"成人教育"所下的定义为："成人教育是专门为被所属社会承认是成人的人们提供的有目的、有组织、有系统的教育活动。"[②] 诺尔斯认为，"成人教育"至少具有3层含义：首先，从最广泛的意义上讲，成人教育是一个过程，即成人学习的过程。它包括成年男女获得知识、理解力、技能、态度、情趣或价值观的所有活动。其次，从技术层面上讲，成人教育是指各种各样的机构为完成其专门的目的而进行的一种有组织的活动。它包括成人参加的全部有组织的班级、学习小组、系列讲座、有计划的读书活动、有指导的讨论、会议和函授课程等。再次，成人教育是一个社会实践领域。它将与教育成人有关的所有人、机构、协会融为一体，形成一个独立的社会体系。

其实，成人教育的本质特征是由教育对象（成人）所决定的。成人教育可以被理解为一个以成人的方式指导教育的过程。我国学者王茂荣等认为"成人教育是专门为被所属社会承认是成人的人们提供的有目的、有组织、有系统的教育活动"。叶忠海教授对成人教育的定义是："按人和社会全面发展的需要，有目的、有组织为所属社会承认的成人一生任何阶段所提供非传统的、具有自身特色的教育活动。它是终身教育中成人阶段一切教育的总和（综合体），是与未成年人全日制学校教育相对称的一种独立的教育体

[①] 达肯沃尔德，梅里安. 成人教育——实践的基础 [M]. 刘宪之，等，译. 北京：教育科学出版社，1986：44.

[②] 马尔科姆·诺尔斯. 现代成人教育实践 [M]. 蔺延梓，译. 北京：人民教育出版社，1989：14.

系。"① 台湾黄富顺教授也认为：一般对成人教育的界定通常指个体在青春期之后，不再全时参加正规的学校教育，而以部分时间参加有组织的学习活动，目的在于增进个人智能或造成态度、习惯及价值观念改变的过程。这些定义有意回避对成人教育对象的限定。又如在《成人教育概论》中，成人教育的定义是："成人教育是为成人设立的教育事业，即是对已经构成社会劳动力的各行各业的脑力与体力劳动者，从政治理论、科学文化和技术业务方面进行有目的、有计划、有组织的再教育活动。"② 我国学者的这些成人教育定义虽然力图将所有的属性进行概括，但是，在概念的内涵抽象方面却显得过于累赘。

我国对成人教育内涵的揭示还有一些重要文献，如《中国成人教育词汇》一书指出："成人教育是对一切已经从事生产和服务劳动者的教育，是现今我国农民教育、职工教育、干部教育的总称。"1987 年，国务院批转的《关于改革和发展成人教育的决定》从教育对象和作用的角度提出："成人教育主要是对已经走上各种生产或工作岗位的从业人员进行的教育，它能够直接有效地提高劳动者和工作人员的素质，从而提高经济效益和工作效率。"该决定进一步提出成人教育的主要任务是：对已经走上工作岗位以及需要转换岗位或重新就业的人员进行岗位培训；对已经走上岗位而未受完初等、中等教育的劳动者进行基础教育；对已经在职而达不到岗位要求的中等或高等文化程度和专业水平的人员进行文化和专业教育；对受过高等教育的人进行继续教育；对全社会的成人进行社会文化和文明生活教育。1993 年颁布的《中国教育改革和发展纲要》明确提出："成人教育是传统学校教育向终生教育发展的一种新型教育制度，对不断提高全民族素质，促进经济和社会发展具有重要作用。"

从有关对成人教育概念界定来看，揭示内涵存在的困难在于：其一，学者对成人教育内涵的看法和观点不一，思考角度和界定方式明显存在差异；其二，成人教育内涵本身是动态发展的，界定太广泛容易失之偏颇，界定太狭隘又难以周全，对本质属性的抽象需要运用科学和辩证的方法进行系统分析综合；其三，成人教育一词的含义受到实践形式多样化的牵制，成人教育的形态繁多，不同时代、不同地区所指的内涵并不相同。

---

① 叶忠海，等. 成人教育学通论 [M]. 上海：上海科技教育出版社，1997：22.
② 蒋华. 成人教育基本概念的探讨及意义 [J]. 中国成人教育，2007 (6).

(三) 成人教育的外延

"外延"是指一个概念所概括的思维对象的数量或范围。成人教育的外延是适合成人教育概念内涵的一切对象的范围，如果成人教育内涵明确，它是能够涵盖各种各样的成人教育的过程和形式的。

对于成人教育范围的限定，成人继续教育顾问委员会认为："成人教育包括正规教育（formal education）、非正规教育和非正式教育。"这样一种综合概念不仅为了哲学的需要，也是为了实践的需要。根据联合国教科文组织的教育分类标准，成人教育有如下分类：①成人正规教育——由教育或培训系统主办，要求学生注册，使学生获得某种文凭、学分或专业技能证书的教育。②成人非正规教育——由非教育系统主办，学生无须注册的教育。③成人非正式教育——是一个人在日常生活中获取技能、价值、观念、知识和能力，或由家庭、邻居、工作、娱乐、图书馆及大众媒体随时随地施加教育影响，或有组织、有安排但学习完毕不给学分、学位或证书的教育。

国际上对成人教育进行分类的方法很多，难以统一。按其功能可划分为4大类：补偿教育（含扫盲教育、文化基础教育、学历教育）、继续教育（进修、培训和学位教育）、成人职业教育、社会文化生活教育（社区教育）。按其历时性分，成人教育可以包括普通教育中对成人的教育、准备从事某项职业的职业技术准备成人教育以及成人的继续教育3部分。按施教主体可分为：成人学校教育模式、企业单位的成人教育或培训模式、社区的成人教育或培训模式3种不同的模式。而按照教育目的可将成人教育归纳为3类：强调个人发展，以《发展成人教育建议书》对成人教育的定义为代表；强调社会变革，如经济合作与发展组织认为"成人教育是现代社会政治手段不可分割的一部分而不论它们是什么政治制度"；既强调个人发展也强调改造社会，或者说个人发展是为了改造社会，如美国成人教育学家霍尔（Houle）说："成人教育是人们通过增进技术、知识或感受寻求改变社会的一种方法。"由此看来，成人教育概念的外延非常广泛。

在当代网络社会的发展和终身教育理念影响下，成人教育的外延又进一步丰富起来，依照终身教育的观点，人在完成正规的、普通的教育之后，仍需要继续接受教育直至终生。而这些教育通常以非正规的方式予以提供和组织。成人教育的非正规性要求我们突破学历教育的束缚，打破传统的、学校教育的观念、模式及方法，大胆组织形式多样、非学历、非正规、适合社会及成人的各种活动，以满足个人教育需求和志趣爱好，提高人民群众的精神文明水平和生活质量。也就是说，除了少量的学历教育外，成人教育应以继续教育和社会文化生活教育为其办学的主导方向。

三、与成人教育有关的概念分析

21世纪的成人教育是终身教育体系中的一部分，它在推进全民终身教育与终身学习方面起着至关重要的作用，是建设学习社会、全面提高民族素质的关键力量。成人教育已形成了自身的结构体系，具有多层次、多渠道、内容多样化等特点，一些与成人教育有关的概念不可能完全代替成人教育的概念，需要我们进行分析整理，揭示其联系和区别。

（一）成人教育与终身教育、终身学习、永续教育

1. 终身教育

"终身教育"（lifelong education）一词是英国成人教育学者耶克斯利在其1929年出版的《终身教育》一书中最早提出的。[①] 1965年联合国教科文组织在巴黎召开第三届国际成人教育促进会，法国的保罗·朗格朗在他所提交的报告中正式提出终身教育的设想并对终身教育的原理作了系统说明。朗格朗的终身教育概念包括两方面的意思：第一，终身教育是一个人从出生到死亡一生的教育；第二，终身教育是个人以及社会整个教育的统一综合。国际成人教育委员会肯定了这一提法，并请联合国教科文组织予以支持。此后，终身教育的思想便逐渐成为联合国及世界各国指导教育改革与发展的基本理念。

教育形态的多样完整性和教育时空的延展性是终身教育概念的两个本质性特征。富尔等人在《学会生存——教育世界的今天和明天》中表示："'终身'这个概念包括教育的一切方面，包括其中的每一件事情。整体大于其部分的总和。世界上没有一个非终身的而又分割开来的'永恒'的教育部分。换言之，终身教育并不是一个教育体系，而是建立一个体系的全面组织所根据的原则。"因此，终身教育是一个人从出生起一直到生命终结止的不间断的学习和发展的历程，也是教育各发展阶段之间的有机联系，是社会中正规、非正规和非正式等各教育形态之间整合的一种完整体系。从内涵的角度看，终身教育并非单一或纯粹的教育形态，它是一个包容了所有现存的教育形态在内的教育过程。从外延的角度看，终身教育是贯穿人生始终的一种教育形态，具有时间和空间的延展性。

---

① 顾明远，孟繁华. 国际教育新理念[M]. 海口：海南出版社，2001：3.

终身教育理论认为成人教育是促进人类社会和人类自身发展的重要手段，是整个教育体系不可分割的组成部分，从而纠正了长久以来对成人教育的片面理解。它不仅要求成人教育要有量上的发展，更要求在质上有所飞跃。终身教育的基本原理有5个方面教育原则：要防止知识陈旧，确保教育的连续性；要使教育计划与人的发展相适应；教育的一切阶段要面向净化、变化的社会，培养活生生的人；要解决强加给教育的约束，利用现代化设备和改善传递的方法；要在各种措施和技术上建立联系。

2. 终身学习

"终身学习"的概念源于"终身教育"一词。但是，关于终身学习的讨论较早就开始，杜威曾在他的著作中提到："真正的教育开始于离开学校之后，而且没有理由显示教育应该在临终之前停止。"1972年，联合国教科文组织在《学会生存——教育世界的今天和明天》中明确提出，"终身学习"与"终身教育"和"学习社会"并列为3个基本概念。

终身学习有两种定义，一是："人在一生中所需要的知识、技术，包括学习态度等应该如何被开发和运用的全过程"；二是："终身学习强调的基本特征是'有意义的学习'，其学习场所也不限于家庭、学校、文化中心或企业等，大凡被个人或集团可以加以利用的一切教育设施及资源都应被包含在内"。[①] 它包含有3个方面的基本内涵和外延：①人人终身学习必须有学习化社会的前提，也就是社会必须为人们的终生学习提供学习的条件和机会；②这种学习不能是一种终极性学习方式，而应该是一种持续性的学习方式；③终身学习还必须要求打破某一种教育机构垄断教育的局面，必须实现社会处处是教育、人们时时刻刻在学习的学习化情景。

处于现代社会中的人，学习是不能一次性完成的，需要继续教育、终身教育。其实，终身学习概念的提出有其独特之处，它是从学习者主体的角度出发，强调学习者的主体性地位，强调把教育和学习看成是以主体为核心的一种生活方式。正基于此，一些研究者主张用"终身学习"来代替"终身教育"，认为"教育"（education）一词强调的是系统的、通常有专门教师指导的、制度化的培养过程；而"学习"（learning）则更强调学习者的主体性，注重学习者主导的、个性化的学习过程。

总之，终身学习是个人在一生中持续不断地学习，提高自身的文化素

---

① 保罗·朗格朗. 终身教育引论 [M]. 周南照，陈树清，译. 北京：中国对外翻译出版公司，1985：15.

养、社会经验和职业技能的主动自觉的教育和社会活动。联合国教科文组织的报告《教育——财富蕴藏其中》认为，终身学习应建立在 4 个支柱上：学会认知（学习）、学会做事（职业技能）、学会共同生活（与人相处）和学会生存（独立和创造）。1994 年在意大利罗马召开了首届世界终身学习会议，会上再一次提出了建立以终身学习为指导思想的学习社会的构想。会议指出："终身学习，与其说是一种教育观念，还不如说是 21 世纪的生存概念"，"是 21 世纪人类的生活方式和手段"。终身学习的目标是人的自主发展，关注的是学习者的自主选择、学习需要、态度方法和个性能力的发展，并不需要社会加以规定和限制，所提高的是学习者的自尊心、自信心和主体知识和能力。因此，终身学习既是一种新的教育理念，又是一种新的人生观。

3. 永续教育

永续教育（permanent education）是欧洲学者提出的概念，主张教育是一个从学前教育开始的一项连续不断的历程，教育系统应该为各种不同年龄的人提供其所需要的课程。永续教育主张的代表人物是法国学者史锲伍兹，他在 1974 年出版了《永续教育：教育人类走向 21 世纪》，不但关注教育机构对教育机会的提供，而且相当重视自我教育。永续教育的意义与终身教育相近，但不似终身教育那样被普遍使用，原因是法语翻译难于理解。

对永续教育的认识，有学者认为它具有下列几项特征：永续教育是一个很多弹性的学习单位的集合体；永续教育的范围包括一般职业的社会公民的学习，对于继续教育起指引作用；永续教育鼓励具有创造性和批判性的教育人员。[①] 因此，永续教育的理念被视为有未来主义和乌托邦思想的色彩。

4. 成人教育和终身教育的关系

终身教育思想为成人教育的发展指明了方向，成人教育又为终身教育体系的构建提供了实践的基础，二者是相互伴随、共同发展的。从终身教育的角度来说，成人教育是成人一个连续不断的学习过程，成人教育的内容不仅反映社会职业发展的需要，而且反映社区生活和个人发展的需要。作为终身教育中成人阶段一切教育的总和，是与未成年人全日制学校教育相对称的一种独立的教育体系。

成人教育与终身教育的联系可以从以下几个方面加以理解：①终身教育

[①] 桑宁霞. 中外视野下的成人教育 [M]. 太原：山西人民出版社，2006：59.

是一体化的教育体系，它融学前教育、学校教育和成人教育于一体，成人教育是终身教育体系的关键部分。②成人教育目标与终身教育目标完全一致。成人教育是终身教育体系中的关键环节，两者的共同目标是提高全体民众的全面素质。③没有成人教育的产生和发展，就不可能产生终身教育思想，终身教育理论为成人教育提供了理论和实践基础。在学习社会赖以实现的终身教育体系中自然也包括成人教育，成人教育即便不是最主要的部分，也是不可或缺的部分。其多层次性和多样性满足成人受教育的需求的特征，与终身教育的发展需要相符。也就是说，成人教育的实质是人的终身发展教育，目标是提高全体民众的全面素质，促进成人的社会化、个体化，因而有时也成为社会教育的总称。

成人教育与终身教育的区别表现在以下几个方面：从教育对象而言，成人教育以成人为接受教育的主体，终身教育拓宽教育对象到全民；从教育时间而言，成人接受教育的时间跨度占整个人生约三分之二的时间，终身教育要求人的一生都应该接受教育；从教育的空间而言，成人教育活动主要在工作环境和业余成人教育机构，而终身教育扩展到社区生活领域和各级各类教育机构。

（二）成人教育与培训、职业教育、职业技术教育

1. 教育与培训

在我国的成人教育中，"教育"与"培训"通常被认为是同义词，可以互通使用。然而，国外特别是在英语区将"教育"与"培训"两个概念严格区分开来。

"教育"被解释为旨在开发知识、道德价值以及理解力的各种活动，旨在向学习者提供基本条件，以便发展他们对社会各种传统观念的认识、对国内外文化的认识和对自然规律的认识，并掌握作为基本交流工具的语言技能及其他技能。一句话，教育是为学生提供最基本的能力。而"培训"指系统地提高从事某项专门工作所需的知识、才干和能力。其中，职业培训是对进入成年期的在职人员、待业人员，以劳动现场为中心，针对特定工种和岗位，贴近职业实践所进行的教育或培训活动。职业培训面向就业，重点训练职业技能，服务于企业的发展需要。

对于教育与培训这两个词的关系，有两种截然不同的看法。第一种看法也是广为接受的观点，即培训是在教育这一大范围内的一个较为狭小的概念。第二种观点是教育的范围不包括培训，特别是职业培训。这种观点在英

国及沿用英国成人教育传统的某些英语国家中流行。在我国，不但视培训为成人教育的一部分，而且认为它是当前成人教育的重点。

2. 职业教育

职业教育（vocational education），也称为职业培训教育（vocational training and education），是指传授某种职业或生产劳动所需要的知识和技能的教育或培训。根据相关权威人士和辞典的释义，职业教育是在一定的文化水平基础上，给予受教育者从事某种职业或某种生产劳动所需要的知识，特别是所需要的技能的一种专门的教育活动。

18世纪末，欧洲采用学徒制作为职业教育的一种形式。随着现代工业的发展，一些欧洲国家开始采用学校教育形式，一般设立中等教育阶段的职业学校或职业补习班。职业教育又包括职前和职后两大部分。职前的职业教育，主要是通过专门的职校、技校或普通学校，对未成年人，即普通的青少年学生进行的就业准备教育（在国外，如日本也称职业养成教育），旨在满足就业需要，训练具有专门知识技能的劳动后备力量。职后的职业教育，主要是通过各种社会或企业的教育和培训机构，对进入成年期的在职人员、待业人员进行的教育或培训，旨在满足他们补充、提高职业知识与技能或更新、转换职业的需要。这种以在业或待业成人为主体的、职后的职业教育，从一开始就再自然不过地被归属在成人教育的范畴之中。

3. 职业技术教育

职业技术教育（vocational technical education）是指职前、职后各级各类职业和技术教育，以及普通教育中的职业教育的总体，包括进行科学技术、学科理论和相关技能学习的技术教育，以及着重技能训练和相关理论学习的职业教育。职业技术教育与其他类型的教育相比，教育对象偏重技术人员和其他城乡劳动者。在国际上，职业技术教育有广义和狭义之分。狭义的职业技术教育是指培养工人以及相应的一级人员的学校或班，又称职业学校或职业培训，也有的将其称之为职业技术教育。广义的职业技术教育除职业学校、班以外，还包括培养技术员的学校，即技术学校或技术教育。

联合国教科文组织推荐的术语是技术和职业教育（technical and vocational education），技术教育是培养技工的教育，职业教育是培训工人的教育。此外，各国和各地区职业技术教育的划分情况极不一致。德国的职业教育包括高等教育以下的和普通教育以外的各级各类学校；美国的技术教育是指"专科教育"，其职业教育包括技术教育和职业中学；俄罗斯则把中等专业教育与职业教育并列；在 1957 年苏联时期曾将其称之为"生产教育"；台湾称其为"技职教育"。有些国家，如意大利，职业教育、技术教育两个名称分开使用，但又总称为职业教育；有些国家把职业学校也称为职业技术学校；还有的国家称其为高等职业技术教育（tertiary vocational and technical education），它是指第二级教育层次的职业教育和技术教育，如美国的技术学院和社区学院的部分教学计划所提供的课程，日本的高等专门学校、短期大学及专修学校教学计划规定的课程，法国的大学技术学院及我国成人高等学校部分教学计划所提供的教育和培训。

4. 成人教育与职业教育的关系

成人教育与职业教育存在一定的内在联系。成人教育是个体通向充分、自由而全面发展的桥梁，能够促使人和自然、社会保持协调发展，当然也包括成人在职业方面的教育。职业教育是在受教育者具有一定的文化水平的基础上，给予受教育者从事某种职业或某种生产劳动所需要的知识和技能，同时发展受教育者的个性和创新能力。不同层次的职业教育总要与一定的基础教育相衔接，并且在教育过程中都一样要根据教育对象的经验和认知水平进行教育或者培训。因此，国际上经常使用"成人职业教育"一词指以成人为对象的继续职业和技术教育。它既是继续教育的一部分，亦为职业技术教育的一部分，旨在提高或更新受教育者的职业知识和技能，并使学员的个性得到充分发展，无论是业余班或短期脱产培训均是如此。在现代教育理念指导下，职业教育不再是"终结性教育"，体现了职业教育的根本目的与成人教育的一致性。

作为两个独立概念，成人教育与职业教育在本质和功能上有明显区别，主要表现为：成人教育不仅现在并将越来越显示出其实质是一种个体走向终身发展、全面发展的教育，是个体与自然、社会保持共同和谐发展的一种途径。因而，它从个体成年开始，与个人一生中生活的各个侧面都息息相关，并与之相伴直到生命的终结。而职业教育，至少到目前为止，其实质尚属一种个体谋生、维系生计的教育，是个体与职业生活（包括就业需要、就业形势、职业发展、职业变化等）保持动态平衡的一种手段。因而，它与个人一生的职业生涯密切相关，并与之相伴始终。至于两者在功能上的区别更是显而易见：成人教育所承担的任务是纷繁多样的，既包括职业技术教育，又包括科学文化教育；既包括学历教育，又包括非学历教育；既包括社会生活教育，又包括闲暇娱乐教育等。职业教育所担负的任务则比较单一，主要是实施个体生产劳动知识与技能的培养。

（三）成人教育与继续教育、回流教育

1. 继续教育

继续教育作为一种区别于传统教育的新型教育，最早出现于经济比较发达的欧美国家。英国1944年《教育法》首次使用了"继续教育"（continuing education）一词，强调在初始教育（initial education）基础上的进一步教育，该法第四十一条给继续教育下了如下定义：①对超过义务教育年龄的人进行的全日制和业余制教育。②对超过义务教育年龄，而且既能够又愿意接受继续教育的任何人，根据其要求提供闲暇教育、有组织的文化训练和娱乐活动。① 战后英国教育的恢复与发展基本上是依据该法的规定实施的。该法确立了继续教育非义务性和自愿原则，确立了继续教育的地位，明确了地方当局促进继续教育发展的职责。

美国于"二战"前后提出"继续工程教育"，专指大学后继续教育，即专对已获得某种高等教育学历证书或学位、具有一定专业技术职称或职务的在职专业技术人员不断进行的旨在更新知识和提高专业技术能力和水平的教育，后被应用到面向全社会的培训中。我国是在1979年参加第一届世界继续工程教育大会后引进这一概念的。一般说来，接受继续教育者应具有一定社会所规定的该社会成员应具备的起码的自然科学和人文社会科学知识水平，而这种水平是通过实施原初教育实现的，而原初教育在不同的国家和地区又有不同的理解和规定。

广义的继续教育应是指在任何教育基础之上的教育，在继续教育和起始的教育基础之间，可以是连续的，也可以是间断的。不仅如此，不同层次的继续教育之间也可以是连续的或间断的，甚至是交叉的。一般人们最早接受的、较系统、正规化的教育是小学教育，那么初中、高中、大学、硕士、博士、博士后等阶段的教育，以及各种形式的进修和培训都应是继续教育的内容。狭义的继续教育是指国家政府为实现一定的科技、经济和社会发展目标而对具体的群体所进行的不同层次和形式的教育。

继续教育是成人教育的一部分，当然也具有成人性这一所有成人教育都具有的本质属性，但不仅限于此，它还是"满足职业生涯发展需要的一种追加性教育活动"，② 具有教育的追加性这一本质特性，而且正是这一特性

---

① 毕淑芝，司荫贞. 比较成人教育[M]. 北京：北京师范大学出版社，1994：55.
② 高志敏. 成人教育：再解读与再认知[J]. 河北师范大学学报：教育科学版，2008（11）.

把它与成人教育的其他教育类型相区分。继续教育最大的特点在于"继续",英语的表述,不管是"continuing education",还是"further education",都强调了"继续"这一中心意思,即强调了是对在接受此项教育之前已接受过的教育的延续。尽管人们对继续教育的起点有着不同的观点,但不管这一起点是高中毕业还是大专或本科,"继续教育必须是在前教育基础上的追加教育。前教育是继续教育的基础,没有前教育也就无所谓继续教育的存在理由,继续教育是前教育的进一步延伸或者加深"。[①]

英国教育家贾维斯认为,继续教育既是现代化社会的特征,又是后现代社会的特征,它是全球化的首要动力——经济和技术力量的产物。这些经济和技术力量源自发达资本主义国家的跨国公司,继续教育的许多形式都反映了经济和技术力量的需求。继续教育在结构、内容方面具有丰富的多样性,其形式明显比职前教育及其他教育形式更面向全球市场。由于继续教育与全球市场中日益变化的劳动力结构与需求密切相关,因而各国之间,甚至各种职业之间不存在可供比较的、简单的继续教育体系。贾维斯从5个维度概括当代社会中继续教育的特征:①继续教育既要适应潜在的学习需求,又要适应更广阔的市场需求。②继续教育的内容和所授资格证书的类型也是一个比较重要的因素。③提供者的特点。④提供的模式。提供者不受学习发生的时间和地点的限制,哪里有学习需求,就可以往哪里提供继续教育。⑤提供的方法。由于全球化以多种方式进行,各国的文化和民族性并没有遭到摧毁,因此,在提供教育的过程中,并非都能运用同样的教学方法或理论假设。

综上所述,继续教育是对已获得一定学历和专业技术职称的在职人员所进行的教育活动。作为学历教育的延伸和发展,继续教育使受教育者不断更新知识和提高创新技能,以适应社会发展和科学技术不断进步的需要,是现代科学技术迅猛发展的产物。

2. 回归教育

"回归教育"(recurrent education)是起源于欧洲20世纪70年代的一种教育思潮,并且这一概念由瑞典教育部部长波尔米(Olof Palme)提出,强调个体应坚持终身的学习,主张个人在一生的大部分时间中,教育与工作、休闲轮换或学习活动在一生中因环境的变化而改变。

终身教育是一种政策的目标,强调整体与人本主义的观点;回归教育则较注意到执行的层面,它期望政府、雇主和其他责任团体都能支持教育机会

---

① 闫智勇. 多元视角下继续教育概念的重新界定[J]. 继续教育研究,2010 (2).

的提供，故教育"被视为实现终身学习的一种计划策略"。回归教育的倡导者，并没有提出与终身教育在基本概念上有任何不同或相反的主张，所不同的是回归教育关注中等教育后的教育活动，而终身教育则包括从学前到成人的整个教育体系。

哈格顿认为，回归教育是一种终身教育的历程，指个人以一种间断的、周期的方式参与教育活动，解决教育和工作的冲突。因此，回归教育常常被用作成人教育的同义词。与继续教育不同，回归教育含有教育权利的意味，而继续教育并不具有意识形态的性质，有着明显的政治中立性。

3. 成人教育与继续教育的关系

由于继续教育定义的内涵、外延在不同国家相距甚远，有的国家把大学后的在职教育称为"继续教育"，有些国家则把"继续教育"同"成人教育"一词混用，将青少年普通学校教育以后的各层面的教育都称为"继续教育"。在一些发达国家，"继续教育"的概念开始取代"成人教育"，因为后者隐含有成人识字和成人文科教育之意，是非职业性的；而继续教育既指职业教育，又指非职业教育。另一些国家仍保留"成人教育"这一概念，尤其是在那些成人识字仍是继续教育重要内容的国家。其实，继续教育是在成人教育中孕育、分化出来的，它是成人教育中层次最高的一个部分。两个概念不仅"名"不相同，而且在教育的本质属性、对象、功能、形式和内容、实践等"实"上也差异甚大，因此，不能够用"继续教育"来取代"成人教育"。

在教育对象上，成人教育要比继续教育宽泛得多。成人教育是在成人的原始教育基础上对成年人进行继续教育，其中一部分教育对象在职从事着各种不同的工作，担负着不同的生产任务。成人教育主要向这些具有各种职业的成人提供受教育的机会和进行各种职业教育，具有继续教育的性质。另外一些教育对象则可能是在各种职业之外的成人，对他们进行的是非职业的成人教育。因而，工、农、商、学、兵都可以是成人教育的对象。继续教育的对象虽然也是成人、职工，但只能是成人教育对象中的一部分。

在教育目的上，成人教育着眼于一般的文化教育，是普及性的；而继续教育则着眼于提高技术人员的业务水平，为应用新技术、创造新产品、加大竞争力服务，是提高性的教育。由于继续教育的对象主要是具有大专以上文化程度的在职人员，其目的是使在职人员能够不断追踪科技的发展，及时补充新理论、技术和方法。

在教育形式上，成人教育与继续教育都具有灵活多样的特点，但又有很大不同。成人教育有学历教育和非学历教育之分,且多学科、多学制、多层次、多规格。继续教育的形式是根据基础教育起点不同而决定的,可以是学历教育和非学历教育,没有固定的学制和课程设置,也没有明确的专业划分,一切以教育目标和实际需要为转变。

(四)成人教育与现代远程教育、网络教育

1. 现代远程教育

远程教育(distance education)是从 19 世纪 40 年代欧洲的通讯课程(函授教育)发展起来的一种教育活动形式。一般是指对教师和学生在时空上相对分离,教与学的行为通过各种教育技术和媒体资源实现联系、交互和整合的各类院校或社会机构组织的教育的总称。随着电子信息技术的发展和运用,远程教育迅速发展,并逐步走向成熟。现代远程教育是对利用媒体技术进行教学以代替教师课堂面授教学的各类教育的总称。简单地说,就是教育机构借助媒体技术和各种教育资源而实施的超越传统校园时空限制的教育活动形式,它是伴随着现代技术的发展而迅速成长壮大的教育活动形式,有着特定的教育信息资源、教育管理制度和方法、教育管理机构和不同于传统教育的学习方式。

现代远程教育是随着现代信息技术的发展而产生的一种新型的教育方式。当前对现代远程教育有几种比较流行的说法,其中比较被认可的是:"远程教育是对教师和学生在时空上相对分离,学生自学为主,教师助学为辅,教与学的行为通过各种教育技术和媒体资源实现联系、交互和整合的各类学校或社会机构组织的教育的总称。"[1] 现代远程教育将分布在不同地点的教师、学生和多媒体 CIA 课件连接在一起,学生可以个别学习,也可以在"虚拟教室"中进行讨论或与老师交流。它具有超时空性、交互性、共享性、时效性和独立性等优点,在学校教学、职业培训和继续教育中发挥了很大的作用。

远程教育的发展可分为 3 个阶段。第一阶段:采用文字、印刷品邮寄、电话、幻灯、投影、录音等函授形式传播知识,即函授教育阶段。1840 年英国人庇特曼(Pitman)把速记教程函寄给学生,被认为是英国函授教育的始祖。而 1891 年芝加哥大学在学校内开设扩展教育部,用函授的方式进行教学是较早的正式函授教育。函授教育是相对于面授教育而言的,函授教育

---

[1] 丁兴富. 远程教育学 [M]. 北京:北京师范大学出版社,2001:11.

的对象主要为离不开工作、学习岗位的在职人员或者在校生，其教学以自学为主、面授为辅。学员通过信函报名，学校将教材及其他辅导资料邮寄给学员，教师与学生的交流也通过信函完成，使学员在不耽误工作学习的情况下完成学业。第二阶段：运用大众媒体（广播、电视录像）和个人媒体（录音录像、光盘、微机）等模拟信号传播知识，即广播电视教育阶段，以1950年美国在世界上率先创建了第一个教育电视台为标志。第三阶段：在计算机网络、多媒体数字、虚拟技术和无线移动通信等数字化环境下进行交互式学习，这一阶段被称为现代远程教育阶段，以1969年英国正式建立第一所开放大学为标志。现代远程教育是一种以现代教育技术为支撑，学生与教师、学生与教育组织之间利用多种现代媒体进行教学和交流的教育形式。它以现代通信技术、计算机网络技术和多媒体技术手段为主，又融面授、函授为一体，将多种教育方式进行优化组合，具有远程教学和远程学习两方面的含义。

我国的远程教育形式主要有各类函授教育、广播电视教育和现代远程教育等。1998年9月，经教育部决定，由清华大学、北京邮电大学、浙江大学、湖南大学4所普通高等学校率先作为现代远程教育试点。1998年10月，教育部又提出《关于发展我国现代远程教育的意见》，指出发展我国远程教育的指导方针是"统筹规划、需求推动、扩大开放和提高质量"，其总目标是"以高新技术为依托，不断扩大规模、优化结构，到2010年基本形成多格局、多层次、多形式、多功能、具有中国特色的现代远程教育体系"。

2. 网络教育

随着国际互联网的发展和应用，国际上兴起的网络大学和网上学校，以1974年南太平洋大学（USP）为代表，利用通信卫星对11个国家和地区进行远程教学。网络学习模式采用交互式多媒体技术，通过功能完善的教学管理服务平台，对学生的入学咨询、报名、选课、交费、课程学习、考试、毕业申报等学习全过程进行指导和帮助。在我国，教育部已出台的一些文件中也称现代远程教育为网络教育。

网络教育（network / online / cyber education；E-Learning）是现代信息技术应用于教育后产生的新概念，即运用网络技术与环境所开展的教育。它是指在网络环境下，以现代教育思想和学习理论为指导，充分发挥网络的各种教育功能和丰富的网络教育资源优势，向受教育者和学习者提供一种网络教和学的环境、传递数字化内容、开展以学习者为中心的教育活动，包括基础教育、高等教育、企业教育和网络职业认证培训等形式，是一种基于计算机网络和学习中心对学生的远程学习提供服务的新型模式。

网络教育具有融会优质教育资源的特点，可以在教育中提供一站式整体服务，在运营体制、资金、技术和国外教育资源引进，特别是在利用网上教学作为线下教育补充等多方面提供帮助。部分高校将现代远程教育技术运用到成人教育领域，取得了良好的效果。据不完全统计，当前，在全国范围内，经教育部、省教育厅批准创办网络学院的高校已有500多所，以网络技术为依托的网上虚拟大学正飞速发展，各级各类学校和社区纷纷利用网络和网络资源进行教育活动，使网络教育迅速进入各个角落和千家万户。

3. 现代远程教育与成人教育的关系

现代远程教育可为成人教育提供一个无限的办学空间。网络教育具有信息资源快、新、多的优点，便于成人自由地选择学习，便于训练学生的自学能力和创新精神；能够为成人教育师生相互交流提供优质服务和科学的管理体系。现代远程教育能在学校教学、职业培训和继续教育中发挥很大作用。远程网络教学更能适应成人教育、社会教育、终身教育的实际与特点，使成人教育对象及时获取最新信息和知识，更能激发学生的学习积极性并取得更好的教学效果。

现代远程教育是成人教育改革发展的一种未来模式。现代远程教育自身的特点决定了它对教育领域的革命性的影响，有着远大的发展前景。现代远程教育作为一种新兴的教育思想和技术，能提供公平、广泛和廉价的教育方式，使教育效率大大提高，成人学习者不再受到地域和上课时间等因素的制约，有价值的教育资源和优秀的网站可以被世界上任何地方的人所拥有，在职人员可以自由选择学习时间，克服工作与学习之间的矛盾。

现代远程教育除学历教育部分外，还有很大一部分是网上课程教育和网上培训教育，具有便于社会各阶层成人学习等优点。我国《面向21世纪教育振兴行动计划》明确指出："现代远程教育是随着现代化信息技术的发展而产生的一种新型教育方式，是构筑知识经济时代人们终身学习体系的主要手段。"现代远程教育定位在致力于实现非学历教育与学历教育的有机结合，满足全体社会成员多形式、多层次、多规格的学习需求。这说明现代远程教育在突破传统的成人教育体制和办学模式的束缚、转变教育观念和办学思想、创新教学管理模式等方面发挥着重要和积极的作用。

第三章 成人教育学的学科论

纵观世界成人教育的发展历程,成人教育研究是伴随成人教育实践活动而展开的——通过解决实践问题、积累成人教育经验,形成一定的成人教育观点和思想,初步产生成人教育学的知识体系。普通教育学的学科建设已有300多年的历史,而成人教育学的发展却只有几十年的历史。在此之前,成人教育的理论研究及实践操作技术基本是在普通教育学的框架下开展的。成人教育学作为一门知识形态的学科发展是20世纪20年代以后的事,学科建立是成人教育研究趋于成熟的一个重要标志。因此,成人教育学既是教育事业发展和成人教育研究活动开展的结果,也是教育学研究纵向分化的产物。

一、成人教育学的学科体系

成人教育最初借鉴并根据普通教育学的理论进行实践,由于运用儿童教育学理论指导成人教育和成人学习遇到的困难越来越多,一些成人教育工作者和学者开始了对成人教育的专门研究,促成了成人教育理论的发展和成熟,并使成人教育探索成为专业领域。在现代社会中有大量专门从事成人教育的工作者,在大学和研究机构中有专门从事成人教育研究的学者和专家,大量成人教育研究的成果相继发表和应用,并经过系统化的整理逐步形成一门独立的学科。

(一) 什么是成人教育学

1. 独立学科的标志

成人教育研究是人们运用科学方法揭示成人教育本质和规律的一种认识活动。成人教育理论是由一系列成人教育概念、判断或推理所构成的知识体系。成人教育理论最早萌芽于19世纪的英国,而成人教育研究呈现学科化趋势则出现在美国,主要是对成人教育的概念、性质、目的及特点等问题进行哲学上的探讨。

人们对"科学"(science)有广义和狭义两种理解,广义的科学泛指人类创造知识的认识过程以及由此建立起来的知识体系。"科学理论是严格地从用观察和实验得来的经验事实中推导出来的。科学是以我们能看到、听到、触到……的东西为基础的。个人的意见或爱好和思辨的想象在科学中没有地位。科学是客观的。科学知识是可靠的知识，因为它是在客观上被证明了的知识。"[①] 按照广义的科学理解，对成人教育规范的、系统化的理性认识是一种科学知识，或者说是一个科学的学术领域。作为教育科学的组成部分，成人教育科学是指与成人教育有关的，表现为分门别类的、系统化的理性知识。它体现了成人教育科研迄今为止所积累的知识成果，是由各种成人教育学分支所构成的学科体系。

"学科"（subject）一词包括教学科目、学术分支、课程、规范准则、戒律、约束等多重含义。而从教学学科或学术分支的角度来说，学科是指按知识和科学的分类标准划分出来的一个相对独立的领域。虽然现代学科的划分存在多方面标准，但一般是以学科两方面的发展来区分规范性和非规范性学科：一是理论发展——对象与方法（及理论体系）；二是实践发展——是否有代表人物、著作、学术组织、学术刊物等。[②] 判定一个学科独立性和成熟度主要有5方面的指标：①有成功的社会实践而且反映时代的必然要求；②有独特的研究对象和专门的研究方法；③有科学的学科体系和架构；④有公认的代表人物和代表论著；⑤有专门的科研团体和学术交流。根据这5方面指标，成人教育学已经基本符合一门独立学科的要求。然而，形成独立学科的根本标志是确立起一整套反映成人教育本质和内在规律的概念、原理体系和一系列独特的研究方法。尽管在有些方面还需要进一步努力，但与其他独立学科一样，成人教育学是在学科的基础上逐步走向成熟。

在社会科学学科意义上，成人教育学学科主要是对成人教育作为一种社会现象的规范的、正确的理性反映，是一套客观、科学、严密的知识体系，包含一系列次级学科分支。而作为单一学科的成人教育学是教育科学体系的组成部分，可以通过反映学科规范性知识体系的课程（curriculum）形式表现出来。

2. 成人教育学的词义

"成人教育学"（andragogy）一词，源于希腊语"andros"（人）和"agein"（引导），再通过与"教育学"一词相类比的方法而得到的一个新

[①] 吴晓明. 科学与社会 [M]. 上海：上海远东出版社，1995：40.
[②] 谢国栋，赖立，刘坚. 面向21世纪中国成人教育学科建设研究 [M]. 北京：高等教育出版社，2001：37.

词，其意是引导或教育成人。根据荷兰教育家恩彻维特（G. Enchevort）对"andragogy"起源的考究，"andragogy"首先是由德国文法学校的教师亚历山大·凯普（A. Kapp）杜撰出来的。凯普于1833年描述柏拉图的成人教学理论时使用了这个词汇，以区别于儿童教育学。① 但是，由于受到著名哲学家赫尔巴特（F. Herbart）的强烈反对，此词沉寂了近百年。

1924年，德国法兰克福劳工学院教师罗森斯托克重新启用"成人教育学"一词。他认为，成人教育需要特别的教师、特殊的方法和特殊的哲学，以一般教育的观点施之于成人是不适当的；对成人而言，科学与艺术的教育不是那么需要，重要的是自我认知的改进与品格的修养；成人教育教师需要专业训练，要能与学生合作，这样的教师才算是一个成人教育者。② "二战"后，"andragogy"和"adult pedagogy"两个通用术语广泛应用于一些学术刊物，国际上对成人教育和成人学习的研究主要借鉴其他学科的研究成果。其后，瑞士精神病学家汉斯尔曼（Hanselman）在他所出版的《成人教育学：成人教育的本质、可能性与范围》（1951）一书中又一次引用此词来论述非医疗治法和成人再教育问题。哈维（Have）教授在1954年的一次讲演中首次使用"andragogy"一词。1959年他出版了《成人教育学纲要》一书，随后成人教育学在荷兰迅速兴起。

1957年以后，德国教师柏基洛（F. Poggeler）在其出版的著作《成人教育学概论：成人教育的基本问题》中，再度以"andragogy"一词为名。自20世纪60年代起，"andragogy"一词逐渐传开，1971年被编入《教育词汇字典》（法国大学出版社），后经联合国教科文组织推荐，"成人教育学"一词在国际范围内，特别是被欧美和一些非洲国家所采用。需要指出的是，美国的成人教育家诺尔斯是在结识了南斯拉夫成人教育专家萨维斯韦茨（D. Savicevic）后才首次接触到"andragogy"这个词。通过吸收、利用和研究，诺尔斯在1968年发表了题为《成人教育学非儿童教育学》一文，提出儿童教育学不适合于成人的教学。而后，诺尔斯撰写出版了《现代成人教育》和《非正规成人教育》两本专著，分析了"andragogy"与"pedagogy"之间的差异，提出成人教育应有自己的教学模式，并建立成人教育学科。他将成人教育学定义为"帮助成人学习的艺术和科学"，③ 阐述了成人教育学

---

① 赵红亚. "成人教育学"的渊源与发展 [J]. 河南职业技术师范学院学报：职业教育版，2004（1）.
② 姚远峰. 西方成人教育学史略 [J]. 湖北大学成人教育学院学报，2006（3）.
③ 马尔科姆·诺尔斯. 现代成人教育实践 [M]. 蔺延梓，译. 北京：人民教育出版社，1989：40.

的基本原理。后来，诺尔斯又补充说明"andragogy"是另外一种关于学习者学习的模式，进一步探索能够给成人教育教学实践以完整、连贯、技术性引导的综合理论。

由佩琪（Page）和托马斯（Thomas）主编的《国际教育词典》对成人教育学的释义是："把成人作为成人——而不是当作儿童——来教（就像成人教育或继续教育中那样）。"这个定义强调了成人教育要面向成人，成人教育学要研究成人教育问题。蒂特马斯（Titmus）在《成人教育术语》一书中界定：成人教育学是"……帮助成年人学习的艺术和科学，以及对以此为目的的关于成人教育理论、过程和技术的研究"。在他看来，成人教育学是一门研究成人教育过程和技术的科学。蒂特马斯对成人教育学的界定得到了广大成人教育工作者的认可，如《培格曼国际终身教育百科全书》中也作了这样的表述。

我国由王文林、余博等人撰写的《成人教育概论》一书中指出：成人教育学是从分析、研究成人教育过程中的诸多现象入手，揭示成人教育作为一门社会科学的特有规律。张维主编的《成人教育学》认为：成人教育学是教育学的一门分支学科，是研究成人教育规律的各门学科的总称。[①]

被广为认可的观点是成人教育学是教育学的一个分支学科，是成年人教与学的科学和艺术，通过对成人教育进行学术研究而形成的一个理论体系。事实上，作为一门与教育学相关的学科分支，成人教育学更接近"科学"而不是"艺术"，因为成人教育学对成人教育与教学进行研究，经过概念、判断、推理、论证后形成理论体系，更多的是理解分析而不是现象描述。因此，成人教育学是指导成人学习的科学，并为此目的进行成人教育理论、过程和方法研究。该教学模式也普遍应用于成人教育以外的社会事务教育、护理教育，甚至工业、农业、商业、宗教和法律等行业。

3. 成人教育学的确立

成人教育作为一项社会教育活动，其成熟和发展的重要标志是：成为一个学术研究领域，社会上有大量的人专门从事成人教育，大学和研究机构中有专门的人员从事成人教育研究和教学工作。也就是说，成人教育研究体系的制度化是成人教育学学科确立的标志。

1921年，世界上第一个成人教育系在英国诺丁汉大学建成。同期，美国哥伦比亚大学师范学院也最早开设了成人教育专业课程。1926年，在卡

[①] 张维. 成人教育学 [M]. 福州：福建教育出版社，1995：5.

内基公司的资助下,美国成人教育联合会成立,该会的成立是美国成人教育发展史上的一个里程碑。联合会把关注成人教育的各种力量联合起来,共同促进成人教育的发展。成人教育联合会特别重视成人教育的研究工作,在其支持下,一批成人教育学者编写了对美国成人教育产生重大影响的著作,如佩佛的《为龄长学生而设的新学校》(1926)、林德曼的《成人教育的意义》(1926)、诺夫辛格的《函授学校、学园和肖托夸》(1926)、伊万斯的《青年工人的教育机会》(1926)、哈特的《成人教育》(1927)和桑代克的《成人学习》(1928)等。美国成人教育联合会会刊《成人教育杂志》也于1929年发刊。到1930年大学开始开设成人教育研究生课程,颁发成人教育博士学位,培养专业化的成人教育工作者。[①] 从1949年第一届国际成人教育大会召开,到1997年第五届国际成人教育大会发布《汉堡成人学习宣言》,国际社会在实践中不断发展和创新成人教育的理念。

从成人教育学研究史来看,成人教育学科群作为新兴的、年轻的学科,相关学科特别是自然科学、社会科学、人文科学中的成熟学科,对成人教育学科的学科建制规范、学科体系结构、学科理论基础、学科研究方法、学科深化拓展及解决实际问题的思路等方面都产生了很大影响,主要表现为以下3个方面:一是从其他相关母体学科中摄取、借用、移植相关的概念、范畴、理论、原理及研究方法;二是其他相关学科将成人教育作为一个独特的研究领域,形成多学科观点的成人教育研究新趋向,如从哲学、经济学、社会学、心理学、管理学等角度进行研究,开拓了成人教育研究视野及思路,促进了学科之间的渗透、杂交、互补;三是导致以成人教育研究为主的交叉学科、边缘学科的诞生,或形成跨学科的成人教育问题及问题集群研究。1964年,美国学者詹森(G. Jensen)等人出版了《成人教育:一个新兴的大学研究领域的概况》,该书分为4大部分16章:第一部分包括成人教育中的角色、名词界定、成人教育的实践、成人教育课程的产生以及成人教育研究的性质与目的等;第二部分包括成人教育与其他学科譬如社会学、社会心理学、心理学和历史等的关系,以及成人教育的行政及组织概念;第三部分探讨成人教育目标、方案、活动内容、过程及程序、评价等;第四部分讨论成人教育课程设置的意义。[②] 此书标志着成人教育学理论研究的系统化。

我们在了解这一新学科发展历史的同时,应该认识到成人教育研究对传

---

① 杜以德,韩钟文.国外成人教育学科建设的历史回顾[J].中国成人教育,2005 (6).
② 赵红亚.二十世纪美国成人教育理论研究的历史回顾[J].河北师范大学学报:教育科学版,2007 (3).

统教育学的超越之处。成人教育学至少在下述3方面与传统教育学表现出较大差异：①教育对象和教育目标。成人的生理、心理特征和发展课题与儿童、青少年不同；成人教育是职后教育，两者性质、目标不一致。②教学过程、内容、手段、方法和组织形式等。成人教育教学表现出多样性、复杂性和可变性，而传统学校教学则较多地表现为统一性、整开性、稳定性。③教育系统与外部社会环境间的关系和相互作用机制。与传统教育系统相比，成人教育系统与社会环境表现出更频繁的相互作用，具有更强的社会适应性。

（二）成人教育学的学科框架

1. 学科的逻辑起点

学科体系的构建过程实质上就是一个从逻辑起点开始逐步推演，并且逻辑起点始终贯穿其中的螺旋上升过程。逻辑起点是学科体系得以展开的最简单、最基本的起始范畴和思维起点，与研究对象相互规定，揭示对象的最本质特性。

成人教育实践始于成人的学习活动，并以成人的学习活动为核心。成人学习关联着成人教育学科体系中的所有要素、结构和关系，蕴含着成人教育学科体系的全部信息。绝大多数成人在社会里显示了多种多样的智力才能、体质力量、性格特点、信仰、爱好和习惯。但是成人不一定成熟，仍需教育和学习。成人参加教育与学习是自愿的，即成人对是否学习及采取何种方式学习拥有决定权。梅里安在《成人教育——实践的基础》一书中说："成人教育是这样一个过程，那些主要社会责任是以成人状态为特点的人们为了使知识、观点、价值或技能产生变化而从事系统的持续的学习活动。"明确指出成人教育是一种学习活动。

从"成人学习"这一概念推演开来，就会逐步派生出"成人教育"、"终身教育"、"终生学习"、"学习型社会"等范畴，并由众多的概念、范畴构成系统的结构，最终形成以成人教育学为主干的成人教育学科体系。成人教育学科的理论体系应与对成人教育活动和成人教育现象的认识过程相一致，而成人教育无论是非正规教育还是非正式教育，都要经历制度化的阶段，即成人教育的专门化或制度化。西门斯基（M. Siemenski）因此认为成人教育学是研究成人教育与学习的学科。

2006年10月出版的《中国成人教育学科体系结构及其分类研究》第五章第二节专门介绍了中国成人教育科学体系构建的逻辑起点。因此，"成人学习与教育"是成人教育学得以建立的根据和基础概念，由此可以构建学科的理论视角和概念系统。

2. 学科体系

学科体系是指由这一学科的概念、公理、定律、原理和分支所构成的系统。学科理论体系是指该门学科的概念和连接这些概念的判断，通过推理、论证形成一个层次分明、结构严密的逻辑系统，体现学科本身固有的内在逻辑。

借鉴教育科学内部各门学科所运用的方法来考察成人教育学学科，成人教育科学是一个学科群。成人教育学只是其中的一门学科，即通常所说的狭义的成人教育学。而成人教育科学作为一个学科群，也有它的学科体系，又必须是由若干门分支学科所构成。成人教育作为独特的研究领域，又可成为相关学科的研究对象或专题研究的题材，相关学科采用本学科的某种原理、研究方法对成人教育问题进行研究，从而拓展相关学科的研究范围，或者构建相关学科的下位分支学科。

成人教育学作为一门正在形成的新学科，学科体系尚未成熟，其主要分支学科包括成人教育心理学（成人学习理论和成人发展理论等）、成人教育社会学、成人教育管理学、成人教育经济学等。如果按学术层次划分，可分为成人基础教育学、中等成人教育学、成人高等教育学和成人继续教育学等。按对象和领域不同可划分企业成人教育学、农村成人教育学、军人教育学、残疾成人教育学、妇女成人教育学、罪犯成人教育学、家庭成人教育学、余暇成人教育学以及成人社会教育学等。此外，教育科学的许多重要的新兴学科和理论也都与成人教育学有密切联系，如教育技术学、教育未来学、职业技术教育学、远距离教育学和终身教育理论等。

国外成人教育学的基本理论主要是关于成人教育的教育哲学、教育社会学和学习心理学等几个方面的研究，涉及成人教育的基本概念、原理、目标、内容、形式、结构和体系等问题；也有成人教育学法研究和比较成人教育学研究，分别研究成人教育所需要的特殊教学和学习方法，以及研究国家与国家之间成人教育之间的差异。1982年，图什特（Touchette）对世界范围内的81所大学开设的654门成人教育专业课程进行了综合分析，指出成人教育学作为一个大学的学术研究领域已经形成了一个基本的、稳定的课程范围，具体表现为以下6个方面：成人教育与社会变化，成人教育的性质、问题及其发展趋势，成人教育领域，成人教育组织、评价与管理、教学理论、教学手段与方法，成人学习者与成人学习、成人教育工作者等。布鲁克菲尔德（Brookfield）在1988年调查了成人教育专业研究生课程，其5个关键领域与图什特的研究结论大致相近。

成人教育学在发展过程中，由于成人教育学科自主意识的形成、发展的阶段性和学科体系建构的方法论上的差别，会出现经验水平的和范畴水平的两种学科体系。成人教育分支学科的诞生，使得成人教育学的发展呈现出由"单数"向"复数"演进的趋向，以成人教育学为主干的成人教育学科群初步形成。① 有学者还提出要依据成人教育现象间的联系，建立由成人教育活动论、成人教育体制论和成人教育观念论3大部分构成的学科体系，还有学者从宏观、中观、微观3个层次来构建成人教育学的学科体系。

3. 学科独立性和合法性

成人教育学是否能够成为一门独立、完整的学科，学术界仍然有不小的分歧。有学者认为，成人教育学是从传统教育学中孕育产生，前者从后者独立出来的历史分离过程尚未结束。也有学者认为，成人教育学只不过是一种职业性科目，而不是一门学术性科目，它不能用其他学科的理论术语创造一门独立的学科。如坦南特认为成人与儿童的差异并不足以区分成人与儿童的学习活动，诺尔斯提出的假定可以被理解为对于成人学习者的描述性规定，也可被理解为对于成人学习者本有内涵的规范性陈述，由此他认定诺尔斯的成人教育学理论在整合这些观念上是失败的。学科独立性涉及特定的概念框架、研究项目与课题专门性、研究思路方法规范性和科学性、研究队伍成熟等问题。

成人教育的立"学"之基在于其教育对象的独特性。伊里亚斯认为皮亚杰和杜威都曾阐明儿童在他们的学习中是如何解决问题的，儿童教育是对未来社会生活的准备。以问题为中心的教育并不限于成人教育，教育应该是一个基础性、整体的人类活动。贾维斯评论诺尔斯的理论倾向于在没有充分批判与质疑的情况下得出一种现象的个性特征，成人教育学抑或夸大概念理论体系的同一性，二元论区分仅仅关注两者的差异性，而忽略了其共通性。② 霍尔认为教育应该是一个基础性的、整体的人类活动，成人与儿童的差异并不足以区分成人与儿童的学习活动。此外，年龄和经验并不构成真正区分成人教育学与儿童教育学的基础。事实上，发展性任务不仅成人有，儿童同样也有，儿童和成人在接受各种知识、价值、行为和情感方式上是一样的。因此，他认为两者的不同并不构成根本的差异，拒绝用成人教育学来建

---

① 姚远峰. 西方成人教育学史略 [J]. 湖北大学成人教育学院学报，2006 (3).
② 彼得·贾维斯. 成人教育和继续教育社会学 [M]. 贾宗谊，等，译. 北京：春秋出版社，1989：102.

构成人教育理论。

然而，更多的学者坚信成人教育学是一门独立的学科，认为成人教育学科的特性不可能从一般哲学中推演出来，它应该有自己的研究对象和研究方法。心理学研究发现的成人学习的特点和规律表明了成人学习的特殊性，而成人的社会属性和社会角色对成人教育的客观制约性则反映了成人教育的目标、内容和形式的独特性。成人教育实践已从各种关系中明确边界、形成体系的必要，需要创立属于自己的基本原理。

学科的合法性并非是法理上的合法，而主要是指该学科的存在基础的合法。学科合法性应满足以下几个要求：有相对独立的研究范畴、领域和对象，形成或正在形成规范化的知识体系，建立专属于自己的方法论，其原理或提出的规律经得起验证或论证。

对于成人教育学而言，成人教育的正当性与合法性取决于成人教育与学习概念的效验及帮助成人学习的实际方法的效验如何。罗森斯托克（Rosenstock）在给其任教的法兰克福劳工学院的一份报告中提出"成人教育需要特别的教师、特别的方法和特别的哲学"。[①] 成人教育概念的困难是把成人教育从其周围的社会环境中抽出来，或者至少同其社会环境区分开来。奥格瑞佐维奇（Orgrizovic）主张成人教育学与儿童教育学是两种不同的学科，并且认为成人教育学必须建立在实证研究而非抽象的基础上。哈垂发现诺尔斯的理论存在3个困境：①对该理论是一套关于学习的理论假定，还是关于教学的理论或模式表述不清；②成人学习者与儿童学习者的关系仍然模糊不清；③对于理论指向理论还是实践存有疑问。

达文波特（Davenport）认为成人教育学的意义在于它对成人教育的公共关系价值。卡尔森指出诺尔斯理论仅仅适用于中产阶级的教育状况，而没有认识成人教育的意识形态。弗莱雷（Paulo Freire）在《被压迫者的教育学》等著作中主张成人教育的首要任务就是要促进社会和政治的变革，对成人教育的使命和功能做了比较深刻的论述和论证，为成人教育学的学科性质研究提供了新的思路。而贾维斯超越了诺尔斯对成人教育理论基础的心理学探讨，转向了社会实践基础，为成人教育学的建立奠定了社会学基础。

综上所述，成人教育学在学科的独立性和合法性上仍然存在一些问题和争论，还需要进一步加强理论探讨和学科建设以促进成人教育学学科走向成熟。

---

① 张维. 世界成人教育概论 [M]. 北京：北京出版社，1990：15.

（三）成人教育学的研究对象

要成为一门独立的学科，首先得有自身独特的研究对象，而这又是与其研究领域、研究目的以及研究方法等相连的。科学地概括和把握成人教育学的研究对象，是确立成人教育学这门学科的必要条件。毛泽东曾经说过："科学研究的区分，就是根据科学对象所具有的特殊的矛盾性。因此，对于某一现象的领域所特有的某一种矛盾的研究，就构成某一门科学的对象。"[①]确定某学科的研究对象需要运用科学的思维方法，并且做到历史与逻辑的统一，也就是说，分析成人教育学的研究对象，要把学科的发展过程与科学的逻辑分析结合起来。我们可以从成人教育现象、成人教育问题和成人教育规律3个方面进行分析，更好地把握成人教育学的研究对象。

1. 成人教育现象

教育现象是指能够感知的教育要素表现和实践活动。以客观、动态和联系的角度来看，成人教育现象是一种围绕成人的教育和学习活动所展开的特殊社会现象：如成人教育与社会变化关系现象；成人教育发展问题及其趋势，包括成人教育的性质和特征、任务和目标；成人教育领域、结构体系、基本制度以及功能等现象；成人教育的组织与管理现象，包括宏观管理和微观管理，成人教育组织、机构、条件资源和人力资源；成人教育活动现象，包括对各级各类成人教育的过程、特点、组织形式和方法研究；成人学习者与教育工作者的现象，包括对学员的社会性、身心特征、群体结构，对教员和管理人员的个体素质和群体功能的研究。

成人教育现象是一种特殊的人文社会实践活动。现象说认为，成人教育学的研究对象是从人类的成人教育实践和现象中抽象出一般的、普遍的成人教育规律，这样的理论才有生命力，才能对成人教育实践起到解释、预测、指导和规范的作用。但是，成人教育不可能也没必要研究各种各样的成人教育现象，只能通过普遍性和代表性的成人教育事实，研究共性的问题，探索一般的规律。有人主张成人教育学要研究成人教育活动、成人教育事业和成人教育观念3个层次的现象，其中以王文林、余博等人撰写的《成人教育概论》一书为代表。书中指出成人教育学是从分析、研究成人教育过程中的诸多现象入手，揭示成人教育作为一门社会科学的特有规律的学科。

---

① 毛泽东. 毛泽东选集（第1卷）[M]. 北京：人民出版社，1966：284.

2. 成人教育问题

成人教育的进程总是伴随着种种问题，尤其是经济全球化和多元文化的发展，给成人教育的发展带来了机遇，也提出了挑战。成人期待教育世界的热切关注，社会也关注成人世界的教育问题，对问题的研究不仅需要实践工作者的关注，同样需要理论工作者的积极投入。

成人教育问题是指成人学习与社会和教育系统、成人个体发展之间存在的复杂关系和矛盾状态。问题有一般和普遍、局部性之分，有紧扣时代的热点现实问题，也有远离现实的基础理论问题，有宏观和中观层次问题，也有微观具体问题。

研究对象的问题从系统论的观点去理解，并不意味着涵盖成人教育所有的问题。它强调成人教育学要以成人教育问题为研究对象，对成人教育各种特定形式、特殊形态、具体领域问题进行研究。作为应用学科的成人教育学，主要目的是运用基础理论学科探明的理论原理来解决具体领域或特殊情境中的各种问题，并形成有较强操作性的策略、建议、方案等，其重点是回答"怎么办"。成人教育理论应该植根于实践的土壤，在问题领域中汲取养分，为实践提出一种理论的审视与理论的导向。

3. 成人教育规律

成人教育规律是成人教育现象所固有的、本质的、必然的联系。成人教育与社会发展相互制约、成人教育与人的发展相互制约可以说是成人教育的两大基本规律。至今，对成人教育学的研究对象是成人教育规律仍然存在着不同的观点：一种观点认为成人教育学的研究对象是成人教育过程中所持有的内在规律；另一种观点则认为凡是与成人教育有关的一切，如成人教育自身存在的意义、特点、规律以及成人学习心理、成人教学管理、成人教育与社会发展的关系等，都是成人教育学研究的对象。

成人教育系统中的基本问题和基本规律，包括成人教育的活动、行为、组织和制度之间的结构关系及其互动过程，其中核心的问题是教育如何促进成人学习及满足其发展需要。以张维主编的《成人教育学》为代表，认为成人教育学是教育学的一门分支学科，是研究成人教育规律的各门学科的总称。成人教育学应"首先阐明教育的共同本质和规律，然后着重研究成人教育本身的特殊性，以及成人教育与有关学科的关系和自身诸要素之间的关系"。

成人教育学只有较好地揭示成人教育领域的基本矛盾和规律，才能形成比较完整和严密的理论体系和学科结构体系。首先是对成人教育哲学的研究，为自己的持续性发展奠定根基，解决困扰着理论和实践发展的一系列问题。其次是对成人教育现象的实证研究（包括心理学和社会学），揭示成人教育活动的规律性。确立"基础理论学科"的性质，揭示成人教育的一般规律，对成人教育活动进行高度抽象，进而构建严密的学科理论体系，在规律性认识的基础上制定出改造客观对象的构思、规划、方案、模型等都属于对实践有直接指导作用的实践观念。

综上所述，我们认为，成人教育学是一门通过研究成人教育现象和问题，探索成人教育规律和方法的人文社会学科。作为理论学科的成人教育学，主要目的在于揭示、描述、解释成人学习与教育现象和过程，探索和揭示现象、过程中本质性、普遍性的规律，并以研究成果来丰富教育基本理论。它回答的是"是什么"和"为什么"的问题。作为教育学原理之下、以应用为主的一门分支学科，成人教育学既有应用教育基本理论认识成人教育现象、解决成人教育实践中问题的任务，也承担着揭示成人教育现象与社会主要现象之间的关系、成人教育内部主要构成要素之间的关系、成人教育与人的关系等规律性的任务，它主要回答"怎么办"的问题。因此，成人教育学的研究对象具有层次性和整体性。

二、成人教育学的发展路径

（一）成人教育学的研究基础

研究教育史的学者一般认为成人教育学是教育学纵向分化、内部衍生分化的产物。但是这种衍生并不是自发的过程，而是源于近代儿童教育学或传统教育理论难以解释与解决成人教育中的问题，具有创造精神和批判精神的成人教育研究者为适应成人学习的现实需要，积极回应成人教育实践与改革的挑战。在成人教育发展初期，成人教育研究活动是零散、不系统的，只有极少数社会科学工作者从事此项研究，大多数直接与成人教育有关的重要研究一直是由诸如心理学、社会学等学科的社会科学工作者完成的。

1. 成人教育实践基础

纵观世界成人教育研究的发展历程，教育实践领域的发展是成人教育研究的内部需要和研究基础，而社会发展、科学技术发展迅速、知识总量激增及应用周期缩短是成人教育研究的外部需要和发展动力。

成人教育的发展与各国政府的重视和支持密不可分。英国的成人教育之所以发达是因为其有较为完善的成人教育立法。英国教育部 1924 年颁布了《成人教育规定》，1944 年《教育法》（《巴特勒法》）把成人教育纳入到扩充教育中，确立了成人教育制度的基础。① 又在 1957 年颁布《继续教育条例》，规定政府有向工人教育协会开设的成人教育课程提供资助的责任。第二次世界大战以后，特别是进入科技高度发展的阶段之后，主要资本主义国家更为重视成人教育，成教发展与立法进程进入了一个新阶段。1946 年，世界性政府间组织——联合国教科文组织成立，对成人教育的发展与交流产生了巨大的推动作用。该组织下设的一些机构也与成人教育有关，如国际教育局（IBE）等。1948 年，联合国大会全体会议通过《世界人权宣言》，其中第二十六条第一款规定："人人都有受教育的权利，教育应当免费，至少在初级和基本阶段应如此。初级教育应属义务性质。技术和职业教育应普遍设立。高等教育应根据成绩而对一切人平等开放。"又如联合国教科文组织第四届国际成人教育会议把学习权（the right to learn）写进了大会宣言（《巴黎宣言》）："对学习权的承认，是人类当下所面临的最重大的挑战。"②日本在 1958 年制定了《职业训练法》、《社会教育法》。1966 年，美国颁布《成人教育法案》，就美国成人教育的目的、任务、内容、教师培训、管理体制及经费等问题做了较全面的规定，并提出由总统任命一个成人教育咨询委员会，常年负责调查研究各州的成人教育，提出有关问题和改进意见。③ 20 世纪 60 年代，联合国教科文组织举办了一系列活动，包括出版《国际教育年鉴》和比较教育研究丛书，建立国际情报交流网，筹组每两年一次的国际教育大会，在欧洲成立成人教育局，其宗旨是开展信息交流、宣传群众、研究问题、加强各国合作、推动成人教育发展。此外，在亚洲设有亚洲及南太平洋成人教育总会，在非洲设有非洲扫盲与成人教育协会等。这些组织通过会议、考察、培训、出版等活动积极推动成人教育的研究。

成人教育政策是指为达到成人教育的具体目标，由教育行政机关或相关政府部门拟定、经立法或行政命令等合法化程序作为教育机关的执行准则、有关成人教育的方针与方案。它是完成国家成人教育任务的指南，同时也是实现成人教育理想的方法。法国 1977 年成立了国家职业教育部，下设继续

---

① 黄日强. 英国成人教育的立法 [J]. 成人教育，2007（5）.
② 陈恩伦. 论学习权 [D]. 重庆：西南师范大学，2003.
③ 黄健. 国际视野中的终身学习和成人教育立法研究 [J]. 陕西师范大学继续教育学报，2000（3）.

教育局，主管全国成人教育工作。日本在文部省设有终生学习局和终生学习审议会，专门管理和审议成人教育工作。各国还在经费上对成人教育研究给予支持。① 社会上各类成人教育学校的开办，需要有政府教育部门颁发的资格证书，还需要政府对其办学条件、场所、教师人数、招生范围等进行审批。在扩充成人受教育机会的过程中，强调各级政府、学校及社会各界全面参与和合作、发挥各自的长处和特色、有针对性地设计多元化课程、加强各种教育功能和学习机会的有效合作；强调在正规学习、非正规学习和非正式学习之间建立有效的学习网络，从而共同形成覆盖全社会的学习及援助系统，为全体公民提供各种学习资源和便于学习的场所。此外，终身教育与学习也成为主导成人教育改革的方向。一些国家和地区，如日本、韩国、美国、欧盟等或颁布了终身教育方面的法律，或制定了其他相关政策和措施，用以指导成人教育的变革。

随着信息技术、网络技术的迅猛发展，成人教育越来越像一个社会公共产品，以什么样的方式获得参与成人教育的机会，或者说在国家、社会的层面上如何组织成人教育，变得愈加重要。成人教育与社会经济的联系更加密切，使成人接受教育更为方便，但成人教育市场也具有垄断性竞争的特点。当前，改善成人学习的条件和质量，以成人学习者的需求为导向来设计多元化和个性化的学习目标、学习内容和方法策略，从而创造一种弹性化的学习制度，以满足多元文化中不同对象的学习需求，已得到普遍认同。伴随成人教育的蓬勃发展，各国加强了训练成人教育专业人员的要求，一些国家的成人教育立法对成人教育教师的地位和培训作了规定，还有一些国家规定成人教育教师必须持有教师资格证书或资格证明。所有这些成人教育实践为成人教育学的发展奠定了坚实的基础。

2. 成人教育理论研究基础

成人教育理论研究的发展并不和成人教育实践同步，理论研究远远滞后于实践。从历史上看，成人教育学研究是从已有的传统教育学体系出发，即从利用已有理论的概念、原理、方法开始做出必要的调整、补充、修改，随后才渐有开拓创新。

随着成人教育实践活动的不断发展，成人教育的概念越来越普及，教育活动的范围越来越宽广，成人教育的发展具备了开展系统性哲学研究的可能

---

① 王振翔，孙龙存. 国外成人教育研究发展历史的反思与启示 [J]. 河南职业技术师范学院学报：职业教育版，2002（2）.

性和必要性。正规的成人教育是以成年人为教育对象，采取适合成年人的方法以满足社会发展和个人需要的一种有计划、有组织、有目标的教育活动。这必然要求对成人教育的概念、性质、目的及特点等问题进行探讨，这些问题激发了成人教育哲学家的兴趣。教育哲学家首先关心的是教育过程的普遍原理，其次是理论与实践之间的重要关系。成人教育领域的主要哲学问题包括：成人教育的定义、成人的需要与兴趣、成人教育方法与内容、成人发展的概念与意义、课程与目的、教学过程与学习过程以及教育的社会变革作用等，这些都构成了成人教育研究的理论问题。

1928 年，桑代克出版《成人的学习》，对成人的学习能力进行了实验研究，提出年龄不是影响学习的主要因素。他指出："学习之能量永不停止，成人的可塑性或可教性仍很大，25 岁之后仍可继续学习。"[①] 成人学习能力随年龄增长的变化曲线证明成人的可塑性和可教性仍很大，成人学习是一种复杂的现象，生理的、心理的、社会的因素相互作用并影响着成人的学习。1935 年，桑代克又发表《成人兴趣》，更为具体、集中地研究了成人学习问题，为成人教育学奠定了心理学依据，同时也意味着成人学习研究成为成人教育学的基础。

成人教育学的理论体系逐步走向成熟，主要体现在学者运用哲学、心理学、社会学、经济学、历史学、伦理学、美学等相关学科，对成人教育现象、事实或问题进行描述、解释与预测；运用分析哲学的原理，对成人教育中的有关概念、范畴、命题进行逻辑的或语言的分析，对有歧义的术语、概念进行澄清，使成人教育等的含义或关系比较明晰。如运用经济学中的人力资本理论，对成人教育的投资、效益问题进行研究；将哲学方法、逻辑方法、数学方法和一般科学方法应用于成人教育科学、学习心理、制度建构、课程设置、教学条件等领域的研究；参照心理学的实验方法研究成人的学习过程和特点等。

由此，成人教育研究活动逐步成为一个专门的研究领域，成人教育研究的地位不断提高，其研究活动在深度和广度上不断拓展。不可否认的是，借鉴和吸收传统教育学中一切有用的内容是成人教育学理论体系构建的必要基础，最终形成了一门独立的学科。

（二）成人教育学的发展阶段

随着成人教育事业的发展，成人教育学由实践经验积累而形成了一定的

---

① 叶忠海，等. 成人教育学通论 [M]. 上海：上海科技教育出版社，1997：9.

成人教育观点和思想，并向成人教育知识体系形成的方向发展，成人教育学也伴随成人教育研究活动的发展而逐步完善。根据成人教育研究制度化、理论发展的系统化程度，基本可以将现代成人教育学的发展进程划分为3个发展阶段。

1. 萌芽时期（20世纪20年代以前）

19世纪及其之前的成人教育研究活动是零散、不系统的，研究者主要以普通教育理论为蓝本，对成人教育的概念仅有比较简略的认识。

西方的柏拉图被认为是成人教育的开拓者。他的教育面向所有人，包括当时受歧视的妇女。由此，他自然形成了一套指向成人的教学理论。夸美纽斯主张世上所有的人都应该受教育，并把人的教育划分为4个阶段，其中涉及成人教育的是18岁成人后应施以大学教育，其课程"应该是真正普遍的、应有学习人类知识的每一部门的准备"，"对每一个人来说，他的生活，从摇篮到坟墓就是学校"。让各种年龄的人去做他能做的事，让人终生都有东西学，有事要做，才能获得成功。

美国的波尔于1816年在《成人学校的起源及发展》一书中，不仅首次将"成人教育"作为一个术语来描述，而且将成人教育活动与传统的普通教育进行了区分。最早进行成人教育研究和实践的是丹麦教育家葛龙维。他在1833—1841年游学英国期间，先后出版了11本著作及其他教育作品，其中最重要的是民众高等学校计划[①]。丹麦第一所民众高等学校即由柯尔德根据葛龙维的思想而建立。葛龙维的成人教育思想源于国家主义和非正统基督教思想，强调发展人性，认为成人能对自我作心灵上的启发，可利用教育使民众分享政治、社会权力和责任，成人教育是提升成人文化地位及生活幸福的方法。他主张教学内容应从实际中来，教学应采用讨论、谈话等方式，反对考试。至1851年，丹麦私立民众高等学校大批涌现。

推动成人教育实践和理论研究的主要国家是英国。英国工人教育协会（成立于1903年）发动了更大范围、更持久的工人组织与各大学结成联盟，进行工人教育的运动，无论在实现实际教育目标方面，还是在促进成人教育思想传播和理论探讨方面都是富有成效的。在上述运动的影响下，在第一次世界大战结束时，英国政府中的成人教育委员会发表了《1919年报告》，该报告指出："成人教育是国家的永久需求，是公民权利不可分割的一部分，

---

① 赵红亚. "成人教育学"的渊源与发展 [J]. 河南职业技术师范学院学报：职业教育版，2004（1）.

因此，它必须是永久性的和终身性的。"英国学者哈德逊（Hudson）在其 1895 年发表的《成人教育史》中也对成人教育的范畴做了界定，将非正规教育形式的成人学习活动列入成人教育的范畴。

总的来说，这个时期成人教育理论研究活动的特点是：成人教育工作者和有关的学者以普通教育学理论为基础对成人教育的组织与特征进行总体分析，建立相关的知识单元和思想，只有极少数社会科学工作者研究成人教育的特点、方法和目的等课题，没有形成系统的成人教育理论观点。

2. 独立时期（20 世纪 20～60 年代）

20 世纪 20 年代，成人教育理论研究开始进入一个独立发展的时期，主要起因是成人学习者对只熟知儿童教学法的教师深感不满，从事成人教学的教师感觉到将儿童教育学的理论运用于成人教育实践的不适应性，尝试将某些探索性的成人教学实验和教学经验形成论文发表。其中，美国致力于学科的制度化建设，在成人教育基础理论研究和成人教育学学科专业构建方面做了大量工作。成人教育学作为一门独立的学科，其诞生有以下几方面标志。

（1）成人教育学成为大学的课程，有了专门的研究机构。1921 年，世界上第一个成人教育系在英国诺丁汉大学建成。与此同时，美国哥伦比亚大学师范学院最早开设了成人教育专业课程，并于 1935 年开始授予成人教育博士学位。自此，一些著名大学纷纷成立成人教育系，设置成人教育专业学位（从学士学位直至博士学位），开设成人教育学课程，对成人教育的概念、性质及特点等本质问题进行探讨。到 1955 年美国共有 14 所大学可授予成人教育博士学位，对造就专业化成人教育研究队伍发挥了重要作用。

（2）成人教育研究有了自己的专业团体和刊物。1926 年，美国成立了成人教育协会（AAAE），协会成员均为知名专家学者。1929 年，会刊《成人教育杂志》发行。成人教育协会是美国重要的成人教育组织，该协会建立以后，美国成人教育组织间合作趋向协调，地区性团体也相互交换信息、举办会议、推进地区研究，并实施联合计划、提供咨询、推动社会公益等活动。20 世纪 50 年代，美国成人教育教授委员会成立，是美国成人教育协会的一个分会，是推动美国成人教育基础理论研究和学科专业发展的核心。成人教育逐步成为一个专门的研究领域。

（3）成人教育研究对象和理论领域进一步明确。1924 年德国学者罗森斯托克再次启用"成人教育学"这一概念。美国的林德曼于 1926 年完成第一部成人教育专著《成人教育的意义》，从进步主义哲学的视角来探讨成人教育的本质、目的、内容、意义和师生关系等问题。他认为成人教育的本质是终身的、生活化的和非职业化的，成人教育的目的是促进成人个体发展和促进社会变革，并且强调研究成人教育和健全其理论的重要性。1936年洛奇（Loger）出版《进行中的成人教育》，内容涉及成人教育的目的、意义以及成人教育的发展方向等问题。1951年瑞士的汉斯尔曼出版的《成人教育学：成人教育的本质、可能性和界限》一书，这是第一本以"成人教育学"为书名的著作。1957年柏基洛出版的《成人教育学概论：成人教育的基本问题》，主张建立成人教育学理论以进一步推动成人教育学的传播和应用。[①] 1959年布伦纳等人出版的《成人教育总览》，汇集了有关成人教育研究初创时期的经典著作，分析研究的性质和现状，并认为成人教育学应以研究成人的生理和心理特殊性为先导，以研究成人学习理论为核心，逐步形成成人教育学的框架体系。这些研究标志着现代成人教育科学研究的成熟，学科的研究对象和理论框架逐渐明确。

这一时期的成人教育学有如下特点：①研究方法简单、不严密，研究结果有较大的出入；②研究问题分散，不系统、不深入；③研究人员只重视成人学习方面的心理研究而忽视了成人教育其他方面的研究，如历史研究、哲学研究等；④成人教育的研究成果大都由社会学家所取得；⑤成人教育研究主要集中在少数几个国家，如美国、英国、苏联、南斯拉夫等；⑥研究规模不大、进展不快，还没能真正显现出成人教育理论研究的发展方向。

3. 发展时期（20世纪60年代至今）

由于经济社会对成人教育提出了更高的要求、成人教育实践领域不断扩展、社会科学家和研究人员从不同的角度研究成人教育，特别是实证研究的展开和理论整理使成人教育学从若干概念发展为一套相对完整的理论体系，从一种方法演变为一门学科。

成人教育理论研究从20世纪60年代开始进入了一个蓬勃发展期，成人教育学的研究工作主要在大学和某些研究组织机构中进行。20世纪60年代，美国、加拿大共同组建北美成人教育研究联合会。美国的霍尔在20世纪60年代初率先研究成人学习动机。1967年，伯奇文出版了《成人教育哲学》。1970年，美国成人教育家诺尔斯系统地对成人学习者与儿童进行比较研究，出版了《现代成人教育实践——成人教育学与儿童教育学的对照》一书，提出了关于成人学习者的4个假说，分别阐述了成人教育面临的任务和方法、成人教育全面计划的组织与管理、帮助成人学习3大主题，并提出

---

① 何爱霞，柳士彬. 成人教育学发展综论［J］. 陕西师范大学继续教育学报，2005（2）.

要重视成人学习者的个性、优势和十六条成人教育的原理，构建起自己的成人教育理论体系。诺尔斯的成人教育理论不但为美国，更为世界成人教育学理论的发展和完善奠定了坚实的基础，使成人教育学的基本框架得以确定，也促使成人教育学学科逐步走向综合和分化，逐渐发展成一个由诸多分支学科组成的学科群。

自20世纪70年代起，成人教育和社会结构与变革的关系研究逐渐成为一个研究热点。1970年，保罗·朗格朗出版了《终身教育引论》一书，指出，"我们所说的终身教育是一系列很具体的思想、实验和成就，换言之，是完全意义上的教育，它包括了教育的所有各个方面、各项内容，从一个人出生的那一刻起一直到生命终结为止的不间断的发展，包括了教育各发展阶段各个关头之间的有机联系"。① 国际教育发展委员会在1972年向联合国教科文组织提交了题为《学会生存——教育世界的今天和明天》的国际教育策略研究报告，提出传统的学校教育体制必然为终身教育体制所代替，最终走向"学习社会"的发展方向。这两本书对成人教育研究的持久发展具有极其重要的意义。巴西教育家弗莱雷著有《被压迫者的教育学》、《为了自由的文化行动》等著作，提出解放的成人教育学，主张成人教育的首要任务是促使社会和政治变革。他的学说和主张在发展中国家得到广泛认同，并由此推动了当地以扫盲为中心的成人教育运动的开展和普及。

弗兰克·杨曼（F. Youngman）被认为是首次运用马克思主义观点系统阐述成人教育的西方学者。他于1986年出版了《成人教育与社会主义教育学》一书。他的开创性研究为发展和完善成人教育理论做出了有益贡献。1996年，由雅克·德洛尔任主席的国际21世纪教育委员会向联合国教科文组织提交了题为《教育——财富蕴藏其中》的报告。该报告展望了21世纪人类发展对教育的需要，阐述了构建"学习社会"的必要性，强调必须把终身学习（learning throughout life）"放在社会的中心位置上"。② 由此带动了世界范围内的成人教育研究热潮，各国均把终身教育思想、学习社会的理念等融合在成人教育理论研究之中，发展出许多的新理论观点。

这一阶段的成人教育学表现出如下特点：①成人教育学科与社会发展需要有密切的联系；②成人教育理论研究力量进一步加强，呈现出多样化局面；③成人教育研究受到了各国的重视和支持；④国际的成人教育比较研究广泛开展。

---

① 保罗·朗格朗. 终身教育引论 [M]. 周南照, 陈树清, 译. 北京：中国对外翻译出版公司，1985: 15-16.

② 吴遵民. 全球化视野中"学习社会"与基础教育改革 [J]. 教育理论与实践，2004 (19).

三、成人教育学的学科建设

成人教育学学科建设是一个高度理性思辨和抽象化的过程,是成人教育理论知识系统化和实践经验不断提升的过程,它的最终目的是建成系统化和科学化的成人教育学理论体系。学科建设对整个成人教育研究工作起着宏观调控的作用,需要立足于成人教育实践活动,将反映和体现成人教育发展规律的诸理论进行高度的理性思辨与严密的逻辑架构,力图达到概念的清晰与规范、研究方法的实用与独特、理论体系的科学与完备。

(一)国外成人教育学学科的拓展

1. 加强成人教育学的研究

成人教育学最终成为一门独立的学科,确立起一整套反映成人教育本质和内在规律的概念、原理体系和一系列独特的研究方法,得益于相关研究的开展、进行。成人教育研究者就是在学科的发展过程中,开展世界范围内的研究成果交流和合作研究,不断更新、发展研究方法,关注成人教育改革与发展的现实,在不断总结实践经验的基础上吸收相关学科的研究成果,构建起为成人教育实践服务的科学理论体系。

美国著名学者霍尔在20世纪60年代初率先尝试研究成人的学习动机,并提出了成人学习动机倾向的定向理论,出版了《心灵的探索》一书,并且指出成人学习以目标为导向、以活动为导向以及以学习为导向,这项开创性研究对成人参与学习和学习动机的研究产生了重大影响。1962年,斯通(J. Stone)和里韦拉(L. Rivera)对成人教育活动进行了大规模普查,在此基础上于1965年出版了第一部全面分析成人教育活动的专著《志愿学习者》,认为成年人注重学习与生存密切相关的东西。1976年,加拿大成人教育家塔夫(A. Tough)受终身教育思想的启迪,深入研究了从大洋洲到非洲很多国家成人学习的情况,撰写了《自学与人生重大变化》一书,提出了成人自学的重要性和促进成人自学的行动策略。一些人本主义者如弗罗姆(Fromm)、艾德勒(Adler)等人对成人学习的研究,尤其是"自我指导"的学习方式做出了种种贡献。上述研究的不断变化,为成人教育学课程和教学理论研究奠定了科学的理论基础。

此外,颇有价值的理论成果还包括比较成人教育和儿童教育。诺尔斯于1980年出版了《现代成人教育实践:从儿童教育学到成人教育学》,得出成人教育的原则是：尊重成人学习的自主性；融化经验并向经验学习；成人课程选择要与人生发展任务相适应；要提高处理问题的能力等。他认为学习的内在过程是学习者满足需要和达到目的的过程，重在"过程设计"。这个过程包括师生共同创造学习气氛、共同计划教学、共同诊断学习需要、共同阐明学习目标、共同设计教学方案、指导完成学习计划、共同评价学习效果，强调解放人的潜力，而不是控制人的行为。诺尔斯的成人教育理论在一定程度上标志着成人教育学理论研究达到了系统化的水平。又如霍尔的连续学习模式理论、弗莱雷的觉悟性理论等，都随着成人教育理论研究的深入和学科理论体系的建立，反过来给传统普通教育学以巨大的影响。

弗兰克·杨曼被认为是西方首位运用马克思主义观点系统论述成人教育的学者。他在 1986 年发表的《成人教育和社会主义教育学》，为发展和完善成人教育理论研究做出了开创性的有益尝试。与此同时，美国经济学家丹尼森（E. F. Denison）和桑德伯格（L. Sanderg）关于成人教育与经济发展的关系研究，开启了成人教育经济功能的研究范例。桑德伯格用各国在 1850 年的成人识字率表示人力资本存量，然后动态比较 1913 年和 1970 年人均国民收入的变化。研究表明，成人识字率高的国家，经济发展速度就可能快。麦卡洛在 1980 年对成人教育与社会的关系进行总结，认为把成人教育从其周围的社会环境中抽离出来，或者至少把成人教育同其社会环境区分开来是十分困难的。事实是成人教育的丰富多样性使它成为一个社会学研究上的难题。这些研究丰富了人们对成人教育社会功能的思考。

成人教育学的分支学科不断涌现，其中有研究成人教育基本概念、定义、原理、结构和体系等的基础成人教育学。比较成人教育学则重在研究不同国家或地区之间成人教育过程中的差异以及宏观社会变量上的差异，成人继续教育社会学将成人教育与社会和社会问题的关系作为研究的关注点，成人教学论研究成人教育所需要的特殊的教学和学习方法。此外还出现了与某专门情境相关的学科分支，如工业成人教育学、军事成人教育学、医学成人教育学等。

2. 扩展成人教育学的领域

成人教育实践和理论的启蒙与呼吁也引起了相应的政策制定，从而进一步推动了成人教育学研究。其中，成人教育的哲学研究形成了不同的理论思潮，我们可将其归纳为 6 大成人教育哲学思潮，分别是古典人文主义思潮、进步主义思潮、行为主义思潮、现代人文主义思潮、激进主义思潮和分析哲学思潮。后现代主义哲学思潮同样不可避免地影响了成人教育学的研究和理论发展，不同流派的哲学基础影响了成人教育学理论体系的构建，并在实践中产生了较为广泛的影响，极大地丰富和发展了成人教育学科的理论体系。

20世纪80年代以来，美国成人教育理论研究继续向主题多样化、理论体系化、取向实用化的方向发展。美国的诺克斯（Knox）教授将研究的重点放在成人教育领导层面上。1980年他与同事共同出版成人教育手册系列丛书中最畅销的《成人教育的发展、行政与评价》，1983年出版《适应新挑战的领导策略》。1993年出版的《加强成人和继续教育》首次以一种全球性、综合性的观点探讨各类成人教育的发展，为成人比较教育研究做出了重大贡献。在此期间，大规模的国际合作研究和实证研究也发展起来，由经济合作与发展组织（OECD）资助完成的《国际成人素养调查》（简称IALS）的结果清楚地表明：即便在最发达的OECD成员国中，都还有很大一部分成年人未能达到"最低限度"和"合理的"科学素养水平，无法有效地参与当今世界的经济和社会活动。如瑞典16～65岁的成年人中有20%尚未达到"合理的"科学素养水平，另有5%的成年人尚未达到"起码的"科学素养水平。另外，哥伦比亚大学成人教育系教授布鲁克菲尔德对成人学习者、成人教育与社区、自我导向学习、成人教育者的训练以及发展批判性思考等众多领域都进行了富有新意的思考。

成人教育学作为一个大学的学术研究领域，已经形成了一个基本的、稳定的课程范围，其核心课程包括：①基础成人教育学研究——研究有关成人教育的基本概念、原理、结构和体系等；②关于成人学习者和成人教育工作者的研究——包括对学员的社会性、身心特征、群体结构，对教员和管理人员的个体素质和群体功能的研究；③成人教育学法研究——主要研究成人教育所需要的特殊教学和学习方法；④关于成人教育的科学管理研究——对宏观成人教育管理和微观成人教育机构管理的研究；⑤比较成人教育学研究——研究国家与国家之间的宏观差异，并致力于研究成人教育过程中各地区、各国之间的差异。

通过成人教育学研究者的努力，成人教育学学科体系更加完整，并从单数成人教育学（作为一门独立学科的、以研究成人教育基本理论为主旨）向复数成人教育学（由成人教育学各分支学科集合而成的成人教育学科群）方向发展。我们相信，成人教育学还将进一步走向分化，并由此衍生出更多、更细的分支学科。

（二）我国成人教育学学科的完善

我国把成人教育作为一门独立的现代科学加以系统研究，始于20世纪

60年代初。现在，成人教育研究机构和群众学术团体发展迅速，各种学术活动和课题研究蓬勃开展，涌现出了一批有质量的学术成果和成人教育期刊。

1. 出版成人教育学著作

据曲阜师范大学全国教育科学"十五"规划重点课题组统计，1980—2005年，我国出版的成人教育研究专著、论文集达860余种，[①] 其中译著有诺尔斯的《现代成人教育实践》（1980）、达肯沃尔德和梅里安的《成人教育——实践的基础》等。1990年翻译的《成人教育的哲学基础》成为我国了解世界成人教育学发展的重要窗口。

之后，我国相继出版了一批成人教育学方面的著作，如王文林等的《成人教育概论》（1988）、叶忠海等的《成人高等教育学》（1989）、王茂荣等的《成人教育学基础》（1988）、张维的《成人教育学》（1995）、陈明欣等的《成人教育学》（1996）、叶忠海等的《成人教育学通论》（1997）、王北生等的《成人教育概论》（1999）、黄富顺的《成人教育导论》（2000）等。另外，在具体成人教育领域研究也有一些著作出版，如董明传主编的《中国高中后教育研究文集（第一集）》（1990）、崔振风等编著的《继续教育学概论》（1987）、毕田增等编著的《成人学习心理与教学》（1990）、董纯朴的《中国成人教育史纲》（1990）等。在成人教育理论研究方面成果最多的院校是华东师范大学，先后出版了《职工教育心理学概论》（1987）、《自学学概论》（1988），1990年还翻译出版了全国首套《世界成人教育译丛》，1997年出版了成人教育理论丛书，包括《成人教育心理学》、《成人教育学通论》、《成人教育管理》、《国外成人教育概论》、《大学后继续教育论》。另外，还有许多学者先后出版成人教育研究专著近千种。这些研究成果对我国成人教育学理论研究与实践人才培养起到了开拓性的作用。

进入21世纪，我国成人教育学界继续围绕党和国家的中心任务，对成人教育重点问题开展了广泛而深入的研究，发表了数以千计的学术论文和一批富有学术和应用价值的研究成果。其中，代表性著作主要有：陈乃林主编的《面向21世纪中国终身教育体系研究》（2002）、张声雄等主编的《创建中国特色的学习型社会》（2003）、厉以贤主编的《学习社会的理念与建设》（2004）、叶忠海著的《创建学习型城市的理论和实践》（2005）、高志敏等著的《终身教育、终身学习与学习化社会》（2005）等；代表性论文主要有

[①] 柳士彬，等. 成人教育学科建设的几个问题（笔谈）[J]. 教育研究，2006（10）.

《在建设学习型社会中成人教育大有可为》（朱新均，2004）、《成人教育：构建学习型社会的重要依托》（朱涛，2004）、《和谐社会视野下成人教育观探析》（薛勇民，2005）、《和谐社会构建中成人教育公平的意义及实现策略》（罗永彬，2007）等。①

2. 促进成人教育学的制度化建设

1981年，我国成立了中国成人教育协会，是全国成人教育工作的群众性、学术性社会团体，下设直属研究组织，如扫盲教育研究会、成人高等教育研究会和企业职工教育研究会、农村成人教育研究会等，其任务是宣传、组织、协调成人教育活动，提供咨询，进行培训，出版刊物，开展国内与国际交流。中国成人教育协会于1983年加入国际成人教育理事会，1988年加入亚太地区成人教育总会。此外，还有中国职工教育协会、中国继续工程教育协会等合作团体。成人教育研究机构和群众学术团体不断涌现，为我国制定各个时期的成人教育方针政策和发展规划做出了巨大贡献。

1992年，成人教育学作为二级学科被纳入中华人民共和国国家标准《学科分类与代码》，其学科代码为880·57。1997年，国务院学位委员会所公布的学科、专业目录中第一次把成人教育学确定为教育科学的二级学科，专业编号为040107。1993年，华东师范大学设立第一个成人教育学专业硕士学位授予点，目前已经有近30所大学有成人教育学硕士学位点。

据不完全统计，全国成教期刊有300余种，公开发行的有30余种。公开发行的成人教育期刊有：《中国成人教育》、《中国信息技术教育》、《中国远程教育》、《中国电化教育》、《职教论坛》、《成人教育》、《终身教育》、《成才与就业》、《北京成人教育》、《陕西师范大学继续教育学报》、《高等函授学报》、《湖北大学成人教育学院学报》、《体育成人教育学刊》、《现代企业教育》、《煤炭高等教育》、《河北大学成人教育学院学报》、《河北工业大学成人教育学院学报》、《成人高等教育研究》、《继续教育研究》、《高等继续教育》等。全国各种学术活动和课题研究也蓬勃开展。

3. 开展成人教育科学研究

在我国成人教育学的发展过程中，成人教育研究的思路往往沿用、参照教育学的基本原理和方法，或结合一些新的学科，如人力资本理论、教育经

---

① 叶忠海.现代成人教育研究：历程和进展特点——为我国改革开放30周年而作[J].成人教育，2009（12）.

济学、教育管理学等来探讨成人教育问题，基本没有摆脱学科的依附、从属地位。在终身教育、终身学习、学习社会等现代教育理念得以确立并产生深远影响之后，借西方成人教育学理论介绍和推广之际，我国成人教育研究逐渐出现专门化的课题，并形成多学科观点的成人教育研究新趋向。

成人教育基础研究或基础理论研究性质的学科主要探讨成人教育的基本概念、范畴、定义、原理、功能、目的、类型、结构、体系及相关制度与研究方法等论题，是成人教育学科群中的带头学科，在整个学科体系中处于主干和基础的地位。

我国以成人教育学为主干的成人教育学科，逐步由一门学科发展成一个由诸多分支学科组成的学科群，并且朝着两个方向分化衍生出许多分支学科：一是从成人教育学中分化出成人教育概论、成人德育论、成人（教育）教学论、成人（教育）课程论、成人学习论、成人教育管理论、成人教育方法论等；二是从成人教育内部特殊的研究对象出发，形成以成人教育系统中的子系统为研究对象的学科，如职工教育学、农民教育学、干部教育学、妇女教育学、军人教育学等。也有以成人教育结构中文化水平的不同层次为研究对象的学科，如扫盲教育论、成人初等教育学、成人中等教育学、成人高等教育学、大学后继续教育学等。[1]

元研究的兴起对成人教育学研究也有着深刻的影响。学科反思是成人教育学元研究的起点和重点，陆续出现了对成人教育理论与学科体系构建（如西方成人教育学科发展史，中国成人教育学科发展史，成人教育理论的研究对象、性质、功能、结构、类型及研究方法）进行整体性分析与反思的元研究，并成为成人教育学的主干学科。这预示着成人教育学科构建将迈向一个新的阶段。

成人教育专题研究介于问题与学科之间，由成人教育实践活动或改革活动引发出来，受到专业或非专业研究者的高度关注。此种研究对学术性专题进行比较系统的探讨，有向学科化方向发展的趋势，具备学科形态的雏形或成为学科的构件，如扫盲研究、岗位培训研究、学习化社区研究、成人教育立法研究等。

成人教育的应用研究也发展迅速。近20多年来，我国成人教育研究不断纵深发展、横向开拓，不少其他专业的学者也纷纷关注成人教育研究，从本专业的视角研究成人教育，形成多学科观点的成人教育研究新趋向，促使成人教育学与其他相关学科对话、沟通与交叉结合，产生了成人教育学科中

---

[1] 柳士彬，等. 成人教育学科建设的几个问题（笔谈）[J]. 教育研究, 2006 (10).

的交叉学科与边缘学科，如成人教育心理学、成人教育社会学、成人教育技术学、成人教育经济学、成人教育文化学等。成人教育学与相关学科的互渗、交叉及结合，不仅催生了新兴的交叉学科与边缘学科，共同构成以成人教育学为主干的成人教育学科群，而且也有助于成人教育学科的规范化建设。

此外，关于成人教育学与普通教育学的关系、成人教育学科与教育学科及其他相关学科的关系、国外成人教育学与成人教育学的本土化问题和成人教育研究的科学范式与人文范式、问题意识与学科意识、实证研究与理论反思、普适规范与本土契合、移植加工与自主创新等的研究，无疑都为成人教育学科的规范和完善奠定了坚实的基础。

第四章 成人教育研究方法论

成人教育研究是成人教育发展的必然要求,缘于蓬勃发展的成人教育实践,随着成人教育实践的发展,其本身经历了从研究领域到拓展为专业,继而形成一个独立的学科的过程。相对于成人教育的发展,国际成人教育的研究理论基础和科学方法相对滞后,方法论基础相对薄弱,其研究方法较多借鉴于其他社会科学,并且多以问题为导向的应用研究为主。从成人教育学科的发展来看,成人教育研究问题显得更加重要,只有把握成人教育研究的规范和方法,特别是关于科学研究和方法论的探讨,才能保证成人教育研究成果的应用和成人教育实践的成功。

一、成人教育研究的历史发展

在世界范围内,成人教育的研究萌芽于19世纪的英国,而呈现学科化趋势则出现在20世纪20年代的美国。回顾成人教育的研究历程,往往是教育家基于对成人教育问题的思考,从成人教育实践中发现教育经验不足以有效指导教育实践时,通过探索和总结教育经验而产生一定的教育思想,而规范性的科学探索活动则比较迟才出现。无论中国还是外国,成人教育研究发展的历程有着大致相同的阶段:前学科时期、独立学科形成时期、学科体系形成与发展时期。我们分别从国内外重要的成人教育研究中按照研究的问题和时间顺序整理出具有代表性的成人教育研究。

(一) 国外成人教育研究的历史

欧美成人教育研究者认为成人教育具有可研究性,一直把成人教育当作一个研究领域,大多数直接与成人教育有关的重要研究是由心理学、社会学等社会科学的工作者完成的。他们主要关注和致力于解决成人教育问题的实用性研究,主要是用来提出补救方法和解决学员的实际问题,忽视了成人教育的基础性研究。在成人教育的研究中,长期存在着对理论和应用研究的分歧和争执。其实,成人教育研究能够为成人教育提供知识和理论基础,也就是说,要为成人教育的活动创造理论性的基础知识。

1. 对成人行为和心理的研究

在 20 世纪初至 50 年代末成人教育科学研究的创始阶段，国际性的研究还刚刚起步，主要是心理学的研究直接促进了成人教育理论的发展。许多心理学家的研究在成人学习目的、学习能力等方面获得了初步成果。美国心理学家桑代克第一次用科学心理学的方法对成人智力是否随年龄增长而发生衰退的问题进行了研究。通过对成人的学习能力的实验研究，他提出了年龄不是影响学习的主要因素的观点。他的重要研究结论是：年龄不是影响学习的主要因素；智力对与年龄有关的学习能力曲线的影响甚微，能力最强的人与普通人所表示出的曲线大致相似。其著作《成人的学习》一书的出版更是标志着成人学习研究新领域的开辟。1935 年又出版《成人兴趣》一书，更为具体集中地研究了成人学习的问题，为成人教育学奠定了心理学依据。20 世纪 30 年代中期，洛奇等对成人学习能力与学习速度的研究，对成人教育的理论提供了有效的支撑。因此，桑代克等人的成人学习研究是成人教育理论研究史上的一个里程碑。

20 世纪 50 年代，诺加顿（B. Neugarten）和哈维格斯特以及其他几位心理学家开展了成人社会心理学的开拓性研究工作。[①] 研究这方面理论的有班杜拉、马斯洛、罗杰斯等。马斯洛发表的《动机与人格》提出了以需要层次为基础的人类动机理论，学习是人类的高层次需要，学习就是为了自我实现，并且自我实现只有在成年才有可能。随后成人教育学者霍尔在 20 世纪 60 年代初率先研究成人学习动机，并提出有关成人学习动机的定向理论。阿尔曼（Allman）为英国开放大学写了一篇专论《成人：发展的性质和过程》，对成人发展与学习的关系做了深入的阐述。艾伦·陶（A. Though）系统研究了成人的自然学习，发表了《没有教师的学习》（1967）和《成人学习项目》（1971）两份报告。

20 世纪 70 年代中期，苏联学者相继出版了《成人生理心理机能的发展》、《关于现代人学习的问题》、《成人学习心理学》、《连续性教育和心理学》等专著，进一步充实了成人学习理论。1972 年，劳赫·戴维出版了《成人教育的重点》，从理论与实践两个方面阐述了美国成人教育以及它在社会内部的地位、成人学生的特点与特殊需要、课程结构、学习方式等重要问题。另外，由格拉博斯基·斯坦利和迪安·梅森安于 1974 年出版了《为

[①] 王振翔，孙龙存. 国外成人教育研究发展历史的反思与启示 [J]. 河南职业技术师范学院学报：职业教育版，2002（2）.

成人的教育》，对成年人的学习需要进行了分析与描述。作者提出为了满足成人学习需要，各级学校应从学校组织、课程内容到授课方法等诸方面进行重大改革。在《成人教育中的理论与实践——认识论的争论》中，布赖特（Bright）使用哲学的分析方法论述了成人教育与心理学的关系，他认为成人教育是一个来自传统学科的领域，也就是说成人教育研究领域是依靠其他学科建立起来的。霍尔于1984年出版了专著《学习模式》，深入讨论了自学问题，并提出了成人自学的连续模式理论。

2. 成人教育基本问题的研究

自1926年美国成立成人教育协会以来，一批成人教育学者在成人教育联合会的支持下，编写了对美国成人教育产生重大影响的著作。其中比较著名的是成人教育家林德曼完成的第一部成人教育专著《成人教育的意义》（1926），他强调了研究成人教育和健全其理论的重要性，认为成人教育的目的是双重性的，既强调个人的成长、发展，同时又主张通过成人教育来改良社会，强调学习者的经验是成人教育的主要资源，"最有价值的资源是学习者的经验"、"经验是学习者最有效的课本"，[①] 并且对成人教育的功能、教育目的及教学方法等进行论述和说明，形成影响深远的成人教育思想。同时出版的还有《为龄长学生而设的新学校》（佩佛，1926）和《成人教育》（哈特，1927）等，为成人教育研究奠定了一定的理论基础。

20世纪50年代，瑞士精神病学家汉斯尔曼出版的《成人教育学：成人教育的本质、可能性与范围》直接引用"成人教育学"为其书名，将成人教育研究与学科联系起来。荷兰的哈维教授在1954年的一次讲演中首次使用"andragogy"一词。1959年他出版了《成人教育学纲要》一书，随后成人教育学迅速兴起。克拉克在出版的《过渡时期的成人教育》一书中，对公立学校成人教育机构的组织活动进行了精细的分析，其中他对机构边缘感的前因与后果的研究对我们理解学校和学院环境中的成人教育管理职责和组织过程很有价值。1957年，德国教师柏基洛在所出版的著作中也以"成人教育学"为书名——《成人教育学概论：成人教育的基本问题》。之后由美国成人教育教授委员会组织编辑出版的一部具有影响的书《成人教育——一个正在形成的大学领域的概况》，不仅概括了成人教育研究所取得的成果和专家、学者对此领域的基本认识，还阐述了成人教育作为大学专门研究学科领域的性质和范围。该书分为4大部分16章：第一部分包括成人教育中

---

① E. C. Lindeman. *The Meaning of Adult Education* [M]. New York：New Republic，1926：7.

的角色、名词界定、成人教育的实践、成人教育课程的产生以及成人教育研究的性质与目的等;第二部分包括成人教育与其他学科的关系,譬如社会学、社会心理学、心理学和历史学等,以及成人教育的行政及组织概念;第三部分探讨成人教育目标、方案、活动内容、过程及程序、评价等;第四部分讨论成人教育课程设置的意义等。因封面是黑色,它被称为成人教育文献的"黑皮书"。[1] 布伦纳等人1959年出版了《成人教育总览》一书,作为一部成人教育发展初期的经典著作,对成人教育做出了建设性贡献。

20世纪70年代,美国成人教育家诺尔斯首次较为系统地对成人学习者与儿童学习者进行了比较研究。他将成人教育学定义为"帮助成人学习的艺术和科学",[2] 他出版了《现代成人教育实践——成人教育学与儿童教育学的对照》一书,提出要重视成人学习者的个性和优势。1980年,伊里亚斯和梅里安合作出版了《成人教育的哲学基础》一书,首次全面系统地分析了古典人文主义、进步主义、行为主义、现代人文主义、激进主义和分析哲学等6种成人教育哲学思潮的形成、发展和实践过程,并中肯地评价了它们的利弊,该书堪称世界成人教育哲学研究中的经典之作。戈登和沙兰、梅里安合作出版的《成人教育实践基础》,着重对成人学习者和成人教育广泛的构想做了研究和理论探讨,论述了哲学与成人教育、成人入学、机构和项目,以及国际成人教育等问题。

3. 对成人教育与社会变革关系的研究

1934年由欧洲成人教育局编辑出版《成人基础教育》一书,对成人教育问题进行了研究,主要内容包括欧洲各国成人基础教育介绍、成人基础教育讨论小组的报告,讨论范围包括正规教育系统、非正规社区团体、工作场所、特殊环境、典型研究和电视介绍、培训成人基础教育工作者工作组的报告以及大会通过的论文和建议。由布赖特主编的、共有6人执笔的《成人教育中的理论与实践——认识论的争论》就是上述理论的典型代表。其中帕特逊(Paterson)的文章题目是《哲学与成人教育》,他认为哲学和心理学这类课程是教育认识论第一位的学科,具有认识论的统治权。成人教育作为一门衍生的课题,有其自身的固有研究范畴。他的哲学分析对成人教育的

---

[1] 赵红亚.二十世纪美国成人教育理论研究的历史回顾[J].河北师范大学学报:教育科学版,2007(3).

[2] 马尔科姆·诺尔斯.现代成人教育实践[M].蔺延梓,译.北京:人民教育出版社,1989:40.

论述是有影响的，他主张调查研究和理性思想，不把逻辑的探讨放在首位。游舍尔（Usher）认为成人教育是个"社会实践领域"，不是来自传统的学科，"社会实践中的知识是实践，与在学科中积累起来的知识是不同的"，通过成人教育实践，成人教育过程就被人们解释成科学和技术推理的模型。阿姆斯特朗（Armstrong）的文章论证了成人教育课程中社会学教学是"专业职业培训总趋势的一部分"，认为社会学应采取技术形式，主动为专业教育服务，在维持社会现状中起更大的作用。格瑞芬（Griffin）在他论批判性理论的文章中，参考了弗莱雷的实践题目的例证，认为来自批判理论和辩证过程的所谓批判理论观点知识是不全面的，或者说是断章取义的。他主张"批判理论观点最重要的一条认识论原则，是知识的非学科性"。[1] 贾维斯认为有两种社会学，即研究社会制度的社会学和研究社会行动的社会学。第一种理论认为：为了社会和个人的幸福，绝对需要有外部的约束，因此从本体论和方法论的角度，主张把社会制度置于其成员之前。第二种理论认为：人是独立自主的，只有摆脱外界的约束，才能充分发挥其潜能，建立起真正符合人性的社会秩序。[2]

自20世纪80年代以来，成人教育研究最为引人注目的发展主要在两个方面：一是国际范围内成人教育比较研究的广泛开展，增强了各国之间相互交流、取长补短进行研究的需要，促使有关成人教育的国际会议、合作研究、资料交流空前活跃。布鲁克菲尔德受到在美国流行的实用主义的影响，他对美英成人教育文化交叉的分析体现一些实用主义倾向。1970年，法国的朗格朗发表了《终身教育引论》一书。1972年，国际教育发展委员会向联合国教科文组织提交了一份关于国际教育策略的研究报告，题为《学会生存——教育世界的今天和明天》，提出传统的学校教育体制必然为终身教育体制所代替，最终走向"学习社会"的发展方向。这两本书对成人教育研究的发展具有极其重要的意义。二是马克思主义理论在西方成人教育领域的复兴。一些西方学者运用或借鉴马克思主义观点来控制和影响成人教育过程的社会因素，为成人教育研究注入了新的活力。在这方面研究的突出代表是巴西成人教育学家弗莱雷，他在1967年发表了《教育乃自由的实践》，1968年发表了《被压迫者的教育学》，1970年发表了《为了自由的文化行

---

[1] 伊里亚斯，梅里安. 成人教育的哲学基础 [M]. 高志敏，译. 北京：职工教育出版社，1990：167-168.

[2] 彼得·贾维斯. 成人教育和继续教育社会学 [M]. 贾宗谊，等，译. 北京：春秋出版社，1989：6.

动》。杨曼被认为是西方学者首次运用马克思主义观点系统阐述成人教育的人，于1986年发表了《成人教育与社会主义教育学》一书，他的开创性研究为发展和完善成人教育理论做出了贡献。

通过对近20年主要成人教育刊物所发表的成人教育论文进行梳理和分析，我们不难发现关于成人教育应用研究方面的论文要明显多于基础理论研究方面的论文，并且探讨成人教育应用研究的论文也大都停留在对成人教育办学实践经验的总结和归整上。从整体上看，成人教育研究缺乏从哲学、社会学、经济学、心理学等多维度、多层面、多视角对成人教育领域中的基本理论问题和重大的应用问题进行深层次、宽领域的理性思考，比如成人教育学的学科性质的把握、学科基础的确立、学科构建的逻辑起点的界定、研究方法的选择与运用、各分支学科的研究等方面没有太多突破，至于要求逻辑严密、论证严谨、理论功底深厚的成人教育学科体系问题更是缺乏研究。

（二）我国成人教育研究的进程

我国的成人教育研究相对于西方历史比较短，与成人教育的实践发展也不相称。起先是以介绍和借鉴西方成人教育研究的经验为主，在国外留学归来的学者的带动下，早在20世纪20年代，我国的雷沛鸿、马宗荣、黄雪章等就开始对成人教育的地位、作用、内容、形式、原则、方法等一系列问题进行研究，并取得了显著成果。但由于种种原因，新中国成立后我国成人教育研究工作进展缓慢，直到改革开放后，成人教育研究才又受到人们的重视，取得了长足的发展。[①] 中国成人教育理论研究的历史进程大体可以分为萌芽、恢复、发展3个阶段，反映了成人教育研究从无到有，逐渐结合我国成人教育发展需要而深入展开的趋势。

1. 萌芽阶段

我国的成人教育一直是与普通教育交汇在一起的，虽然早就有了成人教育的学校，但是直到中华人民共和国建立后，党和政府非常重视工农教育、干部教育、业余教育，成人教育才开始了新的历史发展时期。随着三次扫盲教育运动的开展，以及工农教育、干部教育的迅速发展，逐渐形成了以工人、农民、干部教育为主体，初、中、高层次的成人教育的新体制，但实际上并没有什么成人教育研究，也没有专门的成人教育理论研究机构和学术刊

---

① 何红玲，夏家夫. 我国成人教育研究的回顾与反思 [J]. 陕西师范大学继续教育学报，2002（4）.

物,相关思想也只是体现在一些大会上讨论和制定的某些成人教育政策、决议、文件等。

全国第一次成人教育专门会议是1950年于北京召开的工农教育会议,重要成就是制定了新中国成立后第一套较完整的成人教育具体政策,如《关于举办工农速成中学和工农干部文化实习学校的指示》、《各级职工业余教育委员会组织守则》、《关于开展农民业余教育的指示》、《工农速成中学暂行实施办法》、《职工业余教育暂行实施办法》等,对成人教育的方针、任务、制度、教学计划、师资、经费来源、开支、组织管理等问题做了规定和指示;在识字运动和扫盲运动中,创造出了一些有特色的适合成人学习的学习方法,如祁建华的速成识字法以及其他人创造的单元识字教学法、注音教学法、四步教学法等。教育部对办学以来的情况进行了回顾、总结,并对办学时的课程设置、学制、教学计划、编制、招生、教学大纲、教材、教学方法及教学组织等问题进行了全面的研究。① 新中国成立后17年的成人教育所取得的成就与成人教育研究有着直接的关系。在1966—1976年的"文化大革命"期间整个教育事业遭到了严重的破坏,本来就处于萌芽状态的成人教育研究更是遭到毁灭性的打击,使我国的成人教育研究落后于成人教育事业和实践的需求,没能够与国际成人教育研究同步发展。

2. 恢复阶段

自1978年改革开放以来,我国成人教育才重新得到恢复和发展。把成人教育作为一门独立的现代科学加以系统地研究,也是开始于20世纪70年代末。1978年,重建后的中央教育科学研究所成立了教育制度研究室(成人教育研究中心的前身),从此有了专职成人教育研究人员。1981年,华东师范大学组建了成人高等教育研究室,这是我国最早的成人高等教育专门研究机构之一。1982年,中国成人教育协会成立。此后,各省区、各系统、各高校先后成立了成人教育研究的机构、分支团体或地方学术团体。在研究组织和阵地建设方面,逐步建立了有关的研究机构,组织科研小组,开展群众性的研究并创立成人教育刊物,如黑龙江省的《成人教育》、北京市的《北京成人教育》等杂志纷纷创刊。

这一阶段主要进行了开拓性的基础工作。在引进、翻译国外成人教育的研究成果方面,以介绍和描述为主,并且出版有关资料文献进行成人教育基础理论的普及。据不完全统计,1979—1985年,上述性质的公开出版著作

---

① 段阳萍. 国内成人教育研究评述 [J]. 成人高教学刊, 2006 (3).

约 14 部，占该阶段公开出版的成人教育著作 34 部的 41.18%。[①] 如人民教育出版社 1979 年出版了介绍外国成人教育的文集《业余教育的制度和措施》和引进朗格朗的《终身教育引论》，还有大陆学者编著的《外国成人教育》（孙世路，1982），杨连江、蒙定明编著的《国外企业职工教育》等著作，为我国的成人教育和企业教育提供了借鉴。此后，一些介绍美、日、德、英、法等发达国家成人教育的资料和文章频频出现于各个报刊，初步打开了解世界成人教育现状及发展的窗口。成人教育研究机构和群众学术团体不断涌现，成人教育期刊在全国普及，各种学术活动和课题研究蓬勃开展，出现了一大批有质量的学术成果。在成人教育学科地位确立方面，国家在实施以 5 年为周期的教育科学规划中，成人教育被纳入全国教育科学规划。随后，成立了成人教育学科规划小组。1982 年召开的第二次全国教育科学规划会，在确定的 36 项全国教育科学"六五"规划重点项目中，成人教育列入 2 项，初步表明成人教育作为独立的学科所拥有的重要地位。

然而，恢复初期的成人教育研究力量仍然薄弱，并且有围绕政治任务和成人教育实践需要的研究倾向，研究侧重成人教育的概念、起源、地位、作用和正规化等基础理论，整体上研究内容和方法比较单调，研究成果也显得十分有限。

3. 发展阶段

随着我国建设有中国特色的社会主义教育体系的发展，国务院在 1986 年 12 月召开了第一次全国成人教育工作会议，会后批转了当时的国家教育委员会《关于改革和发展成人教育的决定》，该决定明确指出："成人教育是我国教育的重要组成部分。在整个教育事业中，它与基础教育、职业技术教育、普通高等教育同等重要。"随后，成人教育研究呈现出非常活跃的态势，相继出版了一批有关成人教育基本理论和学科建设的专著，较有影响的著作是：王文林等主编的《成人教育概论》，王茂荣等编著的《成人教育基础研究——理论与实践》，国外译著《成人教育——实践的基础》、《成人教育和继续教育社会学》、《成人教育的哲学基础》等。此外，由华东师范大学叶忠海主编、中青年成人教育专家担纲的"成人教育理论丛书"初步构建起学科的知识体系和学科理论框架，对加速成人教育工作者的专业化具有促进作用。此后，河南大学成人教育研究机构又组织山东、湖北等地成人教

---

① 叶忠海. 现代成人教育研究：历程和进展特点——为我国改革开放 30 周年而作 [J]. 成人教育，2009（12）.

育学者撰写并出版了由《成人教育概论》、《成人教育教学论》、《成人教育管理概论》、《河南成人教育史》4本著作组成的"成人教育研究丛书"(1999)。分支学科的研究专著则以职工教育和农村成人教育尤为突出，研究成果也有所突破，还有比较成人教育的专著也不断问世。成人教育系列专著和理论丛书的编辑出版，标志着以成人教育学为骨干的学科群建设已经启动。

1988年，"成人教育学"已作为专门学科和学术名词，正式载入国家级辞典《教育大词典》。1992年，成人教育学作为二级学科被纳入中华人民共和国国家标准《学科分类与代码》。国家标准的颁布，一方面标志着成人教育学作为一门独立的现代科学被国家认可；另一方面，又大大激发了成人教育研究工作者的学科意识，构建成人教育学科体系的内在积极性得到了充分调动。①《中国成人教育》、《中国培训》、《中国成人教育信息报》3家全国性成人教育报刊同时创刊发行。1993年，首届全国中青年成人教育工作理论研讨会在北京举行，为我国成人教育科学未来发展奠定了基础。同年，华东师范大学设立了第一个成人教育学专业硕士学位授予点，从此开始了成人教育学专业的硕士研究生教育，成人教育专业研究队伍不断壮大。

1996年，中国成人教育协会的成人高等教育理论研究会秘书处与华东师范大学成人教育研究室，共同编著了全国成人教育工作者1979—1995年出版和翻译的成人教育著作《目录索引》，分15个类别，共列出了549本著作。经过二十多年的努力，成人教育研究积累了比较丰富的成果：①据曲阜师范大学全国教育科学"十五"规划重点课题组统计，1980—2005年间，我国出版的成人教育研究专著、论文集达860余种；②全国现有各类成人教育报刊（含内刊）156种，年发表学术论文数以千计；③自"六五"开始，成人教育研究纳入国家教育科研规划，"六五"规划中成人教育课题2项，"七五"11项，"八五"12项，"九五"34项，"十五"截至2003年年底达62项。同期，各省市成人教育研究项目也大幅增加。②除去翻译著作外，我国出版发行的成人教育学科方面的著作，按成人教育学科体系划分的类别，每类作品都有相当的数量。但从知识体系角度考察，存在经验体系和工作体系有所欠缺、整体研究水平不高，或逻辑关系存在欠恰当等问题。

在国际终身教育思想和理念的影响下，成人教育学科在我国也得到了普

---

① 叶忠海. 现代成人教育研究：历程和进展特点——为我国改革开放30周年而作[J]. 成人教育，2009（12）.

② 朱涛. 成人教育研究：回顾与前瞻[J]. 河北师范大学学报：教育科学版，2006（3）.

遍重视，成人教育研究越来越深入，并构建了成人教育学科体系。在一系列的学术成果中，既有终身教育理论、全民教育理论和继续教育理论研究，又有围绕成人教育学的骨干学科的众多分支学科研究。大多数研究力图从哲学、社会学、经济学、教育学、心理学等多学科的视角审视成人教育，把握成人教育的特点和规律，构建成人教育学科体系，对非正规成人教育、非正式成人教育有了较多的关注，尤其是社区成人教育研究、企业培训研究拓展迅速。从教育对象看，以往不太受关注的社会群体，如失地农民、外来工、高级技工等成为成人教育类别研究的重要对象；从教育手段看，随着我国信息化进程加快，现代远程教育研究日益被重视。该阶段成人教育类别研究取得了丰硕的成果，出版的研究专著、论文集有 200 种之多，发表论文超过 2 万篇。就社区教育代表著作而言，主要有《社区教育理论与实践》（厉以贤，2003）、《21 世纪初中国社区教育发展研究》（叶忠海，2006）等。就农村成人教育代表作而言，主要有廖其发主编的《当代中国扫盲和农村成人教育的回眸与前瞻》（2002）等。特别是成人教育管理学的建立、成人学习心理的发展、成人教育社会学的开拓、成人教育技术学的崛起，还有成人教育评价学及成人教育比较学的培育等也呈现出良好的势头，如云南大学出版的"多学科视野下的成人教育研究丛书"（2005），包括：《成人教育的哲学视域》（聂琴等）、《社会学视野下的成人高等教育》（刘薇林、李炎等）、《成人高等教育的经济学分析》（龚自力等）、《知识经济与成人高等教育》（马勇等）、《成人教育教学论》（王娅等）、《成人教育管理探索》（王加林等）、《成人教育比较研究》（史芳等）。同时，还有对具体而生动的成人教育实践进行反思的成人教育元理论研究，对成人教育的概念、社会属性、基本特征、类别、功能和价值，以及成人学习等问题进行整体性分析与反思的元研究，这些促进了学科理论走向成熟，逐渐形成了我国成人教育研究的繁荣局面。

二、成人教育研究的分类和基础

（一）成人教育研究的分类

1. 教育研究

在诸多教育文献中，教育研究的定义多种多样，这主要是由于教育研究对象的复杂性、教育研究活动自身的复杂性，以及不同教育研究主体在方法论倾向和视角上的多样性导致的。人们对教育研究的界定主要取决于人们如何理解"研究"和"科学研究"。"研究"是一种"探索性活动",是研究主体在一定探究意识和方法论的支配下,选择、运用一定的方法和手段对进入视野的现象和问题所进行的持续的探索活动。从严格的自然科学意义上的"科学"角度来看,教育科学研究是教育研究的一部分,专指客观、精确、量化地对教育问题的科学理性认识,它的概念的外延小于教育研究概念的外延。而从"科学"的宽泛意义上来说,教育研究与教育科学研究是同一个概念,教育科学研究中的"科学"是指一切具有规范性的正确反映(包括理性的和非理性的)。因此,教育研究不是随意地议论教育问题。

一般说来,在英、美教育理论传统中,教育研究是指在一定理论指导下,运用某些技术手段对教育问题进行的客观、精确、量化的实证性研究;而在以德国为代表的"大陆"派教育理论体系中,教育研究的范围较为广泛,凡是对教育有关问题的规范性认识、解释和体验,都属于教育研究或者教育科学研究。索利斯(Thouless)将教育研究定义为"包括教育中的经验的和实验的研究,而不是教育中历史的和比较的研究"。尼斯比特和恩特威斯尔(Nisbet & Entwiste)则把教育研究局限在"采用定量或科学调查方法的范围"之内,并指出"在教育中还有其他一些重要的研究形式,比如历史的或哲学的探究"。① 查尔斯(Charles)认为:"教育研究就是将科学研究运用到教育中来,一种周密的、有系统性的、需要耐心的调查,通过使用科学方法创造了新的知识。这里的科学方法包括弄清问题,形成问题或假设,获取相关信息,分析数据,描述结果,针对提出的问题或假设得出结论。"② 我国学者认为西方"教育研究正摆脱实证的研究设计和方法论的支配,转向诠释的、人种的或质的研究,这一过程虽然缓慢,但正逐渐发展"。③

在我国,教育研究与教育科学研究常常作为同一语汇在宽泛的"科学"概念的意义上来理解的,认为教育研究具有一般科学研究的系统性、创新性、严密性、合作性等特征,同时又有其本身的独特性,具体表现在研究对象的复杂性、研究的跨学科性、研究的实践性、研究的情境性和研究的主体性等几个方面。喻立森认为教育研究是"一种特殊的生产活动,其产品是

---

① 弗玛,布雷德. 教育研究 [C] //施良方,译. 瞿葆奎. 教育学文集·教育研究方法. 北京:人民教育出版社,1988:8-9.
② 查尔斯. 教育研究导论 [M]. 张莉莉,张学文,等,译. 北京:中国轻工业出版社,2003:10-18.
③ 洪明. 西方教育研究的方法论和转向——行动研究探略 [J]. 国外社会科学,1999 (1).

精神产品（教育科学知识），本质是以创新为前提的精神生产"，① 只有科学研究（自然科学意义上的"科学"）才能客观地揭示事物之间精细而准确的关系和规律性，才是最有价值的研究。

从概括的意义上讲，教育研究是教育研究主体在一定探究意识和方法论支配下，选择、运用一定的方法和手段对进入视野的教育现象和教育问题所进行的持续的探索性活动。它是以解决教育问题为最终目的的一类科学理性认识和理解、体验性探索的总称。在自然科学与社会科学的"科学二分法"中，教育研究属于社会科学研究；在自然科学、社会科学和人文科学的"科学三分法"中，教育研究归属于人文科学研究。

2. 成人教育研究

成人教育研究并不和成人教育实践同步，理论研究远远落后于实践的发展。普通教育的理论建设已有300多年的历史，而成人教育研究只有几十年的历史。在成人教育研究方面，大多数是沿用教育研究的方法，但也有相当一部分是使用其他学科的研究方法，如社会学、人类学和心理学的方法。其实，许多的成人教育专家首先是思想家，他们运用思考的方式，探讨成人教育的实际问题。如丹麦教育家葛龙维，在1833—1841年先后出版11本著作和其他教育作品，其中最重要的是民众高等学校计划。他的教育思想来自国家主义和非正统基督教思想，认为可利用教育使民众分享政治、社会的权力和责任，避免革命对民主运动的妨害。他主张成人教育采用讨论、谈话等方式，注重启发，极力反对考试，认为这不是增进成人文化地位及生活幸福的方法。由此可以看到，成人教育研究肇始于教育家们对成人教育的实践探索和思考，而成人教育研究所要解决的是成人教育的现实和发展问题。

从最概括的意义上来说，成人教育研究是对成人教育理论和实践的研究活动，或者说是运用一定的科学手段和方法对成人教育的事实和理论价值进行探索的活动。对成人教育研究的问题，需要注意以下几点：①研究主体是多样的，从事成人教育研究的可以是成人教育工作者，也可以是成人教育决策者和管理者、职业教育研究者或者对成人教育感兴趣的其他人员；②成人教育研究是一种有计划、持续的探究性活动，而不是无意的感悟或偶然的发现；③受研究主体探究意识和方法论的支配，无论研究者在何等程度意识到它们的存在和作用，研究总要运用一定的方法和手段，而且需符合成人教育的属性要求；④只有进入研究主体视野的成人教育现象和问题才可能成为研

---

① 喻立森. 教育科学研究通论 [M]. 福州：福建教育出版社，2001：125-152.

究问题，包括理论问题和实践问题，这些研究问题有重要性与价值性之别，甚至有真问题与假问题之分。

现代的成人教育研究往往都是从某些学科的概念框架开始，这种框架通常是由一组关于成人教育的观念、价值、规则和思想体系构成，它直接影响着探究者的研究行为、解释资料的方法以及看待问题的方式。研究者不同的成人观和教育观念，会极大地影响其成人教育研究的倾向性。

3. 成人教育研究的分类

教育研究可以用不同的标准区分出众多类型。叶澜教授根据教育研究对象和性质提出了"教育存在"和"事理研究"的概念，并把"教育存在"划分为3种形态，即"教育活动型存在"、"教育观念型存在"和"教育研究反思型存在"。[①] 成人教育研究一般被划分为理论研究和实践研究两大领域。理论研究面向学术问题，旨在探求成人教育之"公理"，构建一个规范的知识体系；实践研究面向操作问题，谋求解决成人教育实践问题的合理方案，形成一个有效的经验体系。也有学者认为成人教育研究可以划分理论研究、实证研究、对策研究3个方面。

根据教育研究的含义和分类方式，我们把常见的成人教育研究从3个角度进行分类：一是从研究的范式类型角度进行分类，分为定性研究和定量研究，或者思辨研究和实证研究；二是从研究的教育问题的内容和性质角度进行分类，分为事实研究和价值研究；三是从研究的教育问题的层次角度进行分类，分为宏观研究、中观研究和微观研究。

成人教育研究可以从研究的范式类型角度分为定性研究和定量研究，或者思辨研究和实证研究。成人教育研究中的定性研究与定量研究，是根据研究的目的任务及其规约的一系列方法的体系为标准划分出的两种基本范式，这是最流行的教育研究的分类方式。定性研究是以确定成人教育研究对象全面情况和性质为直接目的的理性认识、理解、解释和体验的探索过程；定量研究是以确定成人教育研究对象的个别变量之间精确数量化关系为目的和任务的研究。根据各种主要研究方式中定性研究和定量研究的相对成分的大小，通常将历史研究、田野考察作为定性研究的主要方式，将调查研究、准实验研究和实验研究作为定量研究的主要方式。

成人教育研究中的思辨研究和实证研究，是以研究问题的特征及其规约的研究方法体系对教育研究进行分类标准分出的两种研究范式。思辨研究与

---

① 叶澜. 教育研究方法论初探 [M]. 上海：上海教育出版社，1999：36 – 307.

实证研究的区分更多的是从研究方式、方法角度进行区分。将理论研究与实证研究并列会给人一种错觉：似乎实证研究与理论研究是对象不同的两支（两张皮）。许多被称为"实证研究"的报告仅仅是使用了问卷并采用统计技术对数据进行了处理。实际上，与理论层次研究相对应的是经验层次研究。结果，人们往往会混淆"实证研究"与"经验研究"这两个根本不同的概念。换句话说，实证是一种方法论，是一种研究立场，既是对经验层次研究的要求，又是对理论层次研究的要求。成人教育研究所面对的问题，有的属于有限的、研究者可以经验的问题，有的属于无限的、研究者不可以经验的问题。对于有限的、研究者可以经验的问题，如不同程度的成人教育的形式、数量和效果，成人学习的条件和方法等问题，能够用实际的经验材料来把握论证，这就是通常所说的科学理性认识或者称作实证研究；而对于无限的、研究者不可以经验的问题，包括成人教育的发展趋势、内部机制和功能等问题，可以运用哲学或者信仰的方式去把握，研究者用哲学推理的方式去把握无限不可实际经验的成人教育问题的研究，就叫做思辨研究。

成人教育研究分为事实研究和价值研究，是以所研究的问题的内容和性质为标准区分出来的两种研究类型，其区别类似于思辨研究和实证研究。不同在于，价值研究与事实研究是注重从研究对象的性质角度来区分的，而思辨研究与实证研究的区分更多是从研究方式、方法角度进行的。成人教育的价值研究是以成人教育中的价值问题为研究对象的一类研究的总称，重视成人教育现象中的价值问题，如以文化论观点看待成人教育，分析成人教育在社会文化以及成人自身发展的人文价值；对成人师生关系的研究只重视学习者的主体性与教育主体性的复杂关系，研究的结论很大程度取决于研究主体的人生观、价值观和教育观或者研究主体所代表人群的人生观、价值观和教育观。成人教育的事实研究是对以成人教育中的客观事实问题为研究对象的一类研究的总称，如对成人学习者的态度、行为和学习效果的研究，对成人教育过程的规律性研究和对成人教育的政策成效、管理问题的研究等，强调研究问题的客观性，排除研究者主观倾向性对研究结论的影响，使成人教育研究的结论更具有真理性。

从成人教育研究成果带来的直接影响来看，可以分为理论研究与应用研究。成人教育理论研究也叫做基础性研究，是指能够直接为成人教育理论知识体系增添新的内容的研究；成人教育的理论问题，如成人教育学科体系建设，有关成人教育的基本概念、范畴和原理，成人教育过程的基础、机制、价值和原则，成人教育研究成果的评价与运用，技术现代化、全球化对成人教育观念的影响问题等。应用研究是用来解决某些特定实际成人教育问题或者为教育改革和发展提供直接有用知识的研究。成人教育实践问题包括成人学生的认识水平和特点、成人教师的业务要求和培养途径、成人师生关系的特殊性、成人教育资源的合理配置、成人教育和培训的课程与教学改革问题、成人学校文化发展问题、成人学校教育与家庭社区的关系、成人教育管理对教学质量的影响问题等。理论研究与应用研究的区分是以教育研究课题性质和价值指向不同为基础的。成人教育科学理论不是来自于纯粹的逻辑推理，而是来自于成人教育的实践过程。实践中的问题是成人教育学研究的开端，必须放弃简单演绎教育学概念的做法，更多地深入到哲学、史学、心理学、社会学、政治学、人类学、经济学、管理学乃至有关自然科学等广泛涉及成人世界研究的学术领域，以宽阔的学科视角去洞察、诠释鲜活的成人生活和学习问题，以多样的研究途径去探寻成人教育实践及其学科发展。

从成人教育问题的研究层次角度，成人教育研究可以分为宏观研究、中观研究和微观研究，整体的成人教育作为一种社会活动形态时，它的产生、存在和发展是与社会政治、经济及其他文化形态处于相互区别又相互联系的关系中。研究作为相对独立的社会现象的成人教育与其他社会现象之间关系问题的一类研究，统称作宏观研究，主要包括对成人教育发展的规模和速度、教育的层次结构或科类结构，以及教育内容适应政治经济调整变化等问题的研究。中观研究是对成人教育的不同体系、制度规范、活动层次、成人教育机构、服务项目的范围等问题的研究，可能涉及成人教育理论与实践的关系问题，如成人教育理论知识转化为教育实践的方案、技能、方法、手段与策略的问题，成人教育的管理、决策和评价问题等，需要有系统观点和有关条件因素的分析。而对成人教育的某方面和个别现象，成人教育的教学环节、学习活动内容方式、学校内部诸要素之间关系问题的研究属于成人教育的微观研究。无论宏观研究、中观研究，还是微观研究都要涉及教育与社会关系的问题，但是微观研究主要立足于教育过程或者教育现象内部问题的解决。

（二）成人教育研究的科学基础

教育问题包括教育理论问题和教育实践问题及其相互关系问题，而研究问题有重要性与价值性之别，甚至有真问题与假问题之分。成人教育问题是指成人学习与社会和教育系统、成人个体发展之间存在的复杂关系和矛盾状态。成人教育问题也有一般和普遍、局部性之分，有紧扣时代的热点现实问题，也有远离现实的基础理论问题；有宏观和中观层次问题，也有微观具体问题。成人教育研究选题的前提是考虑问题意识和学科视野，而具体研究程序的科学性则是成人教育研究取得成果的保障。

1. 成人教育研究的问题意识

问题意识就是能够发现问题，有专业的问题域和解决问题的意识。"问题意识是指主体在进行认识活动时，通过主体对认识对象的深刻洞察、怀疑、批判等多种方式，产生了认知冲突，经过深入思考后仍困惑不解时，出现了一种具有强烈的探索情境的真实问题或想做出发现式创新的一种心理状态。"[①] 也就是说，现实中和理论上存在的没有得到合理、充分解释的"问题"，构成了研究的出发点。缺乏"问题意识"，研究就可能变成一种游戏或自说自话的纯个人行为，丧失了研究价值和社会意义。问题意识需要不断在课题研究、对话和讨论中培植，贯穿于研究过程中，研究者有系统、有组织地探询问题（包括问题的"真"与"假"的反思）。

问题意识主要体现在研究过程的各环节之中，首先是发现问题。"科学和知识的增长永远始于问题，终于问题——越来越深化的问题，越来越能启发新问题的问题。"[②] 发现问题是起点。如何发现，其实对于一个研究者，这不是一件简单的事情。需要对进入研究领域的问题做学术史的研究、一系列的思考和追问，包括：你的研究问题是什么，如何想这个问题的，该问题在学术历史上有哪些研究，研究现状如何，今后有什么发展趋势，现有的研究有何不足，你的研究有何新意，如何研究这个问题，研究进程是如何安排的，有什么研究条件和困难，等等。其次是界定问题。所有的研究都是从界定问题开始的，就是说我们要给研究领域规定预限，即问题域，问题的内涵、外延是什么。再次是对问题进行综合。综合就是对所要研究问题的来龙去脉做出归纳整理，在学术史研究的基础上，对与成人教育问题有关的理论和观念进行分析归纳，确立问题研究的基本思路和分析框架，然后才能选择研究的方法和解答方案。

由于成人教育活动与其他社会活动存在一定的关系，成人教育研究需要联系社会的经济、政治、文化等问题，分析成人教育现象与社会因素的广泛联系，把成人教育置于社会大系统中，分析其与现代社会其他子系统之间相互依存、相互制约、相互促进的关系，避免基于成人教育某个领域与社会发展某个侧面相对应的"管窥研究"，才能寻找成人教育与社会协调发展的方法和途径。同时，成人教育是以成人为对象的教育活动，同样需要在正确认

---

① 姚本先. 论学生问题意识的培养 [J]. 教育研究，1995（10）.
② 波普尔. 科学知识进化论 [M]. 北京：三联书店，1987：184.

识成人的社会特性和职能的基础上，分析成人学习者和成人教育工作者的社会性、身心特征、群体结构，考察、追究其一定的成人教育影响的"作用"、"影响"、"价值"或"意义"等，避免研究因社会本位意识而脱离教育主体，只有这样才能通过个案分析和问题研究得出普遍性规律，揭示问题的解决方法和途径。因此，成人教育研究的问题意识非常重要，缺乏问题意识或问题意识淡薄，会导致成人教育研究流于形式而缺乏理论价值。

2. 成人教育的研究视角

所谓研究视角，就是研究者依据什么理论和立场对研究问题进行观察和分析。视角受主体立场和理论观点所影响，是观察、分析、研究社会现象、过程及其关系的特定的切入点。一个视角就是一种观察问题的聚焦点，一种看问题的角度，一种分析特定现象的有利位置。研究视角意味着研究者的观点和看问题的角度总是有所选择，包括从整体或部分、宏观或微观、结构或功能、形式或质料、风格和特色等。任何研究都不可能完全如实地、全面地反映社会现实，总是不可避免地受到观察者本人的立场、观点和兴趣等的影响。也没有哪个人的视点能够充分地说明任何一个社会现象的丰富性和复杂性，更不用说包罗万象的研究。其实视角就是"说角"，即是采用什么样的话语来讲话和说事。

经验是成人教育实践话语的一种归纳，蕴含着成人教育的实践智慧，但往往带有感性化和零散性的特点。在成人教育的研究文献中，经验总结占据了相当大的部分，以至于出现了成人教育理论研究经验化的倾向。选择研究视角在成人教育研究的选题上非常重要，不同的研究角度对所研究的同一社会现象、过程及其关系选择了不同的切入点和研究方法，研究视角也就使我们注意到了在特定学科、制度、话语以及实践与研究问题之间的联系。如果没有研究视角，成人教育研究的概念和命题可能会含义模糊、表述形式随意、论证不恰当和缺乏基本的逻辑规范；或停留于对一己狭隘经验的初次提炼，或堆砌政策性语言，或嫁接其他学科的理论术语，都是感性基础薄弱、理性水平极低的理论。我们把前者称为臆见，把后者称为庸论。

成人教育研究应该植根于实践的土壤，在问题领域中汲取养分，敏锐地抓住热点问题。由于成人教育对象的广泛性和社会性，教育目的的多样性，培养人才的多层次性和多规格性，管理体制、投资体制、办学机制的多元性，办学形式的机动灵活性，师生关系和教育资源开发分配的特殊性等，因此，面对成人教育研究课题，研究者需要确定恰当的研究视角，依据一定的理论以学科的形式揭示出成人教育领域的基本矛盾和基本规律，为解释实践提出一种理论的审视和导向。追求客观性、普遍性和必然性是成人教育科学的首要标准，在研究过程中清楚地意识到所要解决问题的理论依据和研究逻辑，应该采取多向度、多视角的研究，选择一定的理论观点和有效研究方法进行研究。

3. 成人教育研究的程序

成人教育研究作为一种科学研究过程，需要按照一般科学研究的程序进行，这里包括确立问题的研究假设、研究变量和命题、搜集研究资料和验证研究假设等。

研究假设是经过对研究对象进行初步了解后所提出的假设，与之相对应的是虚无假设。比如，研究者经过初步研究分析，认为某一总体内同意某事物与反对某事物的人数一定不相等，这就是研究假设；与此相反，虚无假设则认为同意的人数与反对的人数一定相等。研究假设是由研究人员提出的，但它不是凭空臆造的，而是由以往的实践经验得出的、由初步观察得出的、由理论文献得出的假设。在成人教育研究中的假设，常常来自于研究者的常识、个人预感或猜测、现有调查资料、现有理论。研究者的常识来自于对现实成人教育现象的经验总结，经常直接涉及了两种或多种不同现象之间的关系，当研究者能从中抽出具有一定理论意义的变量时，就可以形成研究的假设。研究者的预感或猜测也可能产生研究的假设，为认识新现象和解释新问题提供一种无形的参考框架，当研究者受到某些经验现象和感性认识的启示，也可以提出解释现象之间关系的假设。研究者掌握的调查资料和现有理论更经常地成为研究假设的重要来源，因为调查资料通常来自科学的和系统的经验研究，它所提供的信息比起常识和个人经历更为全面和系统。而理论知识的储备是成人教育研究比较可靠的研究假设的来源，前人对有关问题的研究形成的理论启发了后来者。

研究假设的特点：①研究假设必须是针对所要研究的问题而做出的尝试性的理论解答，它不同于一般的或普遍的理论解释。②研究假设必须能够由经验事实来检验。③研究假设必须与有效的观测技术相联系，如果不能准确地观察和衡量"生活方式"、"生活态度"的不同表现或不同程度，就无法证明或否定研究假设。

研究变量是根据假设，通过初步的调查分析或者操作性定义划分出来的有关因素，包括因变量和自变量。我们把所研究的概念称作"变量"，变量就是具有一个以上不同取值（不同的子范畴、不同的属性，或不同的亚概念）的概念；而那些只有一个固定不变的取值的概念，则叫做常量。是如何正确地将作为概念的具体变量转变为可操作的经验指标，如在成人的学习障碍调查研究中，自变量多为属性变量，比如性别、年龄、民族等；而因变量多为行为或态度变量。研究设计的变量包括教育培训机构障碍、工作单位障碍、家庭障碍、个体自身条件障碍等。

每个研究问题的表述都是按照假设两个变量的关系的命题，如同变量是概念的一种特殊形式一样，命题是假设的特殊形式，每个命题都是研究问题按照一定变量的关系表述的假设，体现在两个方面：一是命题中的基本元素里抽象的概念，而假设中的基本元素则是相对具体的变量；二是假设中的变量关系应是经验可测的，即可以通过经验的观察进行检验的。考虑的问题包括确定的变量是否清楚定义，是否可以操作。在量化研究中，作为概念的具体变量必须转换成可操作的经验指标，经验研究才可能开始进行，以概念的形式出现的理论假设才可能被经验检验。如命题"在职的成人学生比脱产的成人学生出勤率低"。说明了两类学生（自变量）、出勤率（因变量）的差别中相关研究的描述，研究两类学生社会性（自变量）与教育参与（因变量）的差别中相关的描述，通过调查分析来了解这一假设与现实情况之间的差异，从而完成对命题的验证。

研究逻辑作为研究思维活动的特征和研究过程中可能采用的手段的有效性的科学形式，在成人教育研究中占有非常重要的地位。它既不是研究中表现出的理论取向，也不是研究过程中具体使用的方法与技术，而是关于研究手段的可靠性、研究过程的科学性的证明。成人教育研究需要回答一系列问题：如何正确地检验理论假设；所提出问题是否要在特定情境下研究；研究问题是不是很开放，可以探索而不是验证假设；是否指出了对教育实践的意义；是否提出了进一步研究建议？如果成人教育研究的问题可以论证和研究，那么验证研究假设和命题的通常有归纳推理和演绎推理两种方式。归纳推理的过程是从特殊到一般，即从一组具体的观察结果推导出一般性的规律或法则。由于在现实中成人教育现象不可能进行完全的、穷尽的具体观察，因而，由归纳推理所得出的结论也容易遭驳斥，在这方面最为人们所熟知的例子是由卡尔·波普等人所引语的有关"白天鹅"的结论。与归纳推理的过程相反，演绎推理的过程是从一般到特殊，研究者从他所希望检验的一般性理论开始，然后通过现实的观察、收集资料，以检验这种一般性理论的过程。

（三）成人教育研究的课题

在成人教育研究中，选题是一个重要的环节。成人教育研究在很大程度上是针对成人教育的真问题进行探讨与研究，尽管成人教育发展困境和危机的出现还有其他诸多外部的因素。成人教育研究都应担负关键性责任，研究者既需要有探讨真问题的研究勇气，又必须具备一定的研究思路和能力。从应用的角度看成人教育研究，至少可以区分3种形式：基础研究、应用研究，以及介于二者之间的开发研究。开发研究是理论与实践沟通的重要桥梁，是在各种环境变量背景中对基础理论进行的一种应用设计和实践。开发研究的信度和效度，决定了这种"指导"的意义和价值。

1. 成人教育研究的选题取向

成人教育研究选题将能反映成人教育活动基本矛盾的问题归入研究范畴，成人教育问题的研究应该注重所研究问题的相互关系。因为问题间的互动可能正蕴含着尚未被发现的一般性规律和原理。了解成人教育问题的特殊性是开展成人教育研究的基本前提，在成人教育研究课题选择方面，除了选题的科学性、必要性、可行性、创新性等基本原则以外，还要有对于成人学习和教育的正确认识：首先是成人在社会中扮演着多重社会角色，由于生活和工作的需要，成人具有强烈的学习需要；其次是成人教育以什么样的方式来促进成人个体的生命健康和谐地发展，成人在学习、工作和生活三个领域怎样展开自己的生命和追求教育需求的满足；再次才是成人教育通过什么途径来促进社会的可持续发展，成人又是怎样在社会、人、教育的三重关系中生存与发展，从而不断实现自我的提升与完善的问题。围绕上述问题进行思考，可以产生一系列的研究选题。

（1）关注成人教育宏观研究和微观研究相结合的课题。在基础研究的选题上，成人教育的宏观发展方面，比如对于成人教育的地位作用、成人教育的政策与宏观管理、成人教育与其他教育的协调发展等问题研究，需要结合成人教育的实践运作中的具体环境和实际条件的分析，探讨影响宏观发展目标和管理的现实基础和可行性；结合对微观问题的研究，如基层的成人教育工作者应当发挥第一线的优势、成人教育机构如何实施和实现等问题，更多地关注成人教育诸环节中的理论问题和应用性课题，比如从成人学习动机形成的角度去探讨成人学习动机的培养与巩固问题、成人学习活动中的心理学问题等，充分体现成人教育研究的实践价值。

（2）重视成人教育理论与实践相结合的应用课题。在应用研究的选题上，对成人教育实践中涌现出的大量具体问题，需要研究者运用成人教育的有关理论去解决，为指导成人教育的改革和实践服务。而成人教育的应用研究比较欠缺，即使是成人教育基本理论的研究工作也存在着脱离成人教育实践或与成人教育实践相脱节的弊端。这主要有几个方面的原因：①多数专职理论研究人员未能直接深入成人教育第一线，对于实践中的经验和问题未能取得第一手资料，因而在选题方面产生了空洞的"纯理论现象"；②研究具体的应用性课题缺少时间、精力、条件等方面的投入；③在研究成果的评价方面也存在有意无意贬低应用性研究价值的现象，在研究人员的职称评定、论文评奖中存在着诸如此类的偏差；④基层办学单位的研究力量较为薄弱。应用研究的选题需要加强，首先是成人教育的宏观规划、决策的研究，如对成人教育决策有直接影响的实证性研究和政策性研究，把研究成果及时转化为可操作的方案、作用与成人教育改革实践；其次是针对成人教育机构和项目的改革与服务研究，如开展对成人学校机构的各种教育、教学改革的指导性研究，用科学的理论去指导和规范教育改革实践；再次是对成人教育方法的改革、成人学习者的教育问题、学习方法和机制等问题的研究。

（3）加强吸取国外同行研究成果和成人教育比较研究。成人教育研究者对国外成人教育的研究以及中外成人教育的比较研究的重视程度不够，全面地、系统地深入介绍国外成人教育经验的论文尤为鲜见。尤其基层的研究人员是在封闭或半封闭的状态下进行成人教育研究工作，在这种环境中研究出来的成果自然难以与国际成人教育理论研究接轨。改变这种研究状况可以在3个方面努力：①全面提高成人教育研究人员的外语水平；②建设国际成人教育的外文资料库和网络服务；③增加成人教育研究的对外交流活动，通过成人教育研究规范性和科学性评估，提高成人教育研究的学术水平。在全球化和信息化的条件下，特别受到国际终身教育普遍发展趋势的影响，成人教育研究的课题更加需要立足于我国成人教育发展实际情况开展比较研究，突出研究性和本土化，避免简单化、移植化和出现简单的"拿来主义"。

（4）开创运用交叉学科、新兴学科的新课题。目前，成人教育研究是以成人教育学为主干，涉及众多分支学科、交叉学科的局面。大多数成人教育研究的选题集中在成人教育活动的一般规律的表述与探究上，对于成人教育活动中深层次的规律以及社会的变革、经济的发展、人口的演化以及人力资源流动等因素对于成人教育的影响问题，则很少有人涉及。对于成人教育研究而言，迫切需要积极谋求与其他学科的对话，尤其是哲学、社会学、心理学和文化学等方面的最新成果，及时汲取其他学科前沿的思想和观点来透视成人教育发展，适时提出与探讨关乎成人教育发展与命运的前瞻性问题、实质性问题，不断提升自身的理论建构水平，促进自身理论的成熟与完善。

2. 我国成人教育研究的主要课题

成人教育研究课题是丰富多彩的,按照成人教育研究成果区分的3种主要形式,即基础研究、应用研究,以及介于二者之间的开发研究,涉及的选题主要包括成人教育的基本理论研究、成人学习与发展研究、成人特殊教学和方法的研究、成人教育方案的开发研究、成人教育的组织和管理研究、成人教育与社会变革的研究、成人教育的政策研究等方面。

(1) 成人教育的学科课题。学科课题是成人教育的学科建设有关问题的研究,涉及成人教育基本理论、理论学派、研究方法和学科分支等问题。成人教育基本理论是学科研究的核心课题,包括成人教育研究对象、任务及其与有关学科的关系,成人教育的性质、任务、功能、教育目的的问题,成人教育结构和体系问题,成人教育的特点和规律探索等问题。成人教育的概念作为寻求成人教育区别于其他教育的根本特性,需要把握、揭示成人教育的本质而非仅仅停留于表象的描述,特别是成人教育与继续教育的区别和联系对成人教育基础理论发展和深化至关重要。关于成人教育目的研究中,成人教育目的的现实取向与未来取向、个人取向与社会取向,以及成人教育目的的实现机制等问题还亟待研究。在成人教育功能研究中,对功能与作用、职能的区辨,成人教育各项功能的形成、释放与阻滞等问题尚需深入探讨。成人教育规律、成人教育制度作为成人教育学的重要研究构件,无论与其自身的价值还是与其他领域的研究相比都还相当匮乏,与成人教育实践的需求极不相称。更加重要的课题是成人教育的哲学研究、元科学研究,对成人教育有影响的理论流派和各种学说研究,如终身教育理论、觉悟化理论、成人转化学习理论等课题研究,可以厘清目前许多成人教育理论学派对成人教育基本问题的认识的误区,有利于成人教育理论的建构和运用。另外,成人教育的历史研究、成人教育发展历程和国际比较研究等方面的课题,促进了理论界把握当代国际成人教育的发展趋势和理论脉搏,是成人教育实践有效的指导。

(2) 成人教育与社会现象的宏观课题。成人教育的宏观研究探讨成人教育与社会的广泛联系,重点是把成人教育置于社会大系统中,分析其与现代社会其他子系统之间相互依存、相互制约、相互促进的关系,研究成人教育在整个国民教育体系中的地位和作用,需要阐明它区别于其他各类教育的特点和规律,寻找成人教育与社会协调发展的方法和途径,如成人教育服务、发展和变化的社会背景及成人教育适应社会需求的特点和规律,成人教育同社会其他活动的关系,成人教育的经济、政治、文化、社会问题研究等课题。例如，我国对成人教育功能的探讨，20世纪70年代对成人教育功能的认识只停留在成人教育是提高民族素质、培养又红又专人才的重要途径；20世纪80年代认识有所深化，认为成人教育能够直接有效地提高劳动者素质，提高劳动生产率，推动和促进经济和生产的发展；到了20世纪90年代，计划经济转向市场经济，引发多维度审视成人教育功能，强调成人教育不仅具有经济功能，还具有政治功能、文化功能、道德规范功能；进入21世纪，受到国际终身教育和学习社会理念的影响，开始探讨成人教育与学习社会、和谐社会和公民社会发展等的关系，提出了文化资本和社会资本功能。成人教育与社会生活和发展的普遍联系，产生大量的成人教育宏观研究新课题，如网络社会的成人学习方式改变、终身教育和学习体系的建设问题、成人教育服务的规范化和市场规律、成人教育公平、资源配置及其效益评价与监督等。成人教育的宏观课题还包括成人教育发展战略研究、比较成人教育研究、成人教育立法研究等专题。

（3）成人教育过程的微观课题。成人教育过程内部也存在大量的理论和实践问题，微观研究课题涉及成人学习者和成人教育工作者的理论和实践问题，微观研究的理论专题包括成人的德育论、教学论、课程论、成人学习理论、教师论、教育评价理论等。每个专题又包含一系列常规问题和新课题，对不同层次成人教育的性质、任务、过程、规律、特点、原则、组织形式和方法的研究，构成了成人全面发展教育的若干理论课题。成人教育微观研究的实践专题包括：扫盲教育问题、乡镇企业劳动者素质问题、工商企业岗位职务培训问题、成人学历教育问题、成人高等函授教育的发展和管理的研究、以电子信息技术为主要教学手段的远距离教育的研究、社会力量办学问题的研究以及妇女教育、老年教育的研究、成人学习者个人在不同情况下的具体要求等课题。微观研究需要对成人学员的社会性、身心特征、群体结构，以及教员和管理人员的个体特质和群体功能进行分析，尤其是对不同成人学习者的特征、学习策略、成人教育课程设计、教育模式与授课技能等方面的课题的分析，是成人教育实践过程急需解决的问题。如研究现代测量技术在自学考试中的应用、试题库的建设、测试过程、评卷的标准与程序以及毕业质量的评估等应用，如何提高成人教育考试的信度和效度；探讨成人教育课程体系建设，合理安排课程结构与成人学习、成人发展、项目开发、教学过程与教学手段等方面的关系。对成人教学的课程计划、教学原则、师生关系守则和学校规章等方面进行研究，可以对成人的教育和学习起到指导原则和条件保障作用，也是一定时期的成人教育理论和实务结合的课题。成人教育的微观研究不仅具有研究价值，而且具有现实意义。

(4) 成人教育管理的课题。在现代教育体系中，成人教育是一个多样化、开放性的教育体系，作为教育体系的有机组成部分，与基础教育、高等教育存在着补充、衔接和延伸的联系，与职业教育有交叉和整合。成人教育管理制度指国家为保证成人教育事业顺利进行而确定的有关机构设置、隶属关系和权限划分的制度。成人教育管理包括成人教育的行政管理和学校机构管理、机构设置、分工合作、督导与评估标准、责任追究等，也包括地方政府的成人教育管理属"块块管理"的课题，它和行业为主的"条条管理"体系共同构成了我国的成人教育行政管理网络，分别在成人教育的管理、办学、教学、学习等方面形成一定的标准形式。成人教育管理研究包括成人教育的教育体制，办学规范，机构管理程序、内容、方法等课题，涉及不同的行业主管部门举办和管理方面规范和要求等因素、不同行业的成人教育办学体系中存在的若干问题。如人力资源和社会保障部负责岗位培训、技术资格证书、再就业培训、职工大学、公务员培训、技术职称认定和事业单位的管理干部学院等管理问题；民政部管理社区文化教育、社会团体、群众团体、宗教教育等方面的问题；学位办公室负责学位教育、国际交流合作项目和专业继续教育等问题；科委及经贸委负责各级各类技术干部、工程师培训和继续教育、会计师、审计师、经济师的专业教育和资格证书以及本系统的职工继续教育和管理干部学院等管理问题。同时，各类成人教育的组织在办学、教学、学习等管理也有不同的研究课题，在探讨成人教育管理问题时需要与各类成人教育之间的体制、实践环节和特点等问题共同研究，这些研究能够促进我国成人教育制度和体系的改革和完善。

三、成人教育的研究方法

（一）成人教育研究的方法论基础

任何研究或研究者都是借鉴前人的理论、研究成果、研究方法来明确提出自己的研究问题以及在研究中可能运用的方法，审查、检验与修正已有的理论与研究结论，进而提出自己的研究发现或建构自己的理论，而方法论和方法则是获得研究结论的关键，也是最值得研究者关注的问题，许多研究的开题报告在这些方面存在不足。

1. 方法论的思考

所谓方法论是人们认识世界和改造世界的一般方式、方法的理论体系，是世界观在人们认识世界和改造世界的行为表现。社会学家韦伯认为："方法论是一种规范和厘清研究中探询程序的思维方式，是对在实践中得到的检验手段的反思。"① 叶澜认为："方法论以人类认识活动中不同层次的对象与方法的关系为研究对象，着重揭示已有方法体系的理论基础、核心构成与研究对象性质的矛盾，以构建解决这一矛盾的新理论基础与核心为直接任务。"② 方法论在整个研究的各层面上指导研究者进行研究和获取研究结论，也是揭示研究问题和提出研究建议的基础。研究者在决定采用某种研究方法之前，其实方法论范式早已存在于研究者的思维之中，也就是说，研究者所获得的方法论范式会决定研究方法的选择以及研究的具体实施。

　　方法论决定着任何科学研究的研究方法选择以及具体研究的实施不涉及具体现象。学科理论称为现象理论，而方法论是工具理论，具有不同的层次和结构。哲学方法论是关于对象和问题的高度普遍性、概念的高度抽象性和推理的思辨性研究的最高原则，决定着研究者的研究取向和思维方式，在最高层次上把握着科学研究的质量。一般方法论是构建或表达专门理论的一般方法，向研究者提供理论所需的最基本的理论框架，作为一项研究特定的理论视角和概念系统，是专门学科理论研究的出发点。专门方法论是学科理论向经验研究过渡的中介。操作的内容是经验事实，理论作为应用逻辑，可以给出被研究的现象中所包含的具体变量体系及变量间的联系。所有层次的方法论提供了科学研究的基本框架，即研究逻辑作为研究思维活动的特征和研究过程中可能采用手段和有效性的科学形式，有着方法论的逻辑功能，保证经验研究中所采用的程序和方法的合理性和可靠性。

　　教育研究方法论始终是教育研究的最基础和最前沿的问题，因为教育研究属于人文社会科学研究的一种，是以解决教育问题为最终目的的一类科学理性认识和理解、体验性探索的总称。教育研究方法论是在一定哲学观和教育观指导下对教育问题进行研究的基本原则或根本方法，它囊括了教育研究中的本体论、认识论和具体研究方法的理论。方法论制约着教育研究的具体方法的选择和运用，方法论不同，对同一教育问题研究所采用的方法和得到的结论也会有很大差异。

　　目前的教育研究方法论基本上有两种对立的研究倾向，即科学主义的定量研究和人文主义的定性研究。科学主义的定量研究主要包括观察、调查、测量、实验等方法，国外主要指"过程—结果"研究。人文主义的定性研

---

① 马克斯·韦伯. 社会科学方法论 [M]. 韩水法，等，译. 北京：中央编译出版社，1998：24.
② 叶澜. 教育研究方法论初探 [M]. 上海：上海教育出版社，1999：14.

究主要指历史文献研究、个案研究、课堂跟踪研究、教育哲学研究等，国外往往是教育的人类学研究、诠释学研究、教育民俗志研究等。比较而言，科学主义研究取向是一种实证的研究，以心理学为研究基础，进行单向因果联系的研究。人文主义研究取向是一种诠释与理解的研究，它以人类学、诠释学为指导，进行双向复杂情境的研究，注重对内在意义的探究。针对科学主义和人文主义两种研究方法论之间存在的对立互补关系，学术界提出了对二者进行整合研究的方法论观点。整合的方法论使我们清楚地意识到所要解决问题的理论依据和研究逻辑，应该采取多向度、多视角的研究，也就是结合各种理论观点和有效研究方法的研究，从主体立场和各种有利位置来研究问题，合理划定事实研究和价值研究、理论研究和应用研究的有效范围和层面，综合运用各种研究方法。

成人教育研究也属于教育的科学研究，学科性质的把握、学科基础的确立、学科构建的逻辑起点的界定、研究方法的选择与运用、各分支学科的研究等问题都需要教育研究方法论的指导，在此基础上才能构建一个逻辑严密、论证严谨、理论功底深厚的成人教育学科体系。简单移植普通教育的教育理论、教育观点来进行成人教育研究，容易导致"普教化"倾向。成人教育研究的确需要借鉴教育研究的成果，但借鉴不是移植，更不应该是简单挪用。成人教育研究应该重视方法论的指导，提高研究的科学性和成果的质量。

2. 成人教育的研究范式

"范式"（paradigm）的概念自1962年科学史学家库恩（T. S. Kuhn）提出来以后，已成为科学研究中一个十分重要的概念。范式是一个外来词。英文"paradigm"源于希腊语动词，有"并排展示"、"共同显示"之意，引申为模式、模型、范例、范型、典范、规范等意思，我国内地学者常把它译为"范式"，台湾学者多把它译为"典范"。按照库恩的论述，范式是由从事某种特定学科的科学家们在这一学科领域内所达到的共识及其基本观点，是一个学科的共同体在研究准则、概念体系等方面的某些共同约定，尤其是通过研究实践中的范例（examples），即"一组标准事例"来理解的共同约定。胡森（T. Husen）则认为："范式可以被看作是一种文化的人工制品，它反映了在特定时间内特定科学团体——全国性的或国际性的团体——的科学行为方面的占主导地位的观点。范式以一种范例的形式，决定了新一代科学家——只要他们不反对——的科学研究方法和程序。"[①] 什么是科学共同

---

① 瞿葆奎. 教育学文集·教育研究方法 [C]. 北京：人民教育出版社，1988：178.

体？库恩认为可以用经验方法来识别科学共同体，如考察其成员的受教育的情况、研究的目标、研究方法、使用的文献、关注的问题以及交流方面的情况等。科学共同体所遵循的共同范式，包括研究方法、理论传统、世界观、文化价值观念等在内的综合因素。

库恩在后来的《再论范式》一文中对他在《科学革命的结构》中使用的范式概念做了进一步的整理和解释，试图澄清人们对范式的误解。库恩指出："靠这个词本身又不足以澄清。其实，不管'范式'在这本书中有多少种用法，还是可以分成两个集合，各有名称，可分别讨论。'范式'的一种意义是综合的，包括一个科学集体共有的全部规定；另一种意义则是把其中特别重要的规定抽出来，成为前者的一个子集。"① 因此，从这个意义上说，范式是一种世界观，属于方法论层次的，包括3个方面的内容：一是共同的基本理论、观点和方法；二是共有的信念；三是某种自然观（包括形而上学假定）。范式的基本原则可以在本体论、认识论和方法论3个层面表现出来，分别回答的是事物存在的真实性问题、知者与被知者之间的关系问题，以及研究方法的理论体系问题。

20世纪70年代中期，一些学者开始借用"范式"来解释教育学理论的发展。如波普（J. A. Popp）在《教育研究中的范式》一文中，对教育学理论中的规定性与描述性两大范式进行了探讨。基于科学信念之上的学科范式与基于生活信念之上的学科范式既有密切的关联，又有重大的分别。立足于科学立场的学科范式主要关涉本质、规律、真理、体系、原则、模式、方法等范畴，它旨在探寻事物发展变化的规律性、共同性和抽象性，给人们展示一个简化、秩序、规则的世界。立足于生活立场的学科范式则主要关涉现象、领域、实践、专业、职业、技术、艺术等范畴，它旨在探寻事物发展变化的灵活性、个别性和具体性，给人们展示一个复杂、多元、差异的世界。事实上，两种范式的差别并非是绝对的，二者的统一是必然的。林肯认为：要理解教育研究的范式必须从本体论、认识论与方法论3个层次上进行。本体论旨在回答"知识的本质是什么"或"现实的本质是什么"的问题，认识论处理"认识者（研究者）与被认识（研究）的对象之间关系的本质"的问题，而方法论只是解决"认识者（研究者）应如何发现知识（解决问题）"的问题。理论范式主要指以概念、符号概括、模型、定律、规则等组成的理论体系或理论框架，它规定了研究成果的表述及核心术语，属于专业

---

① 库恩. 必要的张力 [M]. 纪树立，范岱年，罗慧生，等，译. 福州：福建人民出版社，1981：290.

领域特有的一套体系，而研究范式是学科共同体研究通用的操作性规范体系。

研究范式是包括研究方法、方法论、研究对象的设定及研究程序、实验手段、仪器使用等组成的操作性规范。研究范式与研究方法的区别在于：研究方法是指一些具体的研究工具、手段或技能、技巧以及它们的组合和运用过程，使用不同分类标准就可以有不同的研究方法；研究范式是具体研究方法的上位概念，体现研究方法与研究对象、研究目的的有机结合，同时又体现研究方法的特点。

成人教育研究是从一定的概念框架开始，常被称为范式，即一组观念、价值和规则，支配探究的行为、解释资料的方法及看待问题的方式。成人教育研究的发展与研究范式的变化有着不可分割的联系，主要有质的研究和量的研究两种研究范式。量的研究方法主要包括观察、调查、测量、实验等，质的研究方法主要指历史文献研究、个案研究、跟踪研究、哲学研究、人类学研究、诠释学研究、民俗志研究等。

如果"定性研究"与"定量研究"两种研究的对立容易导致不相容，那么很容易错误地认为"质的研究"与"量化研究"不相容。其实定性研究与质的研究是有区别的，定性研究是以确定研究对象全面情况和性质为直接目的的理性认识、理解、解释和体验的探索过程；相对于定性研究，质的研究不是空对空、思辨性的，也不是以从理论到理论的逻辑推理来建构知识的，而是以文字叙述为材料、以归纳法为论证步骤、以建构主义为前提的研究方法。质的研究是在自然情境下以研究者本人作为研究工具而进行的研究，是对实际所发生的事情的考察，没有价值预设和理论前提，随着研究的进行而不断地修正观点和结论；收集资料的方式一般不采用量表或其他的测量工具，而且是采用非结构式访谈、参与观察和实物分析等方法。因此，质的研究是自然的研究，有主观和客观、情感和理性的介入，不能用思辨研究代替。在质的研究中，研究者直接进入研究情境，孕育并提炼研究的问题，获得研究思路的灵感与顿悟，以文字或图片的形式收集资料对研究情境中的意义与关系进行描述、分析与解释，从而建构理论。就具体研究而言，质的研究采用何种方法收集并分析数据，采用何种理论解释、分析数据获得结论更为重要。对于量化研究而言，研究者首先根据文献或经验提出具体的问题或假设，然后采用科学的方法（以数字的形式收集资料，如实验法、问卷调查法、内容分析法、现成的统计等）来检验假设和已有的理论（包括证明与证伪）。

批判研究范式是以社会批判理论的主张为基础形成的人文社会科学研究

的理念、方式、方法体系。运用批判范式研究成人教育，是把研究的任务定位于对社会、文化、世界观等方面展开批判，主张以社会总体及其运行规律分析为成人教育问题，反对将研究对象局限于社会的个别方面、个别关系和局部领域。通过研究不断揭露社会教育的不公正和人类受苦受难的根源，并展示合理而公正的教育制度；主张研究者通过与被研究者的交往对话，唤醒他们的意识，以便认识到现存的教育不平等以及知识中的权力、利益关系，从而促进成人教育者与学习者的解放意识。

在成人教育的科学研究中，追求客观性、普遍性和必然性是首要的标准，由于成人教育是对人的发展的培养活动，研究从根本上来讲不可能主客二分、事实与价值彻底分离。因此，成人教育研究要解决的问题在理论依据和研究逻辑上，应该采取多维度、多视角的研究，结合各种理论观点和有效研究方法的研究，从主体立场和各种有利位置来研究成人教育问题，综合考虑各种影响因素和条件，系统全面分析不同的层次和机制，才能取得科学可靠的研究结论。

（二）成人教育研究的常用方法

成人教育科学研究必须以事实为依据，以科学的理论做指导，进行科学的分析、综合、归纳、判断，研究方法也不能主观臆造，随心所欲。只有掌握了科学的研究方法，才有可能取得一定的科研成果。在成人教育科学研究中经常采用的方法主要有历史研究法、调查研究法、比较研究法和行动研究法4种，其他具体方法还有如专题研究法、文献检索法、理论研究法、实验研究法等，研究者可根据自己的研究课题选择不同的研究方法。

1. 历史研究法

历史研究法是指研究者借助相关社会历史过程的史料，对课题有关因素进行分析、破译和整理，并且探讨有关问题的现在和未来的研究方法，其实质在于探求事物本身的发展过程和认识该事物的历史轨迹和本质特征。许多学科领域的问题都可以运用历史研究法，用历史研究法来研究成人教育，主要是研究国内外成人教育的历史，不同时期的成人教育形式、制度和方法以及成人教育思想等问题，并从中概括、归纳出一些具有规律性的知识，以启发、指导当前的成人教育发展，对未来的发展趋势作一定的预测。

成人教育的历史研究基本包括成人教育的制度史、思想史、实践史和人物史的研究，除此以外，在成人教育的理论和实践课题中，也存在需要历史分析的研究课题。但是，并非所有的成人教育问题都适合用历史研究法，在成人教育历史上不曾有过的问题或者历史资料极其匮乏的问题不宜采用历史研究法。历史研究法是成人教育研究的重要方法。成人教育实践和成人教育理论中都包含一定的历史因素和线索，成人教育实践涉及不同历史发展阶段的成人教育政策法规、制度演变、实施途径与措施，成人教育的发展过程中的教育变革、思想家的成人教育实践活动等。成人教育理论包括历代教育家和成人教育专家关于成人教育的思想、理论以及当时社会所形成的成人教育思潮和教育流派等。研究成人教育实践和成人教育理论发生、发展、演变过程的历史规律，能够发现一定历史时期的成人教育实践和成人教育理论，说明其与当时社会政治、经济、文化、科技等的关系，揭示一定历史时期成人教育发展的特点与模式。因此，研究成人教育的历史课题主要是研究成人教育的历史发展问题，既为成人教育研究积聚知识，也为当代成人教育的发展提供历史经验借鉴。

使用历史研究法研究成人教育的具体问题时，需要注意几个问题：①运用历史研究法的前提条件是分析研究课题的性质和任务。通过对研究问题的历史因素分析，根据课题性质和任务来明确所选问题是否适用历史研究法。②对历史资料进行搜集与整理是进行历史研究的基础。在具体课题的研究过程中，研究者应根据课题的要求，科学地搜集、筛选和鉴别真实的、有用的资料，并且围绕问题解决进行整理。历史资料包括人们对历史事件的发生及其过程的记述，或是与历史事件有关的实物或遗迹，可分为文字史料、实物史料和口传史料。③对历史资料的分析与研究是历史研究的核心工作。应该根据历史唯物主义观点对有关历史资料进行分析与研究，深入考察历史事件真实情况、演变的内在原因和条件，揭示有关成人教育问题的历史发展规律和特征，同时应该着眼于促进和服务现实成人教育问题的解决和发展，并且提出对现实或者未来的成人教育发展的启示与借鉴。④成人教育历史研究的策略在于把握充分的历史资料、探明事件和对象所代表的意义，大胆假设，小心求证，寻找启示和价值，体现历史研究法的真正意义和价值。

2. 调查研究法

调查研究法是研究者通过对当前存在的一定问题进行有目的、有计划的了解和观察，搜集研究对象的第一手材料并对之进行分析从而形成一定科学认识的研究方法。资料收集和分析是调查研究法的核心，而收集和分析的技术和策略则是表现形式，其科学性和规范性是影响研究结果的关键。从调查研究法的资料收集来说，包括有观察、测量、访谈和问卷等方面，一般包括3个环节：①确定调查对象的研究假设和分析指标，为资料收集提供指引，也为分析问题提供依据；②使用一定合适的手段去收集和寻找资料，从中发现和记录有关事物、现象及其因素之间的潜在关系，有利于解答问题的要素和观点；③对有关资料做进一步的加工处理，包括统计分析和赋予意义，从而获得和揭示研究对象的关系、意义、观点和结论。

调查研究法是成人教育领域的研究比较常用、容易操作、最能反映现实情况的一种方法。在一定的教育理论指导下，运用观察、问卷、访谈及测试等科学研究手段对成人教育问题和现象进行归类、总结、分析、概括，从而得出科学的认识并提出具体工作建议。对成人教育进行调查研究的意义在于揭示成人教育发展过程中存在的问题和矛盾，帮助成人教育工作者和研究者发现、总结并推广先进的成人教育思想和经验，并通过分析和解决这些矛盾，促进成人教育质量提高，预测未来的发展和趋势，为制定成人教育政策、法令、法规和规划提供决策依据。

对成人教育的问题和现状进行调查研究有几个重要步骤：①根据选题和实际条件，选定调查对象、调查类型和方式。②做好一切的调查准备，包括拟定观察、问卷、访谈提纲、测试题目，拟定可操作性、有效的调查计划，并对原计划进行试点、检验和修订完善。③按计划实施调查，搜集第一手材料。④对调查所得材料进行整理、分析，得出调查结论，写出调查报告，对所研究的问题做出解释和提出解决问题的意见或建议。

研究成人教育问题常用的调查法有几种：①问卷法是以书面提出问题的方式搜集资料、调查情况的一种研究方法。调研者将所需调查研究的问题编制成问卷，让被试者进行选择判断或简单回答问题而了解被试者的情况或观点。对成人教育政策、学制、教学计划、教材教法的态度、实施情况和效果方面研究可以运用问卷法。②访谈法是研究者以口头交谈的方式与被询问者进行研究性交谈，从谈话中搜集客观的、真实的想法和事实材料，用以研究和解决某些问题，如对不同类型的成人教育机构、管理人员教师、学员等有关问题的认识可以使用访谈法。③调查表法是研究者将要调查研究的问题按一定指标或项目分类编制成问题表，让被调查者根据自己的实际情况填表，以获得调查资料的研究方法。调查表法可用于大面积、对象多的成人教育问题，如某一类别的成人教育群体或某一地区的成人教育现状。④测验法是通过科学编制一组测试题，测定某种成人教育对象的实际情况和水平，从而搜集有关资料数据进行分析研究的方法。在成人教育科学研究中，测验法常常用于成人学习动机、能力、成绩和障碍的诊断，也用于评估教师教学效能、成人学生的价值判断和选拔人才、对成人教育未来发展的预测研究等。

3. 比较研究法

比较研究是研究者通过观察和分析不同事物和现象，在事物的相互关系的比较中寻找事物之间的差异性和规律性，以寻求解决问题的方法。比较研究是建立在科学分类的基础上，根据一定的分类规则、要素和层次，客观地对比不同事物之间的联系和特征，研究过程中保持研究者的"价值中立"立场，从而揭示事物之间的异同、优劣及其规律性。

成人教育比较研究是一种理论化研究过程，通过调查、考察、收集资料、整理分析资料、运用比较的研究方法，对不同的成人教育进行描述和分类，探究成人教育不同要素或方面以及成人教育与社会的关系和互动机制，揭示成人教育发展的制约因素和特征，力求得出结论以揭示成人教育普遍规律。成人教育科学研究中，许多问题都可以进行比较研究。比较的课题涉及国际和不同地区的成人教育制度、办学理念、教育模式、发展路径、课程体系、教学方式和特点等多方面内容。方式有同类比较、异类比较，也有纵向比较、横向比较，还可以进行定性分析比较和定量分析比较。有些课题同时需要综合运用多种比较方法，才能全面认识研究对象整体的差异性和规律性。

比较教育家贝雷戴提出比较教育的研究工作可分为描述、解释、并列和比较4个阶段。诺亚和埃克斯坦则认为，比较教育学的研究程序分为：确立假说、明确概念与提出指标、选择举例、收集和修正数据、处理数据和验证假说等。成人教育课题运用比较研究方法基本步骤如下：①明确研究的目的，选定比较主题。明确比较研究的目的和主题是比较研究的前提条件，这样才能限定比较的范围，确定比较的内容和层次，确保比较研究能够取得一定的成果。②尽可能多地占有相关资料。特别是在前人研究的基础上，收集隐蔽、零散或者未被关注的资料，从中得出有关比较的有用材料，以提高比较研究的独特价值。③整理、分析、研究资料，得出比较结论。坚持客观的科学态度，在全面、客观的基础上进行比较研究，通过一定的分析、论证和校对程序，提炼研究问题的结论和特色，保证比较研究的系统性和科学性。

在成人教育比较研究中，经常采用的方法有：①国家特性模式。认为不同国家的成人教育制度、形态等都具有各自国家的特性。从国家的整体特性出发，考察其成人教育，并客观地评价其优点与不足。②整体研究方法。认为成人教育比较研究应该把全世界各个国家和地区的不同制度及文化视为一个整体，透过各种成人教育的趋向与范围获得国际性的常模，并以此为基准对各个国家或地区的成人教育进行描述、分析、归结，对比各国、各派观点、方法的发展特点、取得的成效、现有水平、发展方向、需解决的问题等，以寻找各自的共同点与不同点，实现预期的研究目的。③功能方法。认为"功能"是研究一个社会特征的最好方式，对成人教育而言，制度、措施不同，其发挥的功能亦有差异。从功能上进行比较研究，可以增进人们对不同成人教育的了解。④问题中心方法。强调对成人教育的比较研究应先从某个或某几个特殊的问题入手，再逐步扩大到整个社会。这种从点到面，从具体到抽象的比较研究方法经常被应用，比较简便且富有成效。① ⑤理论平行论证方法。运用理论或假设，比较历史个案，解释历史个案的起因，同时证明理论或假设自身正确与否的程序。⑥背景对比方法。通过成人教育个案的对比，致力于阐明成人教育个案的独特之处，揭示这些独特之处怎样影响一般社会过程，目标是舍弃个案之间的共性，聚焦个案的独特性质。⑦宏观原因分析法。认为"比较"可以超越已有的理论构架，产生新的历史概括，使研究超出了收集不同的个案并分别加以解释的意义，成为一种创造性的智慧活动。

4. 行动研究法

行动研究作为社会科学领域的一种研究类型或策略，是以解决实际问题、改善社会行动为目的，通过计划、行动、观察、反思、计划的循环过程进行研究。行动研究在方法论上既受实证主义的影响，也受人本主义的影响。澳大利亚学者肯密斯将行动研究定义为："由社会情景的参与者，为提高对所从事的社会实践的理性认识，为加深对实践活动及其依赖的背景的理解而进行的反思研究。"行动研究课题来自实际工作者的需要，研究是在实际工作中进行，由实际工作者和研究人员共同参与完成，行动研究的主体是实际工作者，专家学者参与研究扮演的角色只是提供意见与咨询，研究成果为实际工作者理解、掌握和实施。

西方教育研究领域"行动研究"的兴起与"教师即研究者运动"及"教师职业专业化运动"紧密相关。教育行动研究是教育实践者通过自身的实践进行研究的形式，关注实地情境中发生的教育实践，研究者本身就是实践活动的参与者，研究的目的旨在提高行动的质量和增进行动效果的一种研究方法。在教育行动研究中，包含实践者自身采用的尝试和对这种尝试的反思，强调教师所承认的唯一理论是行动中的理论、对行动有指导意义的理论，采取另一种意识形态（合理的交流、公正而民主、获得有趣而满意的

---

① 李兴洲. 论成人教育的科学研究方法 [J]. 河北师范大学学报：教育科学版, 2001 (3).

生活），批判与它相悖的习俗的或正统的意识形态。因此，行动研究也被视为教育实践工作者的教学和工作方法，在成人教育科学研究领域中也有着广阔的运用前景。成人教育的行动研究应从研究者的实践活动开始，在实践中进行并以实践质量的提高与否作为检验研究成果的标准。

行动研究者强调从具体情境中概括出来的理论只有回到产生该情境的背景或回到具有类似于该情境的背景中才能显示其意义。行动研究的基本特点：①它是以提高行动质量，改进实际工作为"首要目标"的研究方法。②它强调研究与行动的结合，即强调研究过程与行动相结合的研究方法。③它要求行动者参与研究，研究者参与实践，在研究和工作中相互协作的研究方法。可以采用多种方法进行研究，既包括"质"的方法，如访谈法、观察法、个案研究、作品分析法等，也包括量化的方法，如问卷法、测量法、设置对照组的实验法等，而且经常是这两类方法结合使用。典型的行动研究具有研究课题产生的自然性、研究过程的行动性、研究主体和实际工作角色的一体性、研究者与研究结果受用者的统一性、研究人员间的合作性、研究目标的具体问题指向性、研究成果的非普适性、研究程序的反馈调整性8个方面的特征。

整个行动研究的过程是发现问题、表述问题、制订研究计划、实施行动、观察、反思、继续"行动"、效果评估和总结的循环研究过程。成人教育研究运用行动研究法的一般程序是：①确定成人教育中有待改善的问题。即如何开展有效教育，并提出可能遇到的问题及其解决办法。②分析问题的性质与成因，研拟改进行动的计划或方案，包括确定试验对象、试验周期、实施环境、教学资源的选取和确定研究的人员组成及其所扮演的角色。③根据实施方案实施第一次"行动"，进行成人教学实践的策略和改革措施。组织行动者和研究工作者一起，对行动过程和行动后师生的反应进行考察。④修正行动计划或方案。根据第一次行动发现的问题，提出改进和修正意见，设计第二次行动方案。⑤再行动并再观察。定期反省与检讨，持续观察、反省及检讨，对与制订计划、实施计划有关的各种成人教育现象加以归纳整理。⑥评估行动的成效。通过若干次循环，逐步发现和总结出优化教学的措施和步骤，归纳成效（问题改善与附加价值）并且撰写研究报告。

第五章　成人教育的理论和学派

　　成人教育理论是由一系列关于成人教育的概念、判断或推理所构成的知识体系。现代成人教育理论作为理论研究和实践活动对话、互动的平台，是成人教育研究成果积累的产物，是成人教育研究专门话语的表达空间，也是传播与交流成人教育研究成果的载体。哲学、社会学、心理学、教育学的研究和理论观点是成人教育的理论基础。成人教育的理论体系包括哲学理论、宏观理论和微观理论3部分。哲学理论对成人教育的本质属性、目的及其合理性进行论证；宏观理论是整体论述成人教育活动要素和关系的各种理论学说；而有关成人教学和成人学习的理论学说则是成人教育的微观理论。由于成人教育理论的基础知识与思想体系一直存在中西思想文化并行的情况，不同的理论流派和学术观点之间存在差异，成人教育基本观点的系统化水平不高，加上话语体系比较复杂，使理论在指导成人教育实践方面面临非常尴尬的困境。因此，建立现代成人教育理论需要思考与成人教育实践的关系，运用科学的研究方法，探讨现实的成人教育问题，从而提高成人教育理论的学术水平。

一、成人教育理论的基础

　　任何一种理论都是人们在社会实践中总结经验形成观点，再经历系统化和实践的检验而逐步建立起来的。成人教育理论"应该"是什么？成人教育理论的基础是什么？这似乎是困扰成人教育研究者的问题。回答这些问题，我们认为首先需要明确成人教育理论的概念内涵和特征，其次是在与有关教育理论联系和比较的基础上，认识成人教育理论的学术基础。

（一）成人教育理论的概念

1. 理论的含义

　　理论意指在某一活动领域中联系实际推演出来的概念或原理。《说文解字》指出："理，治玉也，顺玉之文而剖析之。"引申为纹理、条理，即治理得很好。"论"的本义是评论或研究，也可以是主张、学说。《现代汉语词典》认为理论是人们由实践概括出来的关于自然界和社会知识的结论。英文"theory"有理论、学说、原理、意见和推测等意思。《牛津英汉词典》对理论的解释是：指导行为、帮助理解或判断的信条（A belief that guides action or assists comprehension or judgment）。有人认为理论在现实中有两种不同的存在形态：一种为群体所共有的普遍形态，它脱离于产生理论的主体，以文字、各种符号形式存在；一种为个人或部分特殊群体所拥有的局部形态，其中包括个体因学习而内化的个人理论，还包括言说和一定范围内的共同经验。也有人认为理论存在原理论（未定型状态）、理论（有一定系统）、元理论（关于理论本身）3种形态。因此，理论在不同的场合、背景、学科中具有不同的内涵，由此引出对教育理论基本面貌的不同判定。

理论是一套命题系统，基本概念和基本命题是理论的核心成分，也就是说，理论最基本的构件是概念和命题。概念是物质现象和过程本质属性的反映。一个合格理论的首要条件就是必须要有科学的概念，而科学的概念则必须内涵、外延明确，所下定义能符合其指称对象的本质属性。命题从形式上讲是一个具有真假值的判断句，从内容上讲是对物质现象和过程本质属性的判断。一个合格理论的命题必须形式规范、意义明确，也就是说，它必须是判断句，并且要么具有真值要么具有假值，不允许模棱两可的模糊判断存在。理论性认识是指一种认识的结果，它是理性思考的产物，以概括、抽象判断（程度可以不一）为其共同特征，而概括抽象的层次与类型的差异则构成其内部的层级与类型。

理论一般有两种基本指向：一是解释或预测，即对人们面对的事实进行理性解释和发展趋势的预测；二是规定或建议，即告诉人们应该做什么和怎么做。与这两种指向相对应，可以将理论分成解释理论和应用理论。解释理论告诉人们世界是什么，具有指导人们认识现实问题及其本质属性的功能。应用理论则告诉人们应该做什么和怎么做，其主要功能在于指导实践。

2. 教育理论的发展

教育理论泛指人们有关教育的理论性认识，表现为以命题系统呈现的、有关教育现象的理性认识成果。英国学者奥康纳（D. Oconnor）曾经断言："'理论'一词在教育方面的使用一般是一个尊称。"[①] 实际上，这包含两个复杂的科学哲学问题：一是什么叫理论，二是"标准理论"应该具有怎样的形态和特质。需要指出的是，一门学科的健全发展依赖于该学科的科学共

---

① 瞿葆奎. 教育学文集·教育与教育学 [C]. 北京：人民教育出版社，1993：484.

同体协调一致的努力，而科学共同体要达到协调一致，首要条件就是必须形成学科的"公约性语言"。公约性语言就是概念、命题和严格的形式化规则。教育理论是教育研究在科学阵营中获得安身立命之所，对现实教育问题不断地进行探索和争论，并通过概括提炼和系统化而创造出的新的理论观点和体系。

从理论的形成途径来看，教育的标准理论可以通过对杰出思想进行学术处理、分析臆见和庸论、直接开发原创型学说来建立。对杰出思想进行学术处理，通过理论重建使之转换为标准理论，如"邓小平教育理论"；从臆见和庸论开始，通过长期争论和努力论证，逐渐发展成为标准理论，如"素质教育"理论的生成；由杰出思想家直接开发出的原创型学说，逐渐完善形成标准理论，如杜威进步主义教育理论的提出。

关于教育理论的发展，我们可以参考"公认观点——主观理论观——语义学理论观"这样一个比较清晰的发展脉络来认识。逻辑实证主义认为，理论是一种由对应规则赋予部分解释的公理结构的"公认观点"[①]，划分为基本术语和抽象术语。卡尔纳普认为理论建立了一个标准的语言表述模式。历史主义的主观理论观认为，理论是基本理论元素和多种理论网络的组合，是一个由特定的科学世界观来确定其意义的陈述的集合。库恩认为理论的形成同"范式"密不可分。在语义学看来，理论是用以表征经验现象的一组模型或一个概念结构，可以形成各种有特定运用范围的经验断言。萨普认为理论的形成包括无需怀疑的资料（也叫"硬资料"）、简化了的现象（"物理系统"）和刻画理论的生成过程3部分。[②]

根据逻辑实证主义的"公认观点"，教育理论是一组关于教育观念的、相互联系的命题。教育命题又可以分为两类：一类是陈述教育理论特有的观念，即理论的"假说"；一类是陈述上述观念与某些其他异质观念间的关系，也就是关于教育理论的"词典"。就理论本身而言，其核心所在是假说。例如就素质教育理论而言，从概念的提出到理论格局的基本成型就是由臆见和庸论出发，通过学术争鸣和实践探索，逐渐修正、成熟起来而成为解释教育现实的基本观点。从历史主义的主观理论观出发，教育理论是基本理论元素和多种理论网络的组合。基本理论元素是理论的本体，而理论网络指基本理论元素与其他理论元素的关系，是基本理论元素的特殊化，每一个网络相当于基本理论元素在特定范围里的经验判断。教育理论就是一个由特定

---

① 卡尔纳普，等. 科学哲学和科学方法论［M］. 北京：华夏出版社，1990：261.
② 金顺明. 论教育理论［J］. 教育理论与实践，2001（3）.

的科学世界观来确定教育意义的陈述的集合。如主体性教育理论是从教育活动的主体来阐明教育的人文性和活动的相互关系。

主观理论观具有启发性和原创力，但由于理论只局限于主客体之间，忽视了主体之间的特殊性，容易使教育观点倾向唯心主义。而语义学的理论观一方面继承"公认观点"的形式化思想，反对"公认观点"片面的语法分析；另一方面又批判地认同主观理论观形而上学的立场，是对"公认观点"和主观理论观的辩证发展。语义学认为一个理论的任何模型都可以用这一谓词进行集合论描述，教育理论就是由教育概念展开的结构（即理论元素的集合），可以形成各种有特定运用范围的教育经验断言。如启发性教育理论，既是一种教育指导思想，亦可以描述为一种教育原则或一种教育方法。语义学企图避开繁琐的逻辑规则，根据学者自身的需要和知识、经验基础对某一概念和原则进行界说，解释同一概念或术语在不同语境中的意义。

20世纪80年代以来，教育学者们不满教育学模糊的命题、混乱的定义，指责现有的教育理论没有深入研究教育实践，缺乏对教育活动规律的深刻揭示，于是出现了教育的元理论探讨，希望澄清、重新建构教育理论，力图走出教育理论的迷惘。尽管教育理论同时存在不同的理论发展形态，从不同的理论观可以认识教育理论的特色。但是，现代教育理论的发展更加依赖于教育研究的贡献。这就要求我们的教育研究者一方面要多层次、以更接近实践及实践主体实际的姿态，在教育研究中取得基本的理性认识；另一方面也要立足于实践主体理论素养的提高，在批判和反思中进行创新、传播，以保证理论能真正被实践主体掌握。

3. 成人教育理论

成人教育理论是由一系列关于成人教育的概念、判断或推理所构成的知识体系。在成人教育发展初期，成人教育研究活动是零散而不系统的，只有极少数社会科学工作者从事此项研究，大多数直接与成人教育有关的重要研究一直是由诸如心理学、社会学等学科的社会科学工作者完成。

20世纪50年代以来，成人教育理论研究有了很大进展，不仅体现为成人教育学总体框架的建构（如诺尔斯于1970年出版《现代成人教育实践：成人教育学和儿童教育学的对照》一书），而且成人教育学的理论分支也得到了不同程度的发展。成人教育理论在基本原理方面包括对成人教育的概念、性质和特征、任务目标、功能、结构体系以及基本制度等问题的研究；关于成人学习者和成人教育工作者的理论包括对学员的社会性、身心特征、群体结构以及教员和管理人员的个体特质和群体功能的分析；关于成人全面发展的理论包括对教育的性质、任务、过程、规律、特点、原则、组织形式和方法的研究，如成人的德育论、教学论等；关于成人教育科学管理的理论包括对宏观成人教育管理和微观成人教育机构管理的理论观点。

由于世界经济社会发展对成人教育提出了更高的要求，成人教育实践领域不断扩展，成人教育的研究范畴也在不断地扩大和深入，扫除文盲、职业技术培训、管理教育和继续工程教育等科学研究也都有了重大发展。成人教育理论研究进入了一个蓬勃发展的时期。成人教育理论发展出许多相对明确的思想体系和流派，也有专门的教学理论、学习理论和社会功能理论等。但是，由于成人教育理论的研究和整理比较落后，长期以来，成人教育实践在不确定、不稳定的理论更迭中无所适从或者盲从的局面已经持续得太久，为此我们已经付出了过多的代价。

20世纪90年代后，成人教育理论与教育理论的发展一样，在对成人教育理论观点进行批判和综合的基础上发展起来。批判成为成人教育理论成长过程中一个重要的工具。对成人教育理论的理论前提、概念术语、命题所做的批判反思分别从4个层面依次展开：一是对成人教育有关概念、术语、命题的规范性进行批判反思，追究概念、术语、命题等"是什么"与"不是什么"。二是对成人教育理论观点合规则性的批判反思，在确定"是什么"的基础上，进一步考察判定它们是否合乎逻辑等方面的规则。三是对成人教育理论前提的真实性、可行性或合理性进行批判反思，考察分析它在实践上的真实程度如何，在什么情况下才会真的这样，有关原则、判断的条件和根据是否可行。四是对成人教育理论有效性的批判反思，就是考察、追究其作用、影响、价值或意义，分析其预期效果、潜在意义，质询如果这种思想观念成立且可行，意味着什么，会引起什么后果，产生什么连锁反应。综合也是成人教育理论形成的主要方式，理论的综合要求成人教育理论工作者对教育要有深刻的体验和认识，注意从其他学科中吸取营养，并且在此基础上进行整合，做到学科领域间的融会贯通。成人教育理论来源于实践，其最终目的是指导实践。成人教育理论工作者就是在这种双向过程中不断总结实践经验、不断吸收相关学科的优秀研究成果，努力构建为实践服务的科学理论体系。

（二）成人教育理论的基础

成人教育理论以哲学、社会学、心理学、教育学等学科理论为基础，其研究在向诸多相关学科开放的过程中，继承传统教育科学的精华，借鉴相关学科和国外本学科研究的成果，从现代学科中吸收营养，以进一步完善成人教育理论的结构体系。如今，成人教育理论既适应时代和社会发展提出的要求，更新观念和研究方式，开拓广阔的研究领域；又探讨新问题和寻找新解答，或对已有的体系、框架、理论和观点进行重新思考和评价，逐步走出了普通教育理论的束缚，形成了具有成人教育本质特色的理论体系。

1. 成人教育理论的哲学基础

成人教育理论研究，首先是成人教育哲学的研究。美国成人教育学家阿普斯说："一种成熟的工作哲学可以为成人教育工作者提供一种方法，以解决何谓实在，何谓人的本性，何谓教育等这些古老的和基本的问题。"[①] 教育哲学家首先关心的是教育过程的普遍原理，其次是理论与实践之间的重要关系。此外，成人教育的概念、性质、目的及特点等问题，激发了成人教育哲学家的兴趣，引导其解决困扰理论和实践发展的一系列问题。如英国成人教育基金会秘书长哈奇森（E. Hutchison）在联合国教科文组织第一次国际成人教育大会（埃尔西诺，1949）上指出："成人教育，是指成年人（18岁以上）所志愿进行的教育形式，其目的是促进个体心智发展与能力的提升，而非直接为了满足教育的职业价值与需要，在社会、国家和世界公民教育框架内培育人们的道德和社会责任。"[②] 成人的需要与兴趣、成人教育的方法与内容、成人发展的概念与意义、课程与目的、教学过程与学习过程，以及教育的社会变革作用等均是成人教育领域内主要的哲学问题。成人教育的哲学研究为理论的持续性发展奠定了基础。我们归纳出6大成人教育哲学思潮，它们是古典人文主义思潮、进步主义思潮、行为主义思潮、现代人文主义思潮、激进主义思潮和分析哲学思潮。

人文主义成人教育哲学是起源于古希腊且持续时间最长的一种成人教育哲学传统（博雅成人教育）。它强调人类文化遗产特别是人文学科的价值，认为人们通过学习人文学科，可以有效地发展自身的理性力量。一些成人教育家认为，人文教育扩大了成人所能够适应的经验范围，其主要功能是向成人讲授自由的价值和培养成人运用这种价值的能力。人文教育还能提高成人参与社会公共事务的能力，通过充分利用闲暇时间，使成人形成一个完美的自我概念等。

---

① 达肯沃尔德，梅里安. 成人教育——实践的基础［M］. 刘宪之，等，译. 北京：教育科学出版社，1986：47.
② A. S. M. Hely. *New Trends in Adult Education: from Elsinore to Montreal*［M］. Paris: Imprimerie Union, 1962: 11.

行为主义是一种以心理学观点表达其哲学性的思潮。行为主义强调人是各种外界推动力量的客体，教育的职责是控制人的行为，分析人类所受控制的形式，确定他们所需要的行为模式，然后塑造能够遵循这些模式的人。成人学习意味着行为的变化，因此特别强调行为目标，即学习者在单元教学结束后应当具备的可以精确测量的行为。强调学习结果而不是学习过程，因而预先明确并约定教学效果，注重根据绩效标准来评估学习者的学习成果。如马杰提出的行为目标（behavioral objectives）理论在成人教育领域，尤其在成人扫盲和职业培训中得到广泛应用。行为主义在其研究活动中强调使用严格的科学方法、精确的语言和量化数据，将学习情境比作医疗情境，追求表面行为的变化，也就是将人的行为比作通过药物或其他手段来控制的病情一样；推崇程序教学、计算机教学、计算机辅助教学、上机学习、学习契约和个体教学等，并将条件反射、奖赏、强化、反馈等行为主义理念渗透其中。强调学习者可以得到即时反馈与强化，也可以自定学习步骤，按照自己的学习水平循序渐进，教师的职责是设置情境，诱发教育目标所规定的行为和制止有悖于教育目标实现的行为。行为主义成人教育家还发明了一种系统化方法，力图使成人教育从规划、设计、教学活动的实施直至课程的管理各个环节都能够确保整个方案的有效实施。这实际上对解决成人教育理论与实践的关系进行了有益的尝试。

人本主义教育家认为，人的学习动机主要是内源性的，因此求助于外在的人为竞争来推动真正的学习是不现实的。诺尔斯秉承人文主义理念提出成人教育4项基本假设：①成人有很强的自主性，据此他们可以自我诊断需求，自我评价学习效果，在学习中树立协作精神；②成人拥有的丰富经验应该成为学习的重要资源，因此成人教育应鼓励学习者的积极参与；③和④假设成人的学习准备与其生命阶段的发展任务有关以及成人学习强调即时应用，显然，这两项假设均强调成人学习应注重成人的实际需要。诺尔斯倡导的帮助成人学习的技术，即"大人教育"的基本含义是：成人是成熟的，成人的人格是独立的，成人积累了大量的经验，学习倾向从以知识为中心转向以操作为中心。人本主义重视成人教育方法的研究，认为对成人的需要和兴趣应给予充分的关注。对习惯于课堂、教师、课程为中心的儿童式成人教育应转变其教育观念，采取适合于成人需要和特点的教育组织形式和方法，使成人教育成为真正意义上的"大人的教育"。

激进主义成人教育更多以社会学的角度，从教育与社会的关系来阐述他们的成人教育主张，关注的是成人教育领域中存在的扼杀人的自由和个性、教育商业化倾向、教育压迫等所谓的"另一种异化形式"，以及成人教育无视个人需要和兴趣、机械高压灌输的教育方法等问题。如奥里格反对强制成人教育与成人教育领域专业化和学校化，在成人教育的具体实践上，提出了3种可供选择的教育形式：一是通过某些机构开设成人教育课程，目的在于缓和及抵制现有经济体制和官僚制度对成人教育工作者的压抑；二是达到或接近其边缘的成人教育课程，通过个人和小组接触，培养人们对政治、经济压迫的觉醒意识；三是从文化入手，通过小组或团体中成员的共同参与和学习，为未来的社会播下种子。① 又如弗莱雷批评传统教育等于"堆积教育"，学习者接受并贮存精神沉积物，知识被看成是教师赋予学习者的礼物。他认为这种教育触犯了学习者的人身自由和自主，是一种暴力形式，在强加给学生事实、现实和价值的过程中埋没了学生的意识。为取代传统堆积式的教育方法，弗莱雷倡导对话和提问式的教育方法。激进主义为成人教育理论的价值取向和实践路线带来新的启示。

2. 成人教育理论的心理学基础

现代心理学理论的发展，直接为成人教育科研奠定了理论基础，促进了成人教育理论的发展。1928年，桑代克在《成人的学习》一书中对成人学习能力进行实验研究，提出成人学习能力随年龄增长的变化曲线，证明学习之能量永不停止，他的重要研究结论是：年龄不是影响学习的主要因素；智力对与年龄有关的学习能力曲线的影响甚微，能力最强的人与普通人所表示出的曲线大致相似。该研究是成人学习研究新领域开辟的重要标志，也是成人学习实证研究的代表作、成人教育理论研究与学科建设的奠基石。欧文·洛奇在20世纪30年代中期对成人学习能力与学习速度的研究，延续了成人学习的心理学研究。

学习理论是一门研究学习心理规律和原理的学问，它揭示人类如何获得比较持久的行为和变化经验，分析影响学习的各种因素及其相互关系。成人教育应在学习理论的指导下，研究成人的学习规律、学习心理、行为经验和影响学习的因素关系。学习理论在指导成人教育的教学工作、网络建设，编制各种教学资源，促进学习者的学习活动，提高学习效果，进行教学信息的相互交流等方面，都具有重要的现实意义。虽然学习理论种类很多，不可能用一种万能的学习理论去指导所有的教学活动，但行为主义学习理论、认知主义学习理论和人本主义学习理论对指导开展成人教育产生着重要的作用。

---

① 李秉干，徐学榘. 比较成人教育理论［M］. 哈尔滨：黑龙江教育出版社，1992：27.

20世纪50年代，伯尼斯·诺加顿和罗伯特·哈维格斯特以及其他的几位心理学家开展了成人社会心理学的开拓性研究工作。他们认为成年期是一个变化的、波动的时期，成人的学习准备和倾向在很大程度上取决于与社会职责和社会作用直接相关的问题和任务。心理学家马斯洛（Maslow）于1954年发表《动机与人格》一书，提出了以需要层次为基础的人类动机理论。他认为学习是人的最高层次需要，学习就是为了自我实现，自我实现只有在成年方有可能。加拿大成人教育家罗比·基德（R. Kidd）在1959年发表《成人如何学习》，认为成人基于社会责任，其具体的学习行动必然富有鲜明的职业性、实用性。美国著名成人教育学者霍尔在20世纪60年代初率先研究成人的学习动机，提出有关成人学习动机倾向的定向理论，即成人学习以目标为导向、以活动为导向、以学习为导向。这项开创性研究对成人参与学习和学习动机的研究产生了重大影响。随后阿尔曼（P. Allman）为英国开放大学编写专论《成人：发展的性质和过程》，对成人发展与学习的关系做了深入阐述。霍尔还于1984年出版专著《学习模式》，深入讨论了自学问题，并提出成人自学的连续模式理论。

新行为主义心理学家斯金纳（B. Skinner）强调内容塑造、强化和消退，对学习理论研究有积极意义。斯金纳的追随者通过大量研究揭示了人类学习的规律，设计出程序教学的方案。随着计算机技术的迅速发展，程序教学因成为计算机辅助教学的理论基础而备受重视。库伯的学习方式量表（Kob, 1976）是以经验性学习原理为基础而发展的一项简明的自我描述测验，旨在帮助评定个人偏爱的学习方式，最先用于管理人员的培训，后来在教育界广泛应用。库伯认为，学习方式因人而异，成年人在学习时会惯用或爱用自己感到有效而舒适的学习方式，而这种能达到最有效的学习且为学习者最喜爱的学习方法就是他个人的学习方式。他提出了与学习方式有关的4种学习活动：具体经验、反映观察、抽象概念、主动验证，也就是感觉、观看、思维、行动4种智力因素。

人本主义学习理论认为，学习是人自我实现的需要，也是健全人格的过程。现代心理学研究表明，直接引发和推动个体活动达到一定目的的内部动因和动力就是动机，其外在的表现就是学习积极性。学习动机是直接推动个体学习的内部动力，学习积极性是学习成绩出现差别的最重要原因。就成人学习的"动机—行为—效果"而言，不同的学习需要会产生不同的学习动机，导致成人不同的学习心理和学习行为，最终会导致不同的学习效果。成人的学习动机具有多元性。诺尔斯则将这种理念移植到其成人教育理论中，他认为："学习过程卷入了人的全部，包括感情、心理与智能。成人教育工作者的任务是帮助成人挖掘他们的全部潜力,使他们成为自我实现的人、成熟的人。"① 随着人们学习意识的普遍化和学习行为的社会化,20 世纪 70 年代初兴起于美国的合作学习,因其在改善课堂内的社会心理气氛、大面积提高学生的学业成绩、促进学生形成良好认知品质等方面实效显著,很快引起了世界各国的关注,并在 20 世纪 80 年代中期取得实质性进展,成为一种富有创意和实效性的学习理论与策略,跻身于当代主流学习理论与策略之一,被人们誉为"近十几年来最重要和最成功的教学改革"。②

20 世纪 70 年代中期,苏联学者相继出版了《成人生理心理机能的发展》、《关于现代人学习的问题》、《成人学习心理学》等专著,充实了成人学习理论。维果斯基(Vygotsky,1978)提出了"最近发展区"的概念,即"实际发展水平与潜在发展水平之间的差距,实际发展水平取决于独立的问题解决,而潜在发展水平取决于在成人指导下或与能力更高的同伴合作进行的问题解决"。因此,心理学研究是成人教育理论建立的重要基础,为终身教育体系中的成人教育提供了直接的理论武器。

3. 成人教育理论的社会学基础

成人教育与社会以及人的各种存在范畴有着极其广泛而紧密的联系,有关成人学习者的生存状态、身心特点、学习需求、自我意愿、人格完满等是成人教育理论学者较早就认识到的问题。随着 20 世纪 60 年代经济学领域内人力资本理论的兴起,社会对根据现代社会经济发展的需要培养造就一支人才结构合理的劳动力队伍,最大限度地通过教育培训开发人力资源有了新的认识,成人教育的经济效益和社会价值也日益凸显,社会学视角的成人教育理论也开始形成。20 世纪 70 年代,对成人教育功能的认识,只笼统地停留在成人教育能够提高国家经济实力和民族素质上。美国成人教育学者奥立格(J. Ohliger)在 1974 年成人教育会议中强调成人教育专业化的意义与价值。他认为从社会学的观点来看,知识增加是终身学习所获的结果,且成人亦应通过教育而扩展自己与外界的互动,当然,在此过程中,成人应该认清自己学习的角色,承受一些压迫,使自己成长而提升社会经济地位。汤普森的论文集(1980)是从社会学角度分析成人教育的首批尝试之一,但是由于种种原因,英国的成人教育工作者对它没有表现出巨大热情。麦卡洛(1980)

---

① 伊里亚斯,梅里安. 成人教育的哲学基础 [M]. 高志敏,译. 北京:职工教育出版社,1990:167-168.

② 宋洁,李盛聪. 试论成人学习模式 [J]. 中国成人教育,2004(12).

对这个问题做了很好的总结:"把成人教育从其周围的社会环境中抽出来,或者至少把成人教育同其社会环境区分开来,是十分困难的。"成人教育的丰富多样性使从社会学角度对其进行研究变得困难。

美国成人教育学者伦敦(J. London)曾指出社会学有助于成人教育发展的3个方面:①在成人教育成为一个专业领域的过程中,可从社会学如何发展成为一门学科的过程中获得宝贵经验;②现有的社会知识可应用于成人教育情境中,成为解决成人教育问题的重要资料;③社会学家可提供成人教育的咨询意见。就宏观层面而言,如社会结构的设计问题、社会资源的合理分配问题、社会组织间的统整等问题,皆对成人教育有影响,可借助社会学的观点与方法来协助解决;就微观层面而言,如成人班级问题、外在环境对成人教育的看法、成人学生角色之间的冲突等问题,也可以从社会学中寻找启发。

英国成人教育家贾维斯在1982年出版《成人教育和继续教育社会学》,认为尽管成人教育社会学已有很长的历史,但其形态却和普通教育的社会学研究存在不同。贾维斯认为有两种社会学,即研究社会制度的社会学和研究社会行动的社会学。在改革和控制这两个根本问题上,两种社会学持截然不同的观点,处处针锋相对。在人性、社会以及社会和个人的关系等问题上,它们的观点也是对立的。第一种理论认为,为了社会和个人的幸福,绝对需要有外部的约束,因此从本体论和方法论的角度,主张把社会制度置于其成员之前。第二种理论认为,人是独立自主的,只有摆脱外界的约束,才能充分发挥其潜能,建立起真正符合人性的社会秩序。[①] 因此,社会是其成员的创造,是他们设想的那种意义的产物,是他们为把那种意义加于历史态势之上而采取行动和建立人际关系的产物。

蒙特利尔第二次国际成人教育会议的主题是"变化世界中的成人教育",会议认定成人教育超越了传统教育与职业教育的概念,不能作为传统教育、职业教育的附属或补充,它有助于成人在现代社会中履行各种职责,在提高科学文化水平和专业知识技能上可起促进作用,从而成为各国教育体制中的重要组成部分。联合国教科文组织发展委员会的报告《学会生存——教育世界的今天和明天》认为,学习社会可理解为一个教育与社会、政治、经济组织(包括家庭单位和公民生活)密切交织的过程。在该社会里,每一个公民在任何情况下都可以自由取得学习、训练和培养自己的各种

---

① 彼得·贾维斯. 成人教育和继续教育社会学[M]. 贾宗谊,等,译. 北京:春秋出版社,1989:6.

手段。教育和学习不仅是一种义务，还是一种责任。1985 年第四届国际成人教育大会的主题是"成人教育的发展：层面与趋势"，特别关注成人的受教育权、教育民主化以及终身教育理念的实施等议题，并通过成人受教育权的落实推进成人其他社会权利的实现。1998 年欧洲终身教育促进学会年会提出未来社会的发展方向是走学习社会，并提出学习社会的 5 项特征：学习被当作是终身的一种连续不断的活动；学习者把自己的进步当作个人的责任；学习的评价是肯定个人能力和共向的价值观；团组活动与学习知识一样重要；学习是一种合作关系，学习是学生、家长、老师、雇主和社会之间共同的合作改进过程。

20 世纪 80 年代，我国成人教育界对此认识有所深化，冲破了一些禁区，从"阶级斗争工具论"转向对生产斗争工具职能的关注，比较突出成人教育的经济功能，明确成人教育能够直接有效地提高劳动者素质，推动和促进经济和生产的发展。20 世纪 90 年代，计划经济转向市场经济，引发学者从多维角度审视成人教育的功能，强调成人教育不仅具有经济功能，还具有政治功能、文化功能、道德规范功能，一些研究还提出区别成人教育的社会功能和育人功能。

社会学的视野是将成人教育置于社会大系统中，从宏观角度研究成人教育与社会的联系，揭示成人教育与现代社会政治、经济、科技、文化诸因素之间相互依存、相互制约、相互促进的关系，探讨成人教育对经济、社会发展的意义和价值，寻找成人教育与社会协调发展，推动社会进步的方法和途径。从社会学的角度对成人教育进行综合研究，包括成人教育发展战略研究、成人教育结构问题研究、成人教育管理体制改革研究、各类成人学校办学机制与管理体制研究、成人教育教学改革研究等。社会学的研究对成人教育的基本理念、产业理念、服务理念、管理体制、办学机制、质量规格、教学内容、教学模式、中外关系等都可以重新审视，拓宽了成人教育理论的视野和主题，从而也推进了成人教育理论研究的深入和扩展。

二、成人教育理论的主要流派和观点

纵观世界成人教育研究的发展历程，成人教育理论的发展是伴随着成人教育实践活动的发展而发展的。随着成人教育实践活动的不断发展，成人教育的概念越来越普及，成人教育的发展具备了开展系统性哲学研究的可能性和必要性。各种成人教育理论都存在闪烁的思想火花，但它们不一定能成为独立的理论流派。划分成人教育理论流派应遵循 3 条标准：①应具有与其他流派不同的哲学基础;②理论本身应具有比较完整的理论体系;③在实践中已经产生比较广泛的影响。按照这样的标准,目前国外较为盛行、有影响的成人教育理论流派主要有:以林德曼为代表的成人教育理论;以诺尔斯为代表的 Andragogy 理论;以朗格朗为代表的终身教育理论;以弗莱雷为代表的觉悟化理论;以麦克卢斯基为代表的余力理论;以麦基罗为代表的转化学习理论;以杨曼为代表的社会主义成人教育理论。

(一) 林德曼的成人教育理论

林德曼(1885—1953)是美国当代最杰出的成人教育哲学家。林德曼受到进步主义哲学的影响,在《成人教育的意义》一书中把人看成是社会的人,认为成人教育也应当为社会活动做出贡献。他的理论观点包括对成人教育基本特性的论述和对成人教育功能的说明、教育目的及其教学方法等。总之,林德曼的成人教育思想是非常丰富的,正是其丰富的成人教育哲学思想使他赢得了"美国成人教育精神之父"的美称。

1. 成人教育的特性

林德曼将成人教育的特性归纳为以下3个方面:首先,也是最重要的是将教育设想为一个终身的过程。在他看来,"整个生活就是学习,因而教育是没有止境的"。其次,成人教育的目的是"使人们的整个生活具有意义"。①成人教育应当以改善人在社会中的生活为目标,教育允许成人在变化的社会环境中竞争和发挥作用。再次,在成人教学中应以情景为主而不是以课程为主。林德曼在学习上提倡情境法,他说:"最好的教学法产生于情境经验。"他写道:"每一个成人发现自己处于工作、娱乐和家庭生活等的特殊情境之中——要求他适应的情境之中。成人教育就是在这一点上开始。"林德曼认为,成人教育应以学习者的经验为学习的主要资源。他认为,在成人教育中,"最有价值的资源是学习者的经验"、"经验是学习者最有效的课本"。他同时指出,知识与不断变化的经验分不开,知识等于经验,真正的教育是思与行相联系的,个人和社会是有机地统一在一起的,虽然成长是生活的目的,但成长只有通过个体积极投入到社会生活中才可以实现。

2. 成人教育的目的

林德曼明确指出,成人教育的目的具有双重性。成人教育的目的首先是

---

① E. C. Lindeman. *The Meaning of Adult Education* [M]. New York: New Republic, 1926: 7.

发展成人的智力水平。教育的目的是赋予各种经验以意义，并非是知识简单的分门别类。他认为："从心理学的角度而言，智力是学习的能力，是解决问题、利用知识适应不断变化的环境的能力。"人们唯有在智力上不断努力，才能够驾驭自己的生活。林德曼认为成人教育"不仅仅是改变成人的文盲状态，更为重要的是它是生活价值全部结构的重建"。其次，林德曼认为成人教育是改良社会的重要手段。他没有仅仅提倡用教育来应付社会变化，而是同时强调成人教育在社会改良中的巨大作用。他始终认为成人教育有助于社会的民主化，而且坚信"成人教育是一种改变生活的、令人鼓舞的工具"。他指出，成人"希望提高自己，这便是他们现实的基本目标。但是，他们也希望改变社会秩序，这样，充满活力的人们将创造一个使他们的愿望得到适当表现的新环境"。"改变个体使之不断适应变化着的社会——这就是成人学习双重但又是统一的目的。"①

3. 成人教育的方法

在林德曼看来，教学方法比教学内容更为重要。他认为，"最好的教学法产生于情境经验之中"。情境法是成人教育最重要的方法之一，成人教学要以情境为主。这种方法包括：①弄清由什么东西构成情境；②将构成情境的各部分或问题加以分析；③根据别人的经验和可获得的信息讨论问题；④利用信息和经验形成实验性解决方案；⑤根据解决方案采取行动。他认为，成人教学法最重要的目的是培养成人具有各种情境之中的一系列分析性的技能和技巧。

讨论法也是林德曼提倡的另一重要的成人教学法。林德曼认为，讨论并非是简单的谈话，而是有组织的谈话。当讨论法被用作成人教学的方法时，教师不再是仅仅提出问题或者引诱学生得出教师预想答案的人，而是提出问题和解释问题的对话者、小组的发言人、培训个人加入小组的教练、组织和协调整个行动的谋略者。

（二）诺尔斯的 Andragogy 理论

诺尔斯（1913—1997）是美国著名的成人教育学家、成人教育学的建立者。1932 年大学毕业后，诺尔斯开始从事成人教育工作，进入马萨诸塞州国家青年管理部，担任训练计划部门主管，承担待业青年的培训工作，当

---

① 巨瑛梅. 试析美国进步主义成人教育家林德曼和诺尔斯的成人教育思想[J]. 比较教育研究, 1999 (3).

时的上司是林德曼。第二次世界大战后，诺尔斯在芝加哥大学拜师于霍尔，攻读成人教育博士学位。他总结了成人教育的实践经验，于 1950 年出版其第一部著作《非正规的成人教育》。1951 年担任新成立的美国成人教育协会理事长，1960 年执教于波士顿大学，逐渐形成其成人教育的理论框架，前后出版了《美国成人教育手册》（1960）、《美国成人教育运动史》（1962）两本书。从 1967 年起，他正式采用"成人教育学"（Andragogy）作为其理论的基本概念，较为系统地对成人学习者与儿童学习者进行了比较研究。1970 年他出版了《现代成人教育实践——成人教育学与儿童教育学的对照》一书，提出要重视成人学习者的个性和优势。

诺尔斯的成人教育理论的产生有一定的背景条件，即当时多数成人教师只运用教授儿童的经验对待成人学习，造成成人学习者的反感；知识日益加速更新，而将教育仅仅解释为获取已知知识的过程明显不合时宜；新的成人教育理论和技巧正在德国和南斯拉夫得到发展，这种新的理论和技巧被称为"Andragogy"，为新的成人教育理论创造了条件。诺尔斯吸收了这些经验和教训，并结合自己多年的工作经验，逐渐形成了自己的成人教育理论。

1. 成人教育的理论前提

Andragogy 理论的出发点是区分成人与儿童（包括在校学习的青少年）在身心发展和社会生活方面的质的差别。通过分析成人教育中成人学习活动与儿童学习活动的差异，诺尔斯提出了确立其理论的几个基本前提。

（1）诺尔斯认为，成人有一种希望他人将自己看成是独立人的心理需要，成人教育理论以下列有关学习者的特点为前提，也是理论假设的前提：成人的自我概念从依赖的人变成自我指导的人；成人积累了丰富的经验，而这些经验是学习的重要资源；成人的学习愿望使他不断适应社会的发展需要；人随着年龄的增长，逐渐趋于成熟，其标志是从依赖走向自主、自律，而最有意义、最有成效的学习是当人到达了充满自主的境地，自主性对于教育具有积极意义。关于成人学习者的特性，诺尔斯在《成人学习者》一书中将其修正为：成人具有明确的学习需要意识；成人具有独立的自我概念；重视个人已有经验的作用；以生活为中心的学习准备状态；以解决问题为目的的学习倾向；以内在压力为主的动机系统 6 个方面。因此，对教师来说，将个人置于学习过程的中心，帮助成人成为积极的学习者至关重要。在诺尔斯的理论中，尊重个人、自我指导和自我发展这 3 个个人主义的特点是价值体系的基础。

（2）诺尔斯指出，成人教育的模式应建立在成人的经验基础之上。成人积累了丰富的经验，这些经验日益成为他们丰富而重要的学习资源。他认为：人到成年，其最明显、最特殊的标志就是积累了相当程度的社会和职业生活经验，可视其为一种永不枯竭的教育源泉，让成人学习者参与到教与学的设计与实践中去。1984年，诺尔斯的另一本著作《行动的成人教育学》出版，对成人教育学和普通教育学区分的观点有所改变，"儿童—成人"二分法显得不太重要。他认为，"在教育计划的设计和事实中，普通教育学采取教材模式，而成人教育学则采取过程模式"。换言之，成人教育与成人学习有关，普通教育学与儿童学习有关，将过程导向教学就是成人教育学。

（3）诺尔斯认为，成人教育最直接的使命便是满足学习者个人的需求，帮助他们达到学习的目的。诺尔斯等人的研究表明，尽管学习者个人都能说出为什么参加学习，比如"提高演讲水平"或"学会使用电脑"之类，也许他们还能说得较抽象一些，如"为了赚更多的钱"或"能够与别人相处得更好"等，但是如何达到这样的目的，学习者个人未见得能理清思路。作为个体的学习者，真正的需要有3个方面：其一，补充和更新知识或技能；其二，发展其潜在能力，最终获得自我实现；其三，做个"成熟"的人。第二点是建立在马斯洛心理学理论之上的，即健康的人有5个层次的基本需要，一般情况下，一个人只有满足了下一层需要之后方能上升到上一层需要。第三点是美国的奥弗斯特里特大力推崇的观点，将"成熟"细分成了15个方面，并认为是所谓"成熟"或臻于完美的人的"可靠标准"。

2. 关于成人教育的特征

诺尔斯提出成人教育与传统教育有5个不同的基本特征，每个特征都基于一定的哲学思考。根据诺尔斯的看法，人文主义教育哲学比较适合于成人教育理论，主要有以下几方面的理由：

（1）当自我概念逐渐发展成熟时，将由依赖的人格特征转变至自我导向的人格特征。成人的学习都是一种自发、自主性的自我导向学习，因此必须提供一个支持、合作、非正式的学习情境，尤忌竞争，避免使成人有挫折感。此外，成人能够自我诊断其学习的需要及兴趣，并能自我评鉴学习效果。强调自我概念、合作、非竞争性的环境、学习的自我诊断和自我评鉴，与人文主义教育哲学不谋而合。

（2）成人有其独特累积的生活经验，较小孩有统整、独立的人格。应运用其特别的经验作为学习的资源，注重参与学习，培养敏感性及进行人际关系上的训练。这也与人文主义教育哲学强调注重个体的独特性及相关经验、培养同理心和关怀比较相似。

(3) 成人的学习与其独特的生活发展阶段息息相关，成人只会学习与其现阶段生活最有关、最适合其兴趣及需要的内容。成人的学习是内在动机激发的，而非外在动机的诱使。这也与人文主义教育哲学注意学习者个别的兴趣、需要及内在动机一致。

(4) 成人倾向于学习马上可以运用至生活中的知识与课程，学习内容是由成人自己决定的，而非教师制定。因此，成人教育课程内容除一般性知识外，还有专门特殊的知识，并强调透过团体学习更有效。这与人文主义教育哲学强调学习需要符合实际经验需要、通才教育、团体学习的观点如出一辙。

(5) 成人的学习是以问题为中心而进行的，成人的学习定向由以学科为中心变成以问题为中心。儿童的时间观着眼于未来，成人的时间观则着眼于现时。在时间观念上，成人对学习的看法由知识的延缓应用变成立即应用，成人学习者总是希望自己所学的知识能够迅速地运用于实际。因此，要求成人教育活动能够体现出强烈的针对性和实用性。

3. 成人教育的目的

诺尔斯认为，成人教育的理论和实践应从注重教转为注重学，他认为，"教育是一个过程，一个帮助人们自学的过程"。终身教育是各项教育事业的组织原则，旨在向成人提供教育的新方法，以便他们终身得以尽可能随时随地地坚持学习。成人教育的使命必须定义为"培养有能力的人——即能够把知识用于变化着的环境中的人"。成人学习是为了扮演好社会角色、应付生活中面临的问题。他认为人越成熟，其学习意向越紧密联系"发展任务"，成人的学习意向也是根据"发展任务"的变化而变化。也就是说，成人的学习意向是按照工作与生活的实际需要而产生、变化的，使自己与"发展着的社会"保持平衡是成人学习的内在动机。这实际上是成人教育的目的理论。

诺尔斯（1980）提出了成人教育的任务和使命是满足3类需要和目标：①个人的需要和目标；②机构的需要和目标；③社会的需要和目标。不过，他后来的分析集中于不同机构的需要和目标，而整个注意力仍然集中在个人的需要和目标上。满足学习者个人的需求是成人教育的最直接的使命，也就是成人教育必须帮助成人达到他们的学习目的。同时，各种办学机构主办成人教育，雇用了许多成人教育工作者，其目的是扩大办学机构对社会公众的影响力。或者说，成人教育工作者的使命是根据教学机构的需要培养其理想的成员，如劳动工会办学是为了发展会员并支持工会的事业；宗教组织办学最终是为了传播教义和培养该宗教的信徒；公立学校培训"负责任的公民"或"好父母"等，也有其鲜明的目的。另外，越来越多的企业和政府部门，将培训雇员作为提高经济效益或工作效率的主要手段，企业或政府部门依靠成人教育进行革新挖掘，来支持或实施其长远的发展计划。利用成人教育这个途径，办学机构在许多方面能有效地引起公众的关注或参与，成人教育的广告效应也能充分地发掘出来。对社会的需要而言，每个社会或不同阶段都要不断地利用成人教育培养所需要的人才，以保证社会模式的稳固和发展。在整个人类社会，各国各民族共同的理念成为成人教育工作的共同使命，如追求和平、保护自然资源、消除环境污染等，就是说社会要求成人教育为其服务。

诺尔斯 Andragogy 理论最主要的贡献在于首次从成人的特殊性出发，探讨了成人学习活动的独特规律，明确划分了现代成人教育与普通学校教育的区别，其理论带有浓厚的人文主义色彩，并且具有很强的实践性。坦耐特（M. Tennant）在分析诺尔斯的理论之后得出结论，他理论思想的核心是尊重个人意志和意愿，是主体性的教育，这对于我们进一步认识成人教育的本质属性，在理论上明确并巩固成人教育学的学科地位具有重要作用。同时，他提出的成人教育目的和任务对指导成人教育实践也具有十分重要的意义。诚然，诺尔斯的成人教育理论也存在一些缺陷和不足，如过分强调成人教育与普通教育之间的差异，忽视了二者之间的共性；片面强调教育对个人的适应，忽视了个人对教育的适应；过分强调学生在教学中的作用，忽视了教师的主导作用等。

（三）朗格朗的终身教育理论

法国的保罗·朗格朗是终身教育理论的积极倡导者和理论奠基者。1948年他到联合国教科文组织下属的成人教育局工作，并于1962年成为该局的负责人。同时，朗格朗还负责经济合作与发展组织中与成人教育有关的项目，并任法国文化和发展协会秘书长以及教育发展委员会秘书处成员。他在1965年向联合国教科文组织国际成人教育促进会提交的报告《论终身教育》中指出："教育并非终止于儿童期和青年期，它应当伴随人的一生而持续地进行。教育应当借助这种方式，满足个人及社会的永恒要求。"由此正式提出终身教育的设想，并对终身教育的原理做了系统说明。朗格朗在1970年出版的《终身教育引论》一书中对终身教育理论进行了初步探索，形成了主要的理论架构及观点。1972年联合国教科文组织召开有关终身教育专题研讨会，会上朗格朗针对当时的教育体系，提出了终身教育的特性。此后，国际成人教育委员会肯定了这一提法，终身教育的思想便逐渐成为联合国及世界各国指导教育改革与发展的基本理念。

1. 终身教育的内涵

"终身教育"（lifelong education）一词最早是由英国的成人教育家耶克斯利（1883—1967）提出的。他在1929年出版的《终身教育》一书中，将成人教育视为帮助一个国家成长的工具，同时也是个人与世界达到和谐以及拥有更民主的生活方式的重要保证。耶克斯利认为，每一个人应该终身不断地受到教育，从而使智力得到发展、精神获得自由，最终能坚信基督教，并更好地了解自己、他人和世界。耶克斯利企图通过教育改革引导人们归向上帝，从而使人们服务于社会和他人。

朗格朗在《终身教育引论》的序言中指出："教育和训练的过程并不随学校学习的结束而结束，而是应该贯穿于生命的全过程。这是使每个人在个性的各方面——身体的、智力的、情感的、社会交往的方面，总之，在创造性方面——最充分地利用其禀赋和能力必不可少的条件。"换句话说，教育这个词所包含的所有意义，包括了教育的各个方面、各种范围，包括从生命运动的一开始到最后结束这段时间的不断发展，也包括了教育发展过程中的各个点与连续的各个阶段之间的密切而有机的内在联系。它贯穿于人一生中的各个阶段，包含着职业教育、闲暇教育、审美教育、体育运动教育、大众传播媒介教育和公民教育等。终身教育从人生产的重要意义出发，提供了解决影响个体和社会命运的某些问题的崭新答案。

终身教育是一个人从出生时起一直到生命终结时止、不间断的学习和发展历程，也是教育各发展阶段之间的有机联系——社会的正规、非正规和非正式教育形态之间整合的一种完整体系。从内涵的角度看，终身教育并非单一或纯粹的教育形态，它包容了所有现存的教育形态。从外延的角度看，终身教育是贯穿人生始终的一种教育形态，具有时间和空间的延展性。教育时间、空间的延展性和教育形态的多样完整性是终身教育概念的两个本质性特征。终身教育作为一种教育理念，含义非常丰富，意义非常深远，同时也是一种新的教育思想和理论。

朗格朗明确指出了成人教育与终身教育的区别。他认为教育是通过发挥人类在各方面经验中所具有的能力来促使人类存在的发展，而终身教育则是从教育的整体性和完备性方面来考虑，意指一系列非常具体的思想、实验和成就。他说："我们完全没有把终身教育等同于成人教育，遗憾的是人们常常把这两者等同起来。""我们在继续成人教育的同时，越来越多地考虑整个教育，考虑教育各阶段的连续性和相互关系。当我们说到终身教育的时候，我们脑子中始终考虑的就是教育过程的统一性和整体性。"① 成人教育在终身教育中的地位是重要和突出的。其实，成人教育的完善是实现终身教育的基础，成人教育在某种程度上总结出终身教育的理论和经验，并不断地完善理论和实践，把教育改革引向终身教育领域。

2. 终身教育的目的

终身教育从纵向上囊括了人的一生，从出生到少、青、壮、老、死的人生各个阶段；从横向上涉及家庭、学校和社会。终身教育的目的主要不是适应职业转换与地位提高的需要，而是学习者重建人生意义与生活方式的要求。因此，终身教育的目的必然带有双重性，即促进社会发展和促进人的发展。

朗格朗指出："我们所说的终身教育是一系列具体的思想、实验和成就，换言之，是完全意义上的教育，它包括教育的所有各个方面和内容，从一个人出生时起一直到生命终结时为止的不间断的发展，包括了教育各发展阶段各个关头之间的有机联系。"② 这就清楚地指明，终身教育在这些方面要达到的具体目的：它使得人们更充实地度过自己的一生，使配偶之间、两代之间关系融洽；使职业训练与普通教育之间更加紧密地联系在一起；教育要努力保证现实有助于人的发展而不是加害于他们；使人们认识到体育运动不是与文化隔绝的纯肌肉作用，它是与智力、道德、艺术、社会和公民紧密联系的；个体自身的审美是人整体个性中的一个有机部分和支柱；通过系统的教育来训练人们对信息的选择能力，培养其对信息良好的判断、鉴赏能力；终身教育计划应给予公民教育以足够的重视，以培养能担负各种责任的好公民来促进社会民主的实现。

终身教育的最终目标是建设一个更加有效和开放的社会，在这个社会中，人的各种尺度和志向都将受到进一步的尊重；而短期目标是成人教育的发展和教师培训。成人教育的发展具体表现为成人教育要满足各种挑战所引起的教育的需要。终身教育与诸项目标也存在相关：①培养现实的人。教育的目的是为了适应作为肉体的、智力的、情感的、性别的、社会的，以及精

---

① 保罗·朗格朗. 终身教育引论 [M]. 周南照，陈树青，译. 北京：中国对外翻译出版公司，1985：15.
② 保罗·朗格朗. 终身教育引论 [M]. 周南照，陈树青，译. 北京：中国对外翻译出版公司，1985：16.

神存在着的个人的各个方面和各种范围的需要。②培养现代人对于快速变革的世界的适应性，使其个性平衡发展。③终身教育是追求幸福的教育。④终身教育是改善生活质量的教育，使社会的现实充满善意和魅力而令人热情和愉快地度过。⑤争取和平和国际谅解的教育，使每个人都热爱和平是任何形式教育的基本目的。

3. 终身教育的思想内容

终身教育的基本主张主要体现在 5 个方面：①要防止知识陈旧，确保教育的连续性；②要使教育的计划与人的发展相适应；③教育的一切阶段要面向变化的社会，培养活生生的人；④要解决强加给教育的约束，利用现代化设备并改善传递的方法；⑤要在各种措施和技术上建立联系。

终身教育思想强调教育过程以学习者为中心，为了保障个人在社会中能得到自己想接受的教育，终身教育思想将教育与学习看作是人的一种基本权利，这是一种重大的教育观的转变。学习者在实现终身学习的过程中，应将学习纳入人生规划中进行自主管理。1976 年，联合国教科文组织召开第 19 届大会，会上提出要建构以学习者为中心的教育制度，认为成人应该选择自己认为最重要、最能适合自己且为自己所关心的教育活动。

成人教育思想对最终确定一种不受传统教育模式支配的新型教育结构和方法，起着十分重要的作用。终身教育不仅在于扩大原有的成人教育、社会教育和推广各种教育形态，而且在于贯彻其理念和原则，对现有的教育思想和教育制度进行重构，确定新的教育本质观、教育功能观，整合各种教育机构和体系。成人教育对于在教育领域有决定性发言权的个人，即家长，具有十分重要的影响，这种影响能够达到改造其教育对象的智力和行为方式的程度。成人教育为各代人之间的建设性关系也提供了线索。在教师的培训方面，朗格朗认为教师作为知识传授者的作用将大大削弱，但作为教育者的作用应大大加强，教师作为教育者应具有的能力包括引导和理解学生的能力。为此，教师要加强心理学、智力、广义的总体社会学和狭义的团体社会学等方面的研究和训练。

我们从对终身教育思想与传统教育思想的比较中可以看到终身教育的丰富内涵和教育价值，这些内涵和教育价值取向是现代教育的新思想，归纳起来有几方面。首先，终身教育赋予教育以更加恰当的内涵，终身教育为人的学习、工作和闲暇生活提供了帮助，是人生意义和价值实现的桥梁。其次，终身教育是对现行教育制度的充实和超越，它否定了一次性接受教育终身受益的落后观念，并且超越了现行教育制度的分类和形式限制，具有改革教育制度的积极意义，有利于促进全人教育理想在教育制度上的实现。再次，终身教育在教育内容上突破了社会意识形态的限制，把人的自身发展需要和社会发展需要联系起来，其实质是关照了所有社会成员的身心发展权利、人的主体作用和创新精神。最后，终身教育倡导一种完整的、便捷的、有效的教育体系，向所有有学习需要的人提供教育服务，是把教育社会化和社会教育化结合起来的教育思想。

（四）弗莱雷的觉悟化理论

弗莱雷是巴西著名的教育家，最有影响的著作有《被压迫者的教育学》、《为了自由的文化行动》等，先后被译成20种语言，仅英文版发行量就超过30万册。他主张成人教育的首要任务就是要促使社会和政治变革。他的学说和主张在发展中国家得到广泛认同，并由此推动了当地以扫盲为中心的成人教育运动的开展和普及。弗莱雷的成人教育思想不仅对第三世界国家，还对许多发达国家包括美国在内的教育理论、成人教育及社会理论和实践的发展都产生了极大的影响。

1. 论成人教育的性质

关于成人教育的性质，弗莱雷明确指出真正的成人教育是一种政治活动，中性的成人教育是不存在的。他反对有些人把教育看成是向人们传递中性信息的手段，认为成人教育是和政治紧密联系起来的，具有解放的价值。他认为："从批判的角度而言，否定教育过程的政治性如同否定政治活动的教育性一样，都是不可能的。"[1]

弗莱雷教育理论的中心是"觉悟化"，即使学习者批判地了解社会并认识到自己有能力改造社会，将教育与批判的求知历程紧密相连，目的指向人性的解放。他进一步认为，批判意识源自对因果关系的分析，人们的每一种理解迟早会产生相应的行为。这种觉悟的提高使人们通过改变奴役他们的社会结构，建立新的社会来解放自己。一旦感到挑战、理解了它并认识到反应的可能性，人们就会采取行动，这种行动的性质与他们理解的性质是一致的。批判性的理解导致批判的行动。

人们普遍认为弗莱雷教育理论的主要贡献在于他把教育和政治行动结合起来。他认为教育要么是教人服从，要么是教人解放，二者必居其一。伊里

---

[1] Paulo Freire, Donaldo Macedo. Literacy: Reading the Word and the World [M]. Massachusetts: Bergin & Garvey Publisher, INC., 1987: 38.

亚斯和梅里安认为:"弗莱雷的成人教育哲学是进步的成人教育哲学的典范。从利用教育实现社会、政治和经济变革的政治意义上看,这种理论是进步的。"不过,他的教育理论也遭到一些人的批评。

2. 论成人教育目的

弗莱雷认为,教育的目的,尤其是成人教育的目的,主要是培养成人的主体意识和社会批判精神。弗莱雷认为人的意识可以分成魔术意识、天真意识、盲从意识和批判意识。他认为,非人道的、压迫人的社会必须加以改变。只有当每一个人意识到有一种社会力量感动他并考虑这些力量获得改造世界的能力的时候,真正的"人性化"的社会才会出现。弗莱雷强调的也是个人的变化,他说成人教育是一种解放的方式。不过,他所谓的解放是"学习者从被动向主动、批判、创造的转变"。

弗莱雷采取人文主义的观点,他说教育应当导致学习者发现"他们对文化现实采取的许多态度背后的理由,然后以新的方式面对文化现实"。他还指出:"由于人的意识受到现实的制约,所谓觉悟,首先是努力使人们清楚地认识到,究竟是哪些因素妨碍他们对现实产生一个清楚的看法。"但他始终谨慎地认为,教育者不应该为学习者规定需要,也不应规定需要的内容。当学习者认识到自己的需要,对世界采取行动、帮助它的发展时,他们也就认识到自己的人性了。

3. 论成人教育方法

弗莱雷把对话教育(dialogical pedagogy)一词作为教育探究和思考方法的用语。对话教育这一概念,不应只视为一种口语沟通的方式,而是要建立在对人、世界、知识辩证互动的关系之上。他认为体现成人教育最有效的方式就是采用对话式的教学方法。

弗莱雷认为人生来便是互相交流的,人类通过必要的交际而建立起关系,没有对话就没有人类的进步。传统的储蓄式教育(banking education)把教育变成一种存储行为,学生是知识的保管人和储户,教师不与学生对话,而是发表公报,让学生耐心地接受、记忆、重复存储材料。这种储蓄式教育加剧了社会的不平等与不公正,用家长式的行动机制来驯服学生,窒息学生的创造力和批判意识,阻碍了解放的实践行动。弗莱雷针对储蓄式教育而提出基于对话基础上的提问式教育(problem-posing education),旨在培养学生的批判意识,使其认识现实、揭露现实、改造现实。

成人教育工作者的职责在于帮助学习者由天真走向批判,使他们干预历史进程。弗莱雷认为对话是教学方法的基础,由对话产生批判的态度。对话是爱,是在谦逊、希望、信念和信任中孕育出来的。当对话的双方由爱、希望、相互信任联系起来的时候,他们就能加入对某种事物的批判研究,只有对话才能真正交换思想。弗莱雷认为人们了解现象或问题的时候,越是准确地抓住真正的原因,就越能批判地了解现实。

(五) 麦克卢斯基的余力理论

余力理论 (theory of margin,也译为边际理论) 是由麦克卢斯基 (Mclusky) 于1963年提出的,比成人学习理论出现得还早。余力理论基于成人是不断寻求自己可使用精力和所需精力之间平衡的,认为成人必须有学习过程中所需要的余力能量才能学习,成人的余力与学习动机和效果有直接关系。

1. 成人学习的余力

余力 (margin,译作"边缘"、"空白") 是能消耗的生活"负担"与允许承受的负担"能力"之间的比率,即能力与负担之差是生活的能力剩余。成人的能力与负担的比率是影响个体生活情境的重要因素。成年期是在个体的能量需要与实现需要的可能性之间寻求平衡的生长变化的综合时期。作为一个成年人意味着必须不断增长、变化、集成自己的能量和持续的努力以满足自己的正常生活。同时人们都不完美地控制着自己的命运,在许多方面,人们必须找到方法去准备满足不可预知的危机或问题。

余力,即生活的负担(消耗能量)和能量(允许处理负载)之间的比率,其公式是:生活余力 = 负荷/能量 ($M = L/P$)。

2. 余力理论核心论点

(1) 成人的生活变化可以解释为负荷和能量之间的调整。生活余力可因能量增加或负担减少而增加;反之也可因负担增加或能量减少而减少。成人可以通过调整能力或负担来改变和控制余力。成人学习者的余力具有特殊意义。如果成人学习者的生活能力和负担均能被很好地控制而保持平衡,尤其是能较好地增加和控制能力的储备,成人就能有效地应付生活中可能出现的意外情况,就更多地倾向于从事具有冒险性和挑战性的活动,乐于解决生活中的各种难题,富有探索和创造精神,求知欲强烈,乐于参加学习活动。

(2) 成人学习必须有所需要的余力能量,成人的学习一般是为了改变自己的角色、义务以及身体和精神的发展。生活余力是影响个体参加成人学习动机水平与强度的决定性因素。学习动机既受到生活情境因素的制约，又可能是引起生活情境因素变化的原因。成人生活的变化可以解释为负荷和能力之间的调整。当成人的负担超出能力，或由于负担失去控制超出能力的承受范围难以逆转时，成人的生活情境变得脆弱，不仅缺乏学习的动机，甚至导致学习障碍。

（3）在影响成人学习余力的因素中，经济能力是至关重要的条件，生活的负荷决定余力大小而影响成人学习的动力和动机。同时，麦克卢斯基还阐述了学习动机与余力之间、生活情境与生活责任之间的关系。他指出，一方面，学习动机的强度取决于生活余力的大小，即生活情境因素决定学习的动力，在某种程度上决定了成人生活责任的完成。另一方面，生活情境因素又不是一成不变的。学习者可以通过主观努力来调整能力与负担的关系，提高自身的余力。参加成人学习、提高生活能力又是改变生活情境、完成生活责任及提高自我完善水平的有效途径。因此，通过学习动机为中介建立起来的生活情境与成人学习之间的关系是一种相互制约、相互促进的关系。①

3. 成人的余力与学习动机、生活情境与生活责任之间的关系

成人的学习动机既受到其生活情境因素的制约，又可能是引起成人生活情境因素变化的原因。一方面，学习动机的强度取决于生活余力的大小，即生活情境因素决定学习的动力，在某种程度上取决于成人生活责任的完成。另一方面，生活情境因素不是一成不变的，学习者可以通过主观努力来调整能力与负担的关系，提高自身的余力，参加成人学习是提高生活能力、改变生活情境、完成生活责任及提高自我完善水平的有效途径。

我们通过控制负荷和能力来控制余力，但负荷等于或者大于能力时，或者它们一直是固定的或者不受控制，那么这种情况就很容易崩溃；反之则会有更多的精力来应对不可预见的危机，能够充实于开拓和创造，学习的可能性就会越大。很多研究都使用麦克卢斯基的理论来研究成人学生的需求、绩效和在继续、高等教育中的参与度，试图解释学习何时最有可能发生。有些人可能会质疑预期的能量和能力余力是否对于促进学习有意义。在有压力的情况下，或者根据余力理论当负荷大于能力的时候，学习也可以发生。沃夫（Wolf）的研究发现，过度负荷的成年人有可能和那些能力过剩的人一样学习，能力超过负荷不是成人可能接受学习的必要条件和关键因素。

鲍恩（Baum）把余力理论作为一个框架，研究随机选定的100名寡妇

---

① 刘义兵. 成人教育研究［M］. 重庆：重庆出版社，2007：231.

的负荷和能力。寡妇自己遇到的问题被视为压力因素，可以用的资源和服务视为能力因素。他发现，寡妇的消极态度加剧了其负荷，但同时也导致她们获得更多的资源，负荷增加的同时，能力也获得了增长，最终导致她们获得一个生活中稳定的余力。

（六）麦基罗的转化学习理论

转化学习（transformational learning）研究兴起于20世纪80—90年代，转化学习理论是对皮亚杰认知发展理论的深化、发展和具体化，也叫知觉转换、质变学习理论，由美国成人教育家麦基罗（Mezirow）首先提出。他从社会认知的角度来分析成人的学习规律，认为学习发生的前提是遭遇困境，认知转化通过学习产生，关注点是成人认知的转化。

1. 转化学习的基本观点

麦基罗用知觉转换理论解释成人学习的动机。每个人对其所处的现实生活都有一种解释，这种解释因人而异，它在成人所处的环境中逐渐形成并不断发展变化，这种对现实所做的解释称为知觉。随着个体社会生活的变化和经验的不断发展，新经验与原有的知觉相背离并最终导致原有知觉难以合理解释新经验，知觉系统不再保持稳定，个体将对经验及知觉进行反思，结果是对原有知觉系统进行修改，使之重新适应经验，称为知觉转换。

麦基罗认为，成人在其社会生活中需要正确认识和反映自身的活动。他们总是十分关心自己的所作所为是否有意义，尤其是关心自己所扮演的社会角色和所承担的社会责任。成人总是努力寻找摆脱危机的途径，而最主要、最有效的途径就是参加学习。成人学习的过程就是由不和谐知觉转换建立起和谐知觉的过程。转化学习的4个基本环节是：开始于两难境地、批判性反思、反思性的话语、基于新观点的行动。转化学习可以被运用于成人教育设计中，学习动机的形成就是由不和谐向和谐知觉转换的内在动力的产生过程。

转化学习理论的中心是批判性反思。这种反思的结果是对原有知觉系统进行修改，使之重新适应经验，称为知觉转换。转换发生于有意义的知觉不再适应已经反常的新的情境之时，包括从行动学习和合作探究等策略促进团体的质变学习，创设理想的环境条件和培养方法，创建师生之间的良好关系作为动力机制来促进质变学习的开展。由于影响成人学习的因素是多方面的，单纯以知觉转换来解释成人学习的原因尚不足以对成人学习动机的形成做出全面描述。

2. 转化学习的四种基本视角

(1) 基于教育目标的视角——解放教育。

弗莱雷认为解放教育的目的是为了使社会发生质变,在这个质变过程中,要有批判性的意识,在教学过程要使用对话式教学,最终落脚点在实践上。他让学生讨论和反思各种生活问题,从而发现社会的不公平性并寻求解放,行动起来改变这个世界。

主要观点:基于教育目标的转化学习,通过对话与讨论的方式,使学习者发现现实生活的全部真实,形成对周围世界的全新认识,从而又直接影响到人们的思维与实践,达到改造世界的目的。

(2) 基于知识形成的视角——理性认知。

麦基罗认识到社会背景的重要性,强调质变学习过程中理性思考和反思的重要性,提出了质变学习的4个基本环节。

主要观点:描述了"认识转化"或"观点转化"的4个基本阶段——转化的引发、转化的推进、转化的深入、转化之后的行动。

(3) 基于人生历程的视角——发展方略。

达罗茨(Daloz)认为教育是"帮助学生从已经支离破碎的生活意义结构中找回生活的意义",在质变学习的过程中指导者起着至关重要的作用。

主要观点:竭力推崇生活叙事法。教师与学生共同分享他们人生奋斗的经历,并在相互对话中充分体现相互平等、相互尊重与相互关爱。

(4) 基于精神整合的视角——精神与学习的联结。

德克斯(Dirkx)认为发生质变主要是由情感因素引起的,理性因素不是主要的催化剂,成人渴望的结果不是对自我的管理,而是一种对他人更强烈的依赖和同情。因此,他强调质变学习的超理性因素。

主要观点:强调从依赖语词交流的理性方法向基于自我精神整合的超理性方法转变,认为知识并不一定源于批判性反思,而是来自精神、灵魂中的符号作用。

3. 知觉转换理论的特点

知觉转换理论最显著的特点是借助认知心理学的基本原理,从认知发展及个体与社会交互作用的角度探讨成人学习的基本过程,以及成人学习动机的形成和发展规律。知觉转换理论将成人学习动机视为成人的特殊认知系统——知觉系统发生变化时所产生的内在行为动力,为全面深入了解和研究成人学习提供了新的思路和途径。

知觉转换理论认为，成人的知觉和经验是绝对分离的。知觉转换发生时，成人的生活将出现危机，这种危机的产生是由于成人已经认识到自身与环境之间存在严重的不和谐因素，在这种危机意识作用下，成人总是努力寻找摆脱危机的途径，而最主要、最有效的途径就是学习。学习动机的形成就是由不和谐向和谐知觉转换的内在动力的产生过程。① 成人的学习就是由不和谐知觉转换建立起和谐知觉的过程。

但是，有关"知觉"、"知觉转换"等概念的内涵尚不十分明确，在具体运用这些概念时难免会引起一些误解。此外，知觉转换理论更多的是一种抽象描述，尚缺少具体的论证，尤其缺少精确的调查或实验验证。知觉转换理论认为知觉转换引发了成人生活中的一系列变化，以此为线索即可揭示成人学习动机的形成原因。由于成人与环境都处在不断的发展变化中，知觉与经验二者保持一致是相对的、暂时的，而二者的分离则是绝对的。知觉转换是经常的，它伴随着成人的发展而不断涌现。因此，单纯以知觉转换来解释成人学习的原因尚不足以对成人的学习动机的形成做出全面描述。

（七）杨曼的社会主义成人教育理论

杨曼，英国人，现任博茨瓦纳大学教育学院院长，兼任博茨瓦纳大学成人教育研究所所长，专门从事成人教育研究工作。1986 年他出版了《成人教育与社会主义教育学》，对马克思主义理论指导下成人教育的原则和方法进行了分析和评论，主要内容有社会主义成人教育、马克思主义与学习、马克思主义成人教育方法原理、成人学习的传统方法等。由于他的开创性研究为发展和完善成人教育理论做出了贡献，其著作被纳入《成人教育激进丛书》。欧美成人教育学术界都认为杨曼是西方学者首次运用马克思主义观点系统阐述成人教育的人。

杨曼认为，教育作为文化意识形态的实践活动，不可避免地要和社会的经济、政治结构联系在一起。在资本主义社会中，成人教育系统早已成为统治阶级保证其统治的工具。19 世纪，在英美这样的一些国家中，群众学校的建立是对因工业化和工人阶级出现而产生动荡的政治局面的反映，学校教育是提供社会化方法的一种途径，能使人民适应工业资本主义社会的生产关系。因此，资本主义教育学家强调的是"道德"教育、"守法"教育，而不是强调技术教育，这是力求教会群众新的社会秩序所需的新的行为（如守纪律、守时等）。他反对这些成人教育的主张。

---

① 桑宁霞. 中外视野下的成人教育 [M]. 太原：山西人民出版社，2006：138.

在理论上，杨曼一方面运用社会主义理论批判诺尔斯以个人为中心的教育理论。他认为诺尔斯的理论是资本主义的产物，又反过来为资本主义的发展服务。与此同时，他还批评了弗莱雷，认为弗莱雷的理论尽管存在着一些积极因素，但它不是社会主义的，而是基督信念与马克思主义的混合物。杨曼引用邦诺弗的话说："不管它与社会主义如何一致，归根结底，根本立场仍然是不同的。"另一方面，他总结了中国、葡萄牙和肯尼亚的成人教育实践经验，将这些经验理论化，提出社会主义成人教育实践的6个方面：知识的获得过程、语言与教学、教育情境中的社会关系、教学方法、评价教学的模式、学习与生产和政治行动的关系等，从而建立起自己的理论体系。

杨曼理论的特点在于以社会主义教育学为框架，力求将这一理论与教育实践结合起来。其理论的缺点在于将理论研究限于教育自身，没有说明成人教育的社会性、政治性及其与经济基础的关系，因而存在一定的局限性。

三、成人教育理论的应用问题

成人教育研究兼具理论和实践两种品格。理论研究者将理论研究视为一种知识生产，他们控制了知识，掌握了话语霸权，将实践视为一种知识的应用，而实践者被排斥在"正统"的知识研究之外，研究者也由此走向闭锁，成为一种"自言自语者"，其理论未有机会在实践中证实或证伪。随着越来越多的人接受终身教育思想，人们对成人教育在经济社会中的地位、作用、方法等都有了一定的认识和实践，成人教育理论的应用和传播，引发了整个教育理论和实践的改革，使其在人类社会实践中的地位发生了变化。成人教育理论应该植根于实践的土壤，在问题领域中汲取养分，为实践提出一种理论的审视与导向。

（一）成人教育理论与实践的关系

理论与实践是成人教育研究中一对重要的范畴，对二者间关系的不同理解，决定着成人教育研究的基本面貌。从认识论的角度看，成人教育理论和实践具有关联性，两者是本质统一的——成人教育理论来自于成人教育实践，成人教育理论指导成人教育实践，是成人教育实践的反映和灵魂。

1. 对理论与实践关系的基本认识

（1）理论高于实践。关于理论与实践的关系，经常听到"理论高于实践"的论调。如果仅停留在知识形态层面，则有一些道理，然而一旦延伸到理论者与实践者的层面,则容易导致误解。"理论高于实践",本意是指理论在知识的抽象形态上高于实践中的经验性知识,它较多地表现为一套专业化的术语,从而与经验的情绪性话语有别。尽管存在抽象程度的差异,但丝毫不意味着两者之间无关或隔离。我们认为,理论知识源自于实践的土壤,而不是理论研究者闭门造车的产物。没有实践的根基,只能筑起"主义"的乌托邦,最终陷入"为理论而理论"的格局,其结果及价值必然遭受怀疑。同样,理论与实践的区别也不意味着理论者与实践者之间存在"高"与"低"的比较关系,事实上,两者同是成人教育知识的创造者,理当互相尊重彼此的劳动。

(2)理论指导实践。"理论指导实践"是生活中使用频率较高的话语。理论尤其是哲学理论,对实践有着各个层面的影响。但是在知识越来越走向细化的当代和未来,实践需要什么样的理论指导,理论应当以怎样的方式指导实践?从应用的角度看成人教育研究,至少可以区分为3种形式,即基础研究、应用研究,以及介于两者之间的开发研究。开发研究是理论与实践沟通的重要桥梁,是在各种环境变量背景中对基础理论进行的一种应用设计和实践。开发研究的信度和效度,决定了这种"指导"的意义和价值。没有这种媒介性、中介性的设计和开发,理论的指导只能是宏观的和面向理念的,而不是实践者所真切需要的、面向问题和情景的指导。

(3)理论解释实践。理论解释实践,是另一种现存的关系范式。在成人教育理论研究领域,曾长期存在着解释论的取向,成人教育研究者们将注意力置于实践的诠释方面,而缺少一种研究的中立性和价值理性。成人教育理论研究者的使命,不仅是解释,更重要的是批判;不仅是描述,更重要的是反思;不仅是讴歌,更重要的是比较。理论不仅要建构,还应当去解构。[1] 在全球化时代到来之际,成人教育理论研究者应该从书斋回归实践,从本土拥揽全球,在世界成人教育发展的宏观背景下探索成人教育发展的走向和实践问题。"全球视野,本土行动"正是这个时代对成人教育理论的新的诉求。

2. 成人教育理论与实践的区别和联系

理论的基本属性是理性(规范而有力度),而实践的基本属性是感性。理论与实践的区别在于理性能透过事物现象而深入本质,感性则囿于现象世

---

[1] 高志敏,纪军.对话:理论与实践——成人教育研究中理论与实践关系的探讨[J].中国成人教育,2003(1).

界和直观世界。两者的联系在于理论立足于教育实践,通过研究主体的理论素养在批判和反思中进行创新、传播,并且以保证理论能真正被教育实践主体掌握,并运用于解决教育实践问题。问题是理论的源泉,问题的变动正是理论更新的动因,但问题不能替代理论。归根结底,理论来于实践,又要指导实践。缺乏理论指导的实践是盲目的实践,未建立在实践基础上的理论也终究是空泛的理论。

成人教育理论是人们通过一系列关于成人教育的概念、判断或推理所构成的知识体系。成人教育实践则是现实成人教育活动的总和。成人教育活动是一种有意识、有目的的社会活动,在某种程度上,这种活动常常只能根据缄默的、最多只在一定程度上得到阐述的思维图式来理解。从认识论的角度看,成人教育理论与实践是本然统一的,成人教育理论具有成人教育实践的关联性,成人教育理论来自于成人教育实践;成人教育实践则具有成人教育理论的内在性,即成人教育理论指导成人教育实践。成人教育理论总是表现在具体的成人教育实践中,成人教育理论的价值在于扎根于成人教育实践。教育理论总体上落后于教育实践。

教育理论的功能在于指导教育实践,在于对教育实践提出处方或建议。正如迪尔登在《教育领域中的理论与实践》中所讲:"教育理论是一种独特努力的产物,这种努力是要去获得教育实践的理智而深沉的理解。这种理解涉及的方方面面,既有课程的,也有制度的;既有经验的,也有评价的。"[①] 教育理论探索迎合着社会思想解放的潮流,统一认识,满足我国教育实践的迫切需要。对教育实践者而言,实践理性是实践主体的理论素质,作为教育实践接受教育理论指导的先决条件,只有具备了实践理性才能最终使盲目的教育实践成为由主体自觉把握、利用规律的能动过程。对教育理论工作者而言,应以批判的姿态分析自身的观念、偏见、行为以及话语方式,以合作者而不是指导者的角色出现,与实践工作者结成研究共同体,两者以一种互补的姿态进行对话与交往,共同分析所面临的困境,寻找解决困境的方式,这样总结出来的经验与做法或许会更具说服力与实践意义。这是其教育理论工作者应有的责任与使命,也是体现理论功能的基本条件。

3. 成人教育理论与实践的沟通

成人教育理论研究与实践探索作为成人教育发展的整体构架,相互影

---

① 迪尔登. 教育领域中的理论与实践 [C] //唐莹,等,译. 瞿葆奎. 教育学文集·教育与教育学. 北京:人民教育出版社,1993:539.

响、相互作用。成人教育理论研究的内容应来自成人教育实践提出的课题，目的应是促进和保障成人教育实践工作的科学性和正确性，价值诉求是探求成人教育知识、完善成人教育学科、审视成人教育问题，任务是为成人教育实践服务。理论工作者应注意倾听实践工作者的意见与建议，与他们共同分析面临的困境，寻找解决困境的方式与方法。了解成人教育实践发展的需求，使自己的科学研究有的放矢，使科学研究具有更强的针对性和实用性，克服理论研究与实践脱节的弊端。同时，也要摆脱"普教化"的制约和"随机性"的左右，以理性指导促进自身的健康发展，将成人教育理论研究视为一项严肃的学术性工作，注重经验的积累、认识的提升和理论的开拓，注重对已有理论的检验、校正，使之更成人化、本土化和科学化。

对于成人教育实践来说，必须重视科学理论的指导。成人教育实践应该贯彻科学理论的原则，运用科学研究的成果，检验科学研究成果和矫正科学研究提出的课题和要求，使科学研究保持生机和活力。成人教育管理者应强化科研意识，了解科研动态，及时掌握成人教育科学理论成果，以便指导成人教育实践。

理论研究与实践运作的沟通可以通过3种途径来强化：①成人教育理论工作者要不断注意实践意识、实践能力的提高，实务工作者也要不断注重理论修养、专业化水准的提升，双方都要使自己发展为理论、实践素质更为全面的科研工作者。②建立成人教育理论与实务工作者的联系模式，保持一种新型的合作关系，可以是固定的、长期的合作关系（如所校合作、所企合作等），也可以是阶段性合作关系（如课题合作、项目合作等）。尝试建立成人教育实践管理部门和科研部门信息的双向定期交流制度，由实践管理部门介绍成人教育管理的现状、好的实践范例以及存在和发现的问题，为科研人员的科学研究提供实践的素材和研究的课题。同时，科研部门的研究人员也介绍当前成人教育研究中的最新成果、国内外成人教育发展的最新进展、理念以及未来走向，并针对成人教育实际发展中的问题提出相关的解决策略。③注重理论研究与教育实践的过程融合，理论研究从成人教育实践入手，并在实践中提炼和检验，成人教育实践要在理论研究的指导下推进，并为其提供实证与评价。理论与实践的"无障碍沟通"、理论研究与实践推进的紧密结合，是成人教育理论走向成熟的根本性保证。

（二）成人教育理论存在的问题

现在我国成人教育学科体系建设还处于开创阶段，即处于学科的分化阶段。这个阶段的特点是：成人教育理论尚未摆脱普通教育理论和心理学学习理论的羁绊，正在探索具有自己特色的理论框架；成人教育理论难免存在移植和模仿其他学科概念和理论的倾向，这种倾向势必会导致各式各样理论观点"自说自话"的弊端，并且还表现为理论对各种成人教育现象进行阐释时的"牵强附会"；在既有的成人教育学科理论体系中，仍然不能充分反映成人教育的特点，在一定程度上导致成人教育理论缺乏概括水平和解释力，不能形成合理的成人教育学科理论体系。

1. 成人教育理论取向的偏差

在现实的研究语境和话语系统中，由于成人教育学科历史不长和理论研究的缺陷，成人教育理论取向的偏差主要有 4 种表现：

（1）"纯理论演绎"取向。理论研究者或以普通教育理论为蓝本，或以国外成人教育理论为依据，自觉或不自觉地套用普教研究的观点、体系、方法甚至结论，加上"成人"一词，就是"成人教育"科学研究的成果。由此演绎出的理论看似科学、系统，富有时代感、创新性，却往往与我国成人教育实际对不上号。在有关的成人教育理论中，明显出现简单套用已有学科体系特别是普通教育学体系的框架和模式，或者照搬照抄一些相关概念和理论的现象。要么变"参考"为"参照"，不同程度地成为普教理论的"翻版"；要么变"借鉴"为"移植"，成了发达国家成人教育理论的"套用"。由于理论研究对成人教育深层次的价值观、文化观等层面的差异缺乏理性认识，加之研究思路和研究方法的局限，使得理论观点难以适合我国成人教育的实际。在基本理论架构、运作模式和过程、与其他学科的交叉关联等角度，纯理论演绎的痕迹非常明显，这是成人教育纯理论演绎取向的表现。

（2）"经验性总结"取向。理论来自于经验，但从经验升华为理论，有着复杂的抽象过程和精致的思维加工过程。由于成人教育理论研究在方法论上存在着重大缺陷，使我国成人教育理论存在一定的经验化倾向，这不利于成人教育学术话语的独立、发展和完善。具体表现是经验色彩比较浓重，不少研究方法缺乏整合——要么采用归纳法，要么采用演绎法，要么进行实证研究，或者偏重理论思辨，有些则是对实证方法的过度迷信和依恋。[1] 如在成人教育管理理论上，对办学实践经验一般都停留在个别的、局部的、低层面的总结上，缺乏归纳、概括和理论的升华；在成人教育教学理论上，由于理论根底薄弱、创造思维欠缺而追求热点、表面和效用，偏好于

---

[1] 姚远峰. 论成人教育理论研究之缺失 [J]. 河北师范大学学报：教育科学版，2003（4）.

"教"的论说，侧重于"教师中心"、"教学中心"、"学校中心"，对成人学习的研究依然处于调查层次，缺乏上升到理性思辨层次去提炼理论观点。在成人教育过程理论和发展理论方面，无论是宏观层面，还是微观层面都停留在经验的归纳或推论，使我国成教理论研究沦为"出体会、出经验、出观点"的典型。

（3）"表面化思考"取向。许多成人教育理论课题自命以成人教育实践为来源，缺乏起码的理论假设和命题论证，对成人教育问题的研究往往以结论代替规律，以特殊代替一般，不是通过个案分析和问题研究得出普遍性规律，也不顾时空限度和实践的进一步检验就下结论。从成人教育理论的总体看，相当一部分还停留在对成人教育办学实践局部的、较低层面的归整上，缺乏对成教教育论、教学论、学习论的哲学、社会学、经济学、心理学等多角度的深层次理性思考。具体性的研究则喜欢炒热点、赶时髦、重实用，做表面文章的"新思考"、"反思"和"启示"唱起了理论的主角戏。我们并不认为成人教育理论不需要思考和反思，但缺乏理性的表面化思考只能造成成人教育理论与成人教育实践渐行渐远。

（4）"政策诠释化"取向。成人教育的独特性质、多种功能、与社会全面进步的互动关系已经取得理论界的共识，但成人教育学作为一门新兴学科的独立地位仍然得不到普遍承认，即使在教育界，对成人教育及其理论的轻视、偏见也并不罕见。于是，以领导者的有关教育的言论和教育方针政策作为成人教育理论研究依据的现象相当普遍。一方面，学者坐在书斋中，凭借国内外资料演绎成人教育理论，撰写论文和专著；另一方面，不少成教实务工作者又因专业知识基础薄弱、科学方法欠缺、理性思维僵滞，达不到应有的理性高度，导致成教理论研究与实践脱节，理论不能有效地剖析、预测、指导成人教育实践，而实践中产生的新体会、新思考、新经验又得不到理性概括和提炼，成人教育理论显得苍白乏力。

理论的政策诠释化偏离了理论的学术精神，不利于成人教育理论的积累，也导致成人教育实践运作发生偏差。主要有两类表现：一是"普教化"的运作倾向，大多成人教育办学主体走的成教路，迈的普教步，驾轻就熟，惯性运作；二是"随机性"的运作倾向，不少办学主体逐"利"而行，存在办学方向随机化、办学运作商业化、办学行为短期化的问题，甚至出现投机性办学行为，原因就是成人教育理论研究对成教实践规范不足，对我国国情下成教特殊规律揭示、宣传不够，追踪社会经济发展的超前预测规划不足。

政策研究是教育理论研究内一个崭新的领域，有助于澄清政策和实践面临的理论问题。理论的政策研究旨在通过对成人现象和实践的解释、预测和控制，发现和发展成人教育活动的一般原理、原则和方法，最终构建科学的成人教育知识体系。但是政策诠释不能取代理论探求，从教育理论与教育政策的关系上分析，成人教育理论研究是源，领导者有关教育的言论和教育方针、政策是流，源和流不能混为一谈，更不能本末倒置。只有加强成人教育理论研究，才能使研究成果具有提供给领导者考虑成人教育问题、制定成人教育方针政策的理论依据，发挥理论指导和决策支持的功能。

2. 成人教育理论研究基础薄弱

（1）科研队伍的理论素养不高。我国成人教育工作者绝大多数是"半路出家"，由普通教育或其他领域转入成人教育领域，不少成人教育部门、单位（包括办学主体）长期以来并没有将成人教育当作一项严肃的学术性工作对待，成人教育科研机构、人员在"关停并转"的调整中首当其冲，导致成人教育队伍的专业化素质并不理想。成人教育科研队伍的专业化建设必须强调通过不间断的专门培训、自主学习和长时间的专业化实践，使科研人员具备坚定的从业志向和崇高的职业操守，具有比较丰厚的学科积累和实践经验，优化知能结构，促发批判思维，勇于创新探索。加强专业化建设是成人教育科研队伍建设的必练"内功"。成人教育担负着推动"形成全民学习、终身学习的学习型社会"重头任务，尽可能增加各类成人教育科研机构专职研究人员的数量和质量显得尤为重要。

（2）理论研究成果缺乏整合。主要表现在：①成人教育理论研究在方法论上简单机械，具体表现为经验色彩比较浓重，不少研究方法缺乏整合。目前，成人教育理论研究要么一心追求成人教育学科体系的构建而置成人教育实践中的现实问题于不顾，要么一心追求成人教育实践中现实问题的解决而置成人教育学科体系的构建于不顾。②在成人教育理论研究过程中缺乏整体思路。如对我国成人教育传统的研究，从孔子到康有为、蔡元培等教育家都有关于成人教育的思想和实践，如何从成人教育整体的角度重新整理，挖掘其思想中的精华，并与现阶段成人教育现实联系起来，类似的研究几乎没有。③本体研究与相关研究联系不强。成人教育学的研究对象是成人教育，是社会大系统的有机组成部分。由于其特质，从社会层面看，它与经济、社会的发展有着相互制约、相互促进的关系；从教育层面看，它与普通教育、其他类型教育是有同有异、"分进合击"的关系；从人的发展层面看，它与政治学、社会学、生理学、心理学等学科密切相关。

（3）理论研究的本土化不足。现代成人教育勃兴于西方，在二百余年的发展历程中,西方国家不仅开拓了成功的成人教育实践,而且产生了丰富的成人教育思想,创立了比较系统的成人教育理论,搭建起了成人教育学科体系框架。在我国,成人教育的理念、思想、学说直接促进着成人教育事业的发展。但是,在成人教育理论的本土化建设上,由于没有在对国外研究成果的吸纳、借鉴的基础上进行有效的理论探索,而导致概念、命题和话语体系的本土化落后,使成人教育国际研究与本土研究难以结合。所以,我国应该重视中国特色的成人教育理论研究,并且注重成人教育理论本体研究与相关领域、相关学科研究的结合。

(三) 成人教育理论的建设

面对成人教育理论的困境,成人教育工作者特别是理论工作者必须站在时代的前沿,瞩目于成人教育理论前景,坚定对成人教育学学科地位、理论价值的信心,全面更新、强化成人教育学科建设的理念,投身成人教育理论建设。

1. 成人教育理论的价值取向

我国成人教育理论研究的价值取向可归之为工具理性和实践理性。所谓工具理性是指将成人教育作为达到某一固定、预设目标的工具,如与成人教育有关的各种目标体系或指标体系的建立等。所谓实践理性是把成人教育当作一个实践范畴,在这种实践中追求一种一致性解释,如与成人教育有关的各种模式的构建等,从而引发了"解释的教育理论"和"规范的教育理论"之分,有了"科学的教育理论"和"实践的教育理论"之说,这4种研究类型必须相互结合、相互贯穿,才算达到教育理论与教育实践的终极结合。[1]

(1) 指导成人教育实践的价值。成人教育学科是一门实践性极强的经验性学科,以成人教育为研究对象,离开了成教实践,其研究便成无本之木,理论更难以发展成熟。而理论研究的根本目的是促进人的全面发展、不断发展,进而促进经济、社会的发展,否则理论研究便失去了存在的必要和价值。对于成人教育及其学科理论研究而言,必须要深入成人教育实践一线,观察现象、发现问题、探寻因果、分析判断、摸索路径、总结经验,才能为成人教育科学丰富理论学说,完善学科体系;同时,理论研究必须高度

---

[1] 郭元祥. 教育理论与教育实践关系的逻辑考察 [J]. 华中师范大学学报:人文社科版, 1991 (1).

关注成人教育实践的实际问题，在我国由传统型社会快速跨入现代化社会的进程中，成人教育担负着提高国民素质的重任，"热点"、"难点"、"疑点"问题不断出现，成人教育理论研究必须高度关注这些问题，通过理性探索及时为实践服务。

(2) 反映时代特征的成人教育现实问题。21世纪是终身学习、学会生存、弘扬人的主体性的时代，这种时代特征也要求成人教育理论研究在进一步提高科学化水平的同时，密切关注成人学习者的生存状态、学习社会和终身教育的要求、成人个体的学习活动，以及成人学习者的身心特点、学习需求、自我意愿、人格完满等。随着科学技术和电子信息的迅猛发展，信息和网络技术在成人教育实践中得到广泛运用，成人教育理论研究也要及时调整自身的思想观念、价值取向、研究方法以及研究工具和手段等，以适应成人教育信息化所带来的革命性变革。如社会转型、经济变革、文化更新、价值观念更迭、城市化和居住方式改变、老龄社会来临、代际关系嬗变等，这些正在直接或间接地对成人群体的城市、社区、邻里、家庭生活，以及劳动、文化、精神生活等造成影响，并导致成人在职业生活、物质生活、文化生活、精神生活、人际关系，以及自我发展的意义与价值的改变。对此，成人教育理论需要有深入和全面的探讨，才能有问题的解决方法和途径。

(3) 关注成人教育薄弱环节。大多数参与成人教育活动的群体往往是社会的弱势群体，而成人教育理论对这些弱势群体教育的关注明显不足。如农民工教育、下岗职工教育、老年教育、妇女教育、残疾人教育、经济欠发达地区教育、少数民族教育、社区教育，既没有实践模式的支持，也缺乏有关的系统理论。如给予下岗职工以教育关怀，让其接受新技术培训、接受广泛的信息，提高自身的素质，跟上技术更新的步伐，把握住再就业的机会。对城市农民工实施教育关怀，在改变他们落后的思想观念和生活习惯、提高他们的从业技能、培养他们的合作意识和敬业精神等方面进行系列教育培训是使农民工改变自身地位、融入所在城市社会群体的重要措施。随着老龄化社会的到来，社会对老年人教育提出了更高、更多、更细的要求，成人教育也应反映老年人的切身需要和特点。现代社区教育内容十分宽泛，以满足社区成员提出的各种教育需求为目的，内容涉及社区公德教育、多种职业技能培训、生活技能教育、养生与健康教育、子女教育，甚至绘画、插花、歌舞、烹饪、健康等休闲教育，这些都应成为今后成人教育理论研究的重点课题。

2. 成人教育理论研究的专业化

理论研究的专业水平是成人教育理论建设的核心问题。成人教育理论研究应该具有真正属于自身的、确定的专门知识、理论范畴、命题体系、学科规范、研究对象和分析方法。然而，目前我国成人教育学科独立性较弱、专业水平低，成为困扰成人教育理论发展的关键问题。这就需要进行成人教育学科专业化构建，要特别注意发展和保持成人教育学科的特点和独立性。成人教育理论研究还要进一步提高专业化水平，才能不断产生具备学科特色和指导价值的理论，消除社会主流文化意识对成人教育理论研究的漠视和偏见。

成人教育理论研究者的使命，不仅是解释，更重要的是批判。批判对理论研究的作用表现在多方面：一是监督，通过透视教育理论研究的运行情况，提示理论研究依循原有预定的路向前进，使理论发挥其自身应有的功能；二是规范，及时捕捉理论研究中存在的这样或那样的问题，使理论成果的表达形式规范化；三是引导，通过对理论研究的评析，辨识研究的未来发展前景及形态，使研究适时转型、变化；四是重构，批判担负的并不仅仅是解构理论的功能，也承担着重新"结构"的角色，正是在批判中理论的新形态得以生成。① 成人教育理论研究者的使命，不仅是描述，更重要的是反思。成人教育问题往往涉及成人教育和社会许多方面的深层次矛盾，是成人教育改革和发展中的重点和难点，需要深入调研，既不能只搞简单的经验总结和单纯的问题研究，也不能只进行"纯粹思辨式"的理论研究，而是要对成人教育问题进行系统深入的研究，揭示其基本矛盾和规律，并且结合有关理论观点进行反思。

成人教育理论研究要时刻关注成人教育改革与发展的现实，广泛展开以"成人"为中心的成人教育科学研究，研究者要逐渐形成独立、自主的"创造"和"原创"研究意识，运用新创建的成人教育理论探讨和解决现实问题，不断充实和发展成人教育理论，使应用研究更有力地促进理论研究。同时，壮大成人教育研究队伍，优化成人教育科研队伍的专业素质，根除浮躁的治学风气和急功近利的思想观念，充分利用大学资源优势和人才优势，发挥大学的辐射作用，教育和科研相结合，以教促研，以研促教，使得两者相得益彰。成人教育理论研究要为现实服务，才会有生命力，才会得到社会的响应与支持，才能为学科建设营造更加有利的社会环境。

3. 成人教育理论的方法论指导

成人教育理论研究要注意研究战略和研究方法的整合，未来的成人教育理论研究既要取向于理论体系的构建，又要取向于实际问题的解决，理论研

---

① 郑金洲．中国教育理论研究的世纪走向[J]．华东师范大学学报：教育科学版，2003（2）．

究要深入成人教育实践一线，在实践中观察现象、发现问题、探寻因果、分析判断、摸索路径、总结经验，这样才能为成人教育科学研究选择目标、校正方向、取得实证、积累资料、丰富理论，增加成人教育科学研究对成人教育实践的解释、评价、导向、控制、预测和改造的作用。同时，成人教育理论研究既要大力倡导基于调查的实证研究，又要不断追求基于经验的理论思辨，达到实证研究及其归纳法与理论思辨及其演绎法的辩证统一。由于成人教育学科的特殊性，成人教育理论的研究方法具有多样、丰富的特点，可以借鉴自然科学和社会科学的研究方法，如调查法、实验法、模拟法、模型法等，并不断加以创新。

方法论是人们认识世界和改造世界一般方式、方法的理论体系。方法论作为指导原则，向研究者提供确定的理论框架和选择研究方法的依据，决定着具体研究的实施。成人教育理论研究是跨学科、综合性或科际整合性的研究。心理学的知识和方法为成人学习与发展规律研究奠定了科学基础，社会学理论能帮助我们理解成人教育与社会秩序、社会稳定性和社会变化、知识分配、社会人际关系网等的关系。许多成人教育理论问题，特别需要进行跨学科、综合学科或科际整合性的研究，辩证统一应成为成人教育理论研究的方法论取向。

理论研究范式一般是学科研究人员和学科自身的关系、学科方法论等的集合，作为一项研究特定的理论视角和概念系统，更多地体现为对基础研究和社会实践的一种人文思考。成人教育研究范式在本体论、认识论和方法论3个层次表现为成人教育的本体性研究、成人教育研究者与成人教育的关系研究、成人教育研究方法的理论体系研究3个层次。成人教育理论研究范式要注意历史研究与现实研究相结合、国际研究与本土研究相结合、本体研究与相关研究相结合、定性研究与定量研究相结合，以及常规研究与课题研究相结合，这样才能使理论具有一定的高度和深度，并与成人教育发展结合起来，实现理论指导实践的功能。

第六章 成人教育目的理论

成人教育目的是对成人教育预期结果的价值取向，是成人教育的出发点和最终归宿。它既影响着成人教育工作的发展方向、制度建立、教育内容、组织形式及教育、教学方法的选择，也是检查教育措施、评价教育效果的基本依据，可以说是关系成人教育事业的全局性问题。同时，由于各国在地理与习惯、历史与文化、经济与政治等方面存在不同，成人教育理念有一定的差异，对成人教育目的的研究因各种成人教育哲学流派形成了不同的成人教育价值观。随着经济发展和社会进步，社会对成人素质的要求日渐提高，成人教育目的也面临新的价值选择。

一、成人教育目的和价值

自成人教育制度体系形成以来，成人教育往往是政府的一项社会政策。实施成人教育的最初目的是为那些社会的贫困阶层或因其他原因失去受教育机会的人提供第二次机会，以实现社会公正和教育机会均等。20 世纪 50 年代美国经济学家舒尔茨首次提出人力资本概念以后，全世界掀起了人力资本研究的热潮，成人教育成为人才资源开发的重要手段，许多国家甚至将这种手段混同于成人教育目的。进入 20 世纪 70 年代，终身教育理论驱动着成人教育事业的发展，成人教育也有了新的方向、新的目标，并自觉地将自己纳入这一新的教育体系。成人教育是否存在自己的目的、什么是成人教育目的、有何特点和价值，这是探讨成人教育目的时首先要解决的问题。

（一）成人教育目的的内涵

1. 教育目的的含义

教育目的是教育基本理论中一个重要的概念。从中文的字义来看，"目"在甲骨文和小篆中字形如眼睛，本义是眼睛；而"的"指箭靶的中心目标，如众矢之的、有的放矢。"目的"的意思是行动和努力最终要达到的地点或境界。《英汉词典》中"目的"有 purpose、aim、goal、objective 和 target 的表述方式，其中以 aim 为目的和宗旨的意思最明确，purpose 有目的、意图、用途、效果、意志等意思，goal 指通过斗争和忍受艰难困苦才能取得的东西，objective 表示奋斗目标、要获得的一个战略地位、要达到的一个目的或规定的地点，而 target 是攻击和达到的对象。aim 是主观概括的宗旨，更适合说明教育目的。

教育目的是人们在进行教育活动之前，在头脑中预先存在着的教育活动所要取得的结果，它指明教育要达到的标准和要求，说明办教育为的是什么，所培养的人要达到什么样的规格。"教育目的是指社会对教育所要造就的社会个体的质量规格的总的设想或规定。"[①] 狭义的教育目的特指一定社会（国家或地区）为所属各级各类教育人才培养所确立的总体要求；广义的教育目的是指对教育活动具有指向作用的目的领域（也有人称目标领域），含有不同层次预期实现的目标系列。教育目的的结构层次有上下位次之分，依次为：教育目的——培养目标——课程目标——教学目标等，各位次名称的含义及所产生作用的特点既有相同性，也有各自的独特性。

教育目的对教育任务的确立、教育制度的建立、教育内容的选择，以及全部教育活动过程的组织都起着指导作用。正式决策的教育目的指被社会一定权力机构确定并要求所属各级各类教育都必须遵循的教育目的，由国家（或一定地区）作为主体提出，其决策的过程要经过一定的组织程序，常常体现在国家或地区重要的教育文本或有关的法令之中。教育目的及其所具有的层次性，不仅内含对整体教育活动努力方向的指向性和结果要求，而且还含有对具体教育活动的规定性。

终极性教育目的也称理想的教育目的，是指具有终极结果的教育目的，表示各种教育及其活动在人的培养上最终要实现的结果，它蕴含着人的发展要求具有"完人"的性质。发展性教育目的也称现实的教育目的，是指具有连续性的教育目的，表示教育及其活动在发展的不同阶段所要实现的各种结果，表明对人培养的不同时期、不同阶段前后具有衔接性的各种要求。在每一阶段向另一阶段的发展过渡中，具有承前启后的不可或缺性，既表示某一阶段的目标，又表示对先前阶段目标的续接和对以后阶段目标的奠基。终极性教育目的和发展性教育目的各有不同的特点：前者具有发展的终结性，对各种教育阶段及教育活动的影响是宏观的，具有总的指导原则和方向指针的意义；后者具有发展的持续性，对各种教育阶段及教育活动的影响是具体的，对各种教育现实问题解决的结果具有直接评价和认定的意义。就二者关系看，前者是后者的根本性依据，是确立发展性目的不可忽视的一个基本指导思想。

---

① 王道俊，王汉澜. 教育学 [M]. 北京：人民教育出版社，1989：95.

教育目的与教育方针在含义上存在区别。在现代正规学校教育体系中，国家和政府掌握教育的管理权和控制权，通过制定全国统一的教育目的指明教育工作的方向、规定人才培养标准，这也称为教育方针或教育宗旨。教育方针是国家根据政治、经济和社会发展的要求，对教育提出的总方向和总目标。作为一个国家教育工作的根本指导思想，教育方针是教育事业的根本指针和主导价值。不同的历史时期有不同的教育方针，其包含的内容或基本要素也不完全一样，但总体包括3个方面的内容：教育工作的总任务、培养人才的总目标和培养的基本途径。作为教育的指导思想，或称为教育宗旨，它与教育目的、培养目标的方向是一致的。也就是说，教育目的属于教育方针，教育目的是教育方针中核心和基本的内容。正确的教育目的观有助于制定有效的、用于指导教育实践的教育方针。[1]

教育目的对教育活动具有质的规定性，主要表现在对教育活动的社会倾向和人的培养两方面质的规定性。一是对教育活动的质的规定性，即规定教育"为谁培养人"、"为谁（哪个社会、阶级）服务"。这种质的规定性在于明确教育进行人才培养的社会性质和根本方向，使其培养出与一定社会要求相一致的人。二是对教育对象的质的规定性，具体体现为：规定了教育对象培养的社会倾向，即要使教育对象成为哪个阶级、社会的人，为哪个阶级、社会服务；规定了培养对象应有的基本素质，即要使教育对象在哪些方面得到发展、应养成哪些素质等。正是教育目的对教育活动和教育对象所具有的这种质的规定性，对各种教育活动的要求具有很强的原则性，成为社会把握教育活动及人才培养性质和方向的根本所在。

2. 成人教育目的的含义

成人教育目的是指通过成人教育社会实践所要达到的目标或所要得到的结果。具体来说，成人教育目的是主体对成人教育预期结果的价值取向，是统领成人教育工作全局的指导思想；既是社会、政府和人们对成人教育活动和事业预期结果的价值取向，也是成人教育的出发点和归宿。

对成人教育目的的探讨实际上是讨论成人教育与它所实施的主体和对象之间的关系。作为成人教育价值选择的结果，在确立成人教育目的之前，主体已超前地认识到一定的成人教育价值关系，在确立成人教育目的的过程中表达出对这种价值的认识，并力求通过成人教育活动来追求、实现这种教育价值。作为成人教育具体实践所要实现的预期结果，一是指直接的结果，即

---

[1] 扈中平. 现代教育学 [M]. 北京：教育科学出版社，2000：95.

通过教育在成人教育对象身上所要形成的各种素质及其结构，反映了成人教育所培养的人的素质以及它们之间的联系；二是间接的结果，即通过教育把成人培养成为什么样的社会成员，这是对成人教育培养的人的社会价值所做出的规定，反映了教育培养的成人与外部社会之间的联系。

成人教育目的对教育活动所具有的质的规定性，说明成人教育目的内在地决定着成人教育的社会性质和对教育对象的素质要求，反映了一定的社会发展对成人教育的客观要求，体现了成人教育目的和社会发展目的的一致性。20世纪中叶以来，国际成人教育目的主要表现为两种趋向：一种是受人本主义思潮的影响，主张教育应重视个人的自我价值和自在发展，应为个人有意义的生活和自由发展创造条件；另一种是受到科学主义思潮的影响，主张教育应转向抓紧基础科学教育，培养科学尖端人才。成人教育目的一直在"职业"与"人文"两种取向之间摇摆，不同的成人教育流派各持己见、相互攻讦。如实用主义成人教育者主张，成人教育应当以传授实用技能为最高目的，因此要大力发展职业技术教育，开展成人培训，满足成人的生计需要；而人文主义成人教育者则对成人文化精神世界表达了深切的关注，要求成人教育提升成人的人格素养，帮助成人发展多方面的兴趣，丰富其文化精神生活。

成人教育作为一种制度化的继续教育方式，是成年公民教育的重要途径。成人教育不应该仅仅是一种知识或能力的补偿性的回归教育，而应是公民公共素质再形成的重要方式，这也意味着成人教育机构是社会培养能够理性承担社会责任的公民的实践主体。在终身教育理论的驱动下，成人教育机构应该自觉地将自己纳入这一新的教育体系，将实施终身教育作为成人教育的一个目的选项。成人教育的特点在于补充和调整社会公民的知识结构，不断完善人，使其得到充分发展，其目的在于使成人的生活品质、社会精神文化及经济水平不断得到提升。成人教育所培养的人，不仅仅是一个在个人生活中实现生命存在价值的人，更重要的是必须在具体的社会实践中能够公正履行作为社会生活参与者的责任和义务，成为作为社会合作者能够平等分享权力和利益的人。

现代成人教育作为一项公共事务，担负着扩大成人的教育机会、实施全民终身教育和提高国民素质的任务。对于成人教育而言，其培养目标就是塑造善于参与公共生活实践的公民。成人教育在整体目的上与公民素质培养一致，应该把现代意义上公民素质的提升和成年公民的培养作为成人教育的首要目的。在公民培养的规格要求上，成人教育所培养的人必须为公共生活的健康、为社会的互助合作尽一个公民的责任，承担公民的义务。成人作为已经参与社会公共生活的"公民",需要进一步通过成人学习来提高基本的素质。成人公民参与公共生活的整体素质包括道德能力和理性能力,以及基本的公共德性和个人德性。① 道德能力包括正义感和善观念的能力——正义感是理解、运用和践行公共生活正义原则的能力,这是公民关注公共生活的基础;善观念的能力是公民合理追求利益或善观念的能力。这两种能力是一个人成为合作的社会成员的关键。公民还必须具有理性能力,这是公民的实践理性所决定的判断能力、批判思维能力和推论能力,是公民在实现公共生活福祉和个人生活福祉的过程中能够正确地判断、选择和实践的保证。除此之外,公民还需要具有基本的德性,如希望、勇敢、信任、诚实、民主、友善、公正等,这是公民在公共事务和个人事务中承担道德责任的公共德性。因此,成人教育的根本目的是对一切具备生活、工作和学习能力的人,根据他们生活、工作、学习中的不同需求,对其人力资本进行开发,以提高其知识和技能、完善其人格以及提高其生活质量。

(二) 成人教育目的的价值选择

1. 教育目的与教育价值的关系

价值一词最先用于经济领域,19世纪哲学界也引进了价值的概念,它表示评价的主体(人)与被评价的客体(事物)之间的关系。价值基本有3类:人、物和精神。物和精神的价值既是人的价值存在发展的基础,也是人的价值的表现。价值判断是以客体与主体需要的关系为对象,探讨客体的价值属性,即客体的社会意义。

"所谓教育价值,是指作为客体的教育现象的属性与作为社会实践主体的人的需要之间的关系",② 是指教育在社会和个人发展中的功能、地位和作用,这是从马克思主义哲学的价值论出发,对教育价值本质恰当的、最一般意义的概括。这里的教育主体是国家、社会群体、教育者和受教育者个人,而教育价值反映的主客体关系中的客体应该是完整的教育实践活动,教育作为客体来满足作为主体的国家、群体、个人的教育需要。

教育目的概括和表达了教育价值,体现了主体对教育价值的追求,从产生和形成的角度看,教育价值是人主体性的对象化,教育实践活动只有真正

---

① 金生鈜. 成人教育与公民素质的培养——对成人教育目的的哲学思考 [J]. 教育研究, 2002 (11).

② 王坤庆. 现代教育哲学 [M]. 武汉:华中师范大学出版社, 1996: 128.

养成受教育者的主体性才能真正实现教育的价值。教育一方面要发展人在自然与社会中独立生活的能力，丰富、发展人的社会关系，使自然的、生物的人进入社会生活，成为社会人；另一方面，教育还要促进个体人和人类社会更加完善和全面发展。这两个方面的核心内容就是培养和发展受教育者的主体性。教育价值受到文化模式的影响主要是指文化观念成为人们教育思想的根源，社会的人性观、知识观、道德观、家庭观和人才观制约着教育的价值观。也就是说，教育目的本身就是价值选择，教育价值往往集中体现于教育目的，两者的关系是辩证统一的。

教育目的与教育价值之间的关系，我们可以从3个方面来认识。第一，教育目的的确立要以主体对教育价值的认识为前提。在确立教育目的之前，主体已超前地认识到一定的教育价值关系，并力求在确立教育目的的过程中表达这种价值认识；通过教育目的来实现、追求这种教育价值，满足自己的需要。教育目的概括和表达着教育价值关系，体现了主体对教育价值的追求。第二，教育目的是内在尺度与外在尺度的统一。教育目的既反映了主体的教育需要，又反映了教育活动的客观规律。内在尺度即主体的教育需要是确立教育价值关系的主要基础，外在尺度即教育的客观规律是创造教育价值的保证。教育目的既是主体价值认识的结果，又是创造教育价值的保证。第三，教育目的在教育实践过程中与教育价值相互转化。教育目的的实现过程实际就是主体创造教育价值的过程，这个过程完成了教育目的向教育价值的转化。同时，新的教育价值关系的建立必然使主体产生新的教育需要，并确立新的教育目的，指导主体满足自己新的需要，这个过程是教育价值向教育目的的转化。教育价值与教育目的之间是相互转化和相互影响的关系。

由于受社会文化观念的影响，确定教育目的的主体（社会或国家）往往是以一定的教育价值观为基础，将教育目的理想化和人格化。如我国的伦理型文化模式倾向于将教育目的确定为培养"识天理，明人伦"的君子贤人，新中国成立后的教育目的是培养有理想、有道德、有文化、有纪律的劳动者，这实际上也是现实社会文化价值观的反映。当前，为了建设社会主义现代化强国，提出培养全面发展的公民，这是国家在教育价值认识上的进步，也是我国社会文化发展对教育价值的选择结果。因此，教育目的就是一个教育价值判断和选择的过程。

2. 成人教育目的的价值取向

教育价值选择是指教育活动主体依据自身的需要对教育活动的属性、特点、功能、效果所做出的价值取向，它表明教育活动主体的价值态度。进行教育价值选择时，在方法论上要坚持辩证统一的思维方法，坚持价值一元性和多元性的统一，价值与规律的统一，教育的社会批判性、教育与人以及社会具体的历史的统一。

成人教育价值选择反映着主体对成人教育价值的认识。教育过程中人主体性的对象化直接满足了个体人的教育需要，称之为教育的直接价值；教育通过其所培养的人的主体性的社会化满足社会与国家的需要，称之为教育的间接价值。从成人教育价值的指向上可以划分为对个体的价值与对社会的价值（或称内在价值与外在价值、本体价值与工具价值、理想价值与功利价值等），并强调二者的统一。成人教育价值评价与选择涉及面广、难度大，故这方面研究相对薄弱，但由于它直接涉及教育价值的实现，因此必须加大研究力度。因为，人们总是从各自的利益和需要出发选择和确立教育目的，在选择和取舍中体现人们不同的价值追求。成人教育目的选择确立的价值取向、涉及的基本问题，是人本位和社会本位以及教育的功利性和人文性价值取向问题。

（1）人本位的价值取向。人本位的价值取向是把人的价值看成高于社会价值、把人作为教育目的根本所在的思想主张。它重视人的价值、个性发展及其需要，把人的个性发展及需要的满足视为教育的价值所在；认为教育目的的根本在于使人的本性、本能得到自然发展，使其需要得到满足；主张应根据人的本性、自身完善和发展需要来选择确立及规定成人教育目的。人本位的价值取向主要反映在自然主义和人文主义的教育思想之中，如人文主义成人教育者对成人文化精神世界表达了深刻的关注，要求成人教育提升成人的人格素养，帮助成人发展多方面的兴趣，丰富其文化精神生活。

（2）社会本位的价值取向。社会本位的价值取向，与上述人本位价值取向相对应，把满足社会需要视为成人教育的根本价值。这种观点认为，社会是人们赖以生存发展的基础，教育是培养人的社会活动，教育培养的效果只能以其社会功能的好坏来加以衡量，离开社会需要，教育就不能满足社会的需求。因此主张成人教育目的不应从人的本位出发，而应从社会需要出发，根据社会需要来确定。如实用主义成人教育者主张成人教育应当以传授实用技能为最高目的，大力发展职业技术教育，开展成人培训，满足成人的生计需要。

（3）成人教育的功利性和人文性。成人教育价值选择还表现在对功利价值与人文价值的追求。教育的功利性，即活动自身所产生的社会物质生产、经济发展及物质利益满足方面的功用性和效益，这方面的意义体现教育在社会中的功利性价值。教育的人文性，即它自身对社会精神生活、文化发展、价值精神建构方面所产生的作用和效果，这方面的意义体现为教育在社会中的人文价值。随着社会的发展，特别是近代以来对经济效益的渴望，使功利性成为现代化追求的首要目标，而人文精神则渐渐受到忽视和冷落，社会对功利价值与人文价值追求的失衡越来越突出，使指引生命意义和价值的"精神世界"被充裕和富有的"物的世界"所遮蔽。由于功利主义的遮蔽，成人教育亦越来越被赋予了经济发展和物质利益追求的目的，生存与发展的功利性、实用性的教育，成了培养人的根本所在。应该明确的是，不论何时何地，成人教育都应该首先以教育完善成人为主要任务和宗旨。

成人教育价值必须从历史的、现实的、未来的 3 个维度来思考和选择。从历史的角度来看，教育价值能够促进人类优秀文化的传承和人类自身的发展，成人教育的价值在于满足一定历史条件下社会发展和成人的社会性发展；在现实的角度来看，知识经济时代，学习成为人们的第一需要，成人教育成为社会生活的中心，成为维系个人和社会生存与进步的关键。因而成人教育价值最根本的是现实价值，主要体现为 4 种教育价值观念：大众教育、终身教育、创新教育和人文精神教育。从未来的角度来看，成人教育的价值在于社会的持续性发展和成人公民意识的提高及其人性的完善。

成人教育目的本身具有"适应"和"超越"两种特性，适应和超越特指教育对现实社会的两种功能。适应，即指教育能够体现现实社会当前的要求、满足现实社会当前的需要。超越，即指教育能够体现现实社会未来的发展要求，满足现实社会未来发展的需要。它既是对现实社会当前发展的未来指向，也是教育对现实社会当前的否定性。适应取向使得成人教育具有"工具性"的特征，以有效维持个人生计并满足高新科技发展对人的素质的需求；超越取向使得成人教育导向成人完美人格的实现，帮助成人朝向"自由全面发展"的境界发展。在适应与超越两维之间，当代成人教育更多地关心了"适应"，关注到成人教育的现实目的，使成人教育几乎成了"培训"的同义语。工具理性的泛滥，使得现代成人教育视野缺失了人文关怀，而"超越"才是成人教育的终极目的。从关注职业走向关注人生，成人教育的目的才真正可以说走向了"成人"，把成人教育的目的归结为成"人"——生命的完善，这绝不是反对成人教育的"人力"目标，而是反对把人的本质、价值归结于"人力"，反对把"人力"作为成人教育的终极目的。在成"人"的前提下成"材"，在成"人"的基础上培"材"，这才是成人教育追求的根本目的。

目前中国成人教育价值取向的偏差主要表现为：在政府的教育决策中历来只强调教育的社会工具价值，忽视教育在培养个性、使人的潜能得到尽可能发展方面的价值；总希望成人教育显现出即时的、显性的功效，忽视或者轻视成人教育的长期效益。成人教育在价值理念上存在人力资源培训、商业化的倾向，要走出经济主义和学历主义的误区，转变成人教育价值取向是关键。

二、国内外成人教育目的观的分析

一定社会的教育价值观念都是极其复杂的，成人教育目的观也是多元化的。教育目的观是人们对教育目的的根本看法，主要指对教育所要培养的人的规格质量的根本看法。形成于一定历史、社会和文化背景之中的不同的成人教育哲学流派有着不同的成人教育目的观。伊里亚斯和梅里安以博雅教育、进步主义、人本教育、行为主义、激进主义和哲学分析的观点来探讨成人教育目的。历史地、辩证地分析这些不同教育目的观的主张，是研究成人教育目的的背景与前提，也是确立正确的成人教育目的观的基础。

（一）各种教育目的观的主张

教育史上存在着各种各样的教育目的观，我们可以根据其核心问题的倾向性，抽象地将其划分为人文主义、科学主义和科学人文主义3种教育目的观。

1. 人文主义教育目的观

西方在古希腊、罗马时期已经有人文主义的哲学思想，但至文艺复兴时才又被提及、重视和发展。19、20世纪，人文主义再度成为思想的主流，以对抗科学主义的泛滥。人文主义有广义与狭义之分，就狭义之意义而言，它是指文艺复兴时期的一种文学风尚；就广义之意义而言，人文主义是指一种哲学观点，它注重人的自律，视人为自尊与理性的"存有"，人本身内在即具有真理、正义之根源。

所谓人文主义教育目的观，即以人为中心和以人自身的完善与发展为出发点和归宿的教育目的观。人文主义的教育目的最主要是要培养一个具有健全的人格、能自我实现、具有人性的个人，能朝着人生之理想、价值去努力奋斗，进而实现人的价值，发展人的特质，即此教育目的是侧重全人的、生活的、人格的，依人性之不同而个别施教的教育。其哲学基础是：①人性是永恒不变的，教育的本质和根本目的就是培育人性，使美好的人性得以展示和发挥。②理性是人的最高价值，崇尚人的价值理性，人的理性超越于人的生物和社会本性，教育的最高目的就是培养和发展人性中的理性，这不仅是使人类世界具有理性的前提，也是使人获得理想生活的根本保证。③个人价值高于社会价值，社会只有有助于个人的幸福时才显得有价值。人类的任何一项活动，衡量其价值的最高标准，在于它是否有利于增进个人的价值。①

人文主义教育目的观的基本特征：①人性不变。在人文主义教育看来，教育的主要目的取决于人性。既然人性是永恒不变的，那么教育的本质和根本目的也是永恒不变的。这个永恒不变的教育目的就是培养人性、弘扬理性。赫钦斯指出："教育制度的目的，在这种制度能够存在的每一个时代和每一个社会中都是一样的，这个目的就是提高作为人的人。"②追求理想化的教育目的。这主要体现在，人文主义教育比较重视超现实的非功利目的，比较轻视现实的功利目的；认为人生最重要和最有价值的追求是精神不是物质，而精神往往就是一种超现实的理想存在。虽然承认职业教育是需要的，但毕竟只是一种"人力的教育"，属于第二位的教育目的，丝毫不能损害属于第一位的"人的教育"。③追求人性化的教育目的。如裴斯泰洛齐认为，教育应该"依照自然法则，发展儿童道德、智慧和身体各方面的能力，而这些能力的发展，又必须顾及它们的完全平等"。② 人性化的教育目的集中体现在存在主义教育对人的主体性的尊重和培育上，严厉批评学校简单化、划一化和工具化的倾向，指责这种教育把学生当作商品原料一样加工的现象，忽视了学生作为人的地位和价值，因而是一种非人化的教育，过分专门化的教育也降低了人的重要性。

2. 科学主义教育目的观

科学主义是伴随着科学的发展以及科学功能的日益显现而兴起和发展起来的一种社会文化思潮。尤其是在 20 世纪，面对科学的巨大力量及其成果，人们日益尊重科学、信奉科学，加之国际政治、经济和军事等的激烈竞争，推动了科学主义思潮的发展。科学的发展和科学地位的提高给教育提出了全新的要求，科学主义教育目的观也应运而生。

所谓科学主义教育目的观，即以社会性需要为出发点和归宿、以科学为中心的功利性教育目的观。持有科学主义教育目的观的教育哲学流派主要有实用主义教育和学科结构主义教育。其哲学基础是：①实在是变化的而不是永恒的。实用主义认为，变化是实在的本质，世界上没有任何东西是可以永

---

① 扈中平．现代教育学 [M]．北京：教育科学出版社，2000：95．
② 张焕庭．西方资产阶级教育论著选 [M]．北京：人民教育出版社，1964：206．

久不变的，人也不例外，人性是社会的和生物的，具有高度易变和可塑性，教育必然要随社会的发展变化而变化，教育目的也不是永恒不变的。②事物应该具有有用性。实用主义哲学的真理论和工具主义认为，科学即真理，真理的唯一标准即有用，因此科学的最大价值就在于它的有用性。

科学主义教育目的观的基本特征：①重视教育目的的社会适应性。科学主义的教育目的观认为，教育应尽可能适应社会的变化，为社会的改造和发展做出贡献，强调"行动"、"实践"、"生活"、"学校即社会"、"教育即生活"、"教育是生活过程"等都是重视教育目的社会适应性的表现。②重视教育目的的社会功利性。科学主义教育目的观并非不重视人，但重视的是现实社会中此时此地的人，而不是抽象的和超现实的人。反对抽象地谈论教育目的就是一个人全部能力的和谐发展，认为离开了社会来给教育目的下定义，就无法说明教育目的的真正意义。杜威始终反对卢梭式的浪漫主义教育情调，他强调教育必须对个人的社会生活和社会的繁荣进步有用，认为"学校最终的社会理想是通过全新的、有社会思想的个人来达到社会的改造"。① ③重视科学教育。科学教育强调基础理论和科学原理的掌握，除了以此提高学生广泛的适应能力外，在教育目标上的另一个重要之点就是为了发展学生的智力，以帮助国家在"一场脑力战役"中保持"世界的领导权"，"要学校教育更实际些，也就是说，使教育更能够处理普通人日常所关心的事情"。其结果是"学校增加了更多的活动，设置了较多的职业课程和技术课程，也更加注意培养青年人适应社会、个人和职业的能力"，"教育就变成世俗的、科学的、实际的和技术的了"。

3. 科学人文主义教育目的观

科学人文主义教育并非是一种独立的教育哲学流派，很难说有其代表人物和系统观点。科学人文主义既信奉科学，又崇尚人道，强调以科学为基础和手段，又以人文为方向和目的。追求在科学和人文的相互协调、互相补充中促进人和社会在物质与精神两方面的和谐发展，并在此基础上实现人的解放。

所谓科学人文主义教育目的观，即以科学精神为基础、以人文精神为价值方向的教育目的观。其基本精神是：①科学精神是教育目的的基础。当今社会，科技竞争已经成为国家与国家、地区与地区、集团与集团之间全方位竞争的决定性因素，社会物质的进步越来越直接地有赖于科学的进步，教育

---

① 康纳尔. 20 世纪世界教育史［M］. 长沙：湖南教育出版社，1991：126.

必须以科学精神和科学训练为基础，教育目的不可能不以科学精神为基础。②人文精神是教育目的的价值方向。现代社会是以直接获得物质利益为中心的，狭隘的物欲观念不断加深对人的统治，导致人的教育出现困难。科学本身不能直接解决价值问题，而人文精神是人类对自己生存意义和价值的关心，应该成为教育目的的价值方向。

在科学人文主义看来，科学精神和人文精神是反映和构成整个世界图景的两个相互关联的不同方面。科学精神是人类在对世界特别是自然界的探究中形成的，包括相信理性、追求知识和注重可操作程序，实事求是、怀疑一切既定权威，热爱真理、憎恶一切虚假行为，遵循公正、普遍、创新等准则。科学精神重在求真务实，探究万物之理。人文精神是人类对自己生存意义和价值的关心，包括对人价值的至高信仰，对人类处境的无限关心，对开放、民主、自由等的不懈追求，并凝结为人的价值理性、道德情操、理想人格和精神境界。人文精神重在价值蕴含，追求理想境界。从对二者特点的分析中可以看到，二者不是对立的，科学精神中含有明显的人文价值。

科学人文主义教育目的观较之传统人文主义教育目的观有所不同，它倡导人类伦理价值：理解与和平、人的尊严、自由与责任、敬重自然，视人格与责任为教育的核心价值。同时，主张加强自然科学和人文学科的教学，以科学精神和科学训练为基础，把价值教育放在整个教育的首要地位，将人性教育贯穿于教育的全部过程和因素中，使教育环境条件人性化。把握科学精神和人文精神的统一，有助于克服科技素质和人文素质价值取向的失衡，使教育在科技素质与人文素质的有机培养上体现时代性要求。

（二）成人教育目的观的争论

西方各教育哲学流派从不同的角度认识与思考社会发展对教育的需求，提出了对教育目的的不同主张。同样，不同的成人教育哲学观，必然使成人教育目的出现各种各样的观点。1936 年出版的《成人教育行动》中曾有以下 18 种见解：①杰克斯认为，能使成人成为教育完人；②巴特勒认为，能使成人思想开放；③贝克认为，使成人判断基于事实；④费希尔认为，使成人迎接自由选择的挑战；⑤奥格本认为，使成人及时了解新知识；⑥希思认为，使之成为明智的建设者；⑦厄斯金认为，使之回到创造性的努力；⑧比尔德认为，使之为新职业做准备；⑨琼森认为，使之恢复生活的统一；⑩罗素认为，使之确保社会安全；⑪巴恩斯认为，使之指导社会变革；⑫弗兰克认为，为改善社会秩序；⑬罗素认为，为开拓新领域；⑭罗伯特·利认为，为使学院课程自由化；⑮奥弗斯特里特认为，为提高教师并改进教学；⑯约翰逊认为，为获得真正安全；⑰亚当斯认为，为扩大视野；⑱博莱索认为，为弄清观点。① 我们把西方各种各样的成人教育目的观概括起来，可将其划分为人文主义、科学主义两大类的争论。

1. 人文主义的成人教育目的观

人文主义在价值观上不仅重个人轻社会，而且重精神轻物质，提出以人为中心的教育和培养成人自身的完善与发展的成人教育目的观。自20世纪以来，持人文主义教育目的观的教育思想流派主要有要素主义教育、永恒主义教育、存在主义教育、人本主义教育等。

要素主义（essentialism）是一种保守的教育理论。其基本观点认为：文化的价值具有永恒性和客观性，在人类文化遗产中有共同的、不变的文化要素，学校的任务就是把这些共同的、不变的文化要素传授给年轻一代。要素主义认为，教育的目的是为了社会的进步，而要促进社会进步，就必须通过理智和道德的训练来保存文化遗产。表现在成人教育目的上有两个方面：第一，教育就是传递人类文化遗产的要素或核心，人们只有掌握了文化，才能准确地预见各种行为方式的后果，从而达到预期的目的；第二，教育是帮助个人实现理智和道德的训练，这对于个人的理智和人格和谐发展是必不可少的。功利性的谋生教育只能在实施好更为重要的人文教育的基础上进行。发展人的理性，教育成人"就是为发展社会的目的服务，但这个目的是教育概念内部的而不是外部的东西"。②

永恒主义（perennialism）以恢复西方历史悠久的人文主义传统为宗旨，认为有亘古不变的，超越时间、空间的真、善、美原则，有独立于时代和社会的人类普遍的、共同的本性，以及理性的、道德的、精神的能力，而这些能力是潜在的，只有进行适合人的本性的教育才能被引发出来。教育的根本目的就是发展那些使人同动物区别开来的根本特征，即人之所以为人的特征，把人塑造为人。正如赫钦斯所说："一种正确的哲学一般总认为人是有理性的、有道德的、有精神的，人达到完美的境地意味着其理性、道德和精神力量得到充分的发挥。"③ 他认为成人教育的目的不在于制造基督徒、民

---

① 达肯沃尔德，梅里安. 成人教育——实践的基础 [M]. 刘宪之，等，译. 北京：教育科学出版社，1986：53-54.
② 达肯沃尔德，梅里安. 成人教育——实践的基础 [M]. 刘宪之，等，译. 北京：教育科学出版社，1986：58.
③ 华东师范大学教育系，杭州大学教育系. 现代西方资产阶级教育思想流派论著选 [M]. 北京：人民教育出版社，1980：219.

主党员、共产党员、工人、农民、商人，而在于培养人的理智，发扬人性，完善人。成人教育在道德方面、社会方面和政治方面都是中性的，不必从外部的目的或目标出发来看待成人教育，只要注意成人教育所固有的任务就够了。赫钦斯认为，发展人理性的教育是最好的教育。而马里坦则认为成人教育还应有第二位的目的，必须适应各个历史时期中变化的情况，如传递特定区域的文化遗产，为参与社会生活、履行社会的特定职能、完成家庭责任和谋生做准备等。

存在主义（existentialism）作为一种哲学流派，注重人的存在和现实的人生，并以此作为自己的出发点。存在主义认为，由于受传统哲学的影响，以往的教育不强调人和人的存在，而注重与人的生存不相干的事。教育目的就是使每一个人认识到自己的存在，并形成一套与众不同的生活方式。存在主义以把人从机械文明中解放出来为己任，宣称提高人存在的价值是教育目的的核心，强调成人教育最好的结果是使人养成正确对待生活的态度：第一是真诚，教育的大问题不在于无纪律，而在于成人安于习俗。第二是向受教育者展示未来的种种可能性，使他们在选择、决断和行动的过程中创造自己。第三是个人对环境和他人的责任。在成人的发展问题上，主张个人的自我生成论。如萨特主张"自我创造"、海德格尔主张"自我设计"、雅斯贝尔斯主张"自我超越"，都表征了存在主义"自我生成论模式"的教育观。反对"教育即适应"的口号，认为教育应该帮助成人不屈从于公众压力去自主地过自己的生活，去做出自己的决定，以扩大自主选择的自由。

人本主义（humanism）的成人教育学派源于人本主义心理学。心理学家马斯洛和罗杰斯等人大力鼓吹个人成长的概念，认为教育的目标即在于帮助学习者具有与动物不同的选择能力。人本主义把成人教育看作培养自我实现和充分发挥个人作用的手段，这是"个人自我实现"的目的观。教育目的变成发展人——即适应变化的人、不断学习的人、力争自我实现的人和可以生活在一起并能充分发挥个人作用的人。成人教育的中心在于学习者个人而不是教育内容、在教育的情感方面而不是认知方面，成人教育者的主要功能也就在于作为一个助长者为成人的社会关系、自我实现和充实生活提供帮助。人本主义提倡成人的学习是一种自我导向、内在动机的学习，教育的内容不仅包括智力的，还有情绪、心理统整和全人的，教师最主要的任务就是要协助学习者充分发展潜能，以达到自我实现。马斯洛认为，教育总的目的是帮助成人成为他能够成为的最好的人，而欲达到自我实现的个人，最佳的方法就是采用人文教育哲学的理念，制造关系良好的条件，采取自我导向学习策略，并由自我实现的教师来引导。

在人文主义成人教育家中，诺尔斯是这种教育目的观最突出的倡导者。他认为，成人教育的主要目的是在现代复杂的生活和面临各种问题的情况下，帮助学习者发展负责任的自我。为达到这种目的，他特别强调帮助成人学习的艺术和科学的方法论，并将此艺术和方法命名为"大人教育"以区别于普通教育的形式。他认为学习过程包括感情的、心理的和理智的全部存在，成人教育工作者的使命是帮助成人发展他们全部的潜能。诺尔斯提出了这样的看法（1980）：成人教育的任务和使命是满足3类需要和目标，即个人的需要和目标，机构的需要和目标，以及社会的需要和目标。不过，他后来的分析集中于不同机构的需要和目标，整个注意力集中在个人的需要和目标上。诺尔斯的主张有很明显的人文主义哲学取向，在自我导向学习大师塔富（Allen Tough）及其同事的研究中，有很多成人教育实务工作均与此种哲学取向有关，如团体动力、团体关系的训练、团体历程、感受性研习营、会心团体和自我导向学习等。

2. 科学主义的成人教育目的观

科学主义的成人教育目的观是由一批倾向于科学主义的成人教育哲学家提出的，包括林德曼、伯基恩（Bergevin）、贝尼（Benne）和布拉克雷（Blakely）等。美国的科尔伯格和迈耶将科学主义成人教育目的概括成3个类型：①浪漫主义——强调内部的自我培育和成长；②文化传递——强调传递知识、价值和技能；③进步主义——强调解决实际问题，改善社会生活。

进步主义（progressivism）是影响美国20世纪教育最重要的教育哲学流派之一。进步主义教育家林德曼认为，成人教育有双重职能，它既促进个人的成长，又保持或促进一种美好的社会。主张通过教育手段改变社会，调节个人与社会之间的矛盾，在一定程度上揭示了教育、社会和个人三者之间存在的客观关系，把目光更多地投向成人生存和生活环境的彻底改造。其代表人物杜威认为，教育的过程在它自身以外没有目的，它就是它自己的目的，教育即生活，教育即生长。他提出良好的教育目的应具备3个特征：第一，它必须要考虑到受教育者特定的、个人固有的活动和需要；第二，它必须能转化为受教育者的活动；第三，它必须不是一种抽象和终极的目的。实用主义教育对个人现实的谋生之道也给予了足够的重视，并对一些反对意见进行了驳斥。林德曼在其代表作《成人教育的意义》中表明了他对成人教育的基本主张："我的成人教育概念，是指不断估价经验的过程。经验首先是做某事情，其次是做的事情不同，再次是了解这些事情有什么不同。"① 20 世纪 60 年代，人力资本理论盛行并成为整个成人教育的中心，成人教育以提高人力素质、提高经济生产能力为目的。

改造主义（reconstructionism）是从进步主义中逐渐分化出来的一个教育哲学流派。改造主义最根本的思想是，社会需要进行持续不断的改造和变化，教育也要进行改造和变化，同时需要借助于教育，达到实现社会改造的目的。教育的主要目的是推动社会变化，设计并实现理想的社会。改造主义认为教育必须承担传递一定文化的任务，同时还必须承担纠正、改变和变更文化的职责。教育应发挥两种作用：一是教育必须承担建设"新文化"的任务；二是教育还必须承担培植"社会同意"的职责。所谓"社会同意"，即"群体思想"、"共同经验"，也就是说，要在各种社会政治力量、各个阶级的个体之间培养共同的思想、信仰、习惯和价值观念。② 教育的目的就是设计并努力实现理想的社会。成人教育的主要目的首先是教导民众，使其具有批判思考的能力，使其能做理智的选择；其次是鼓励民众积极参与社会事务，培养民众参与的态度和习惯。

行为主义（behaviourism）是现代西方心理学的一个重要派别，但其影响远不限于心理学，教育是行为主义涉及的一个重要领域。新行为主义代表人物是斯金纳。该学派主张教育目的必须用具体的、可以观察的行为来阐述，在成人教育上强调控制行为变化、增强学习和目标管理的概念。成人教育的目的是使成人学习者的行为按一定的预期方向发生改变。因此，教师的职责在于提供有利的环境和刺激，从而帮助学习者改变行为，行为目标是学习者在一定的学习任务完成后应当达成的行为结果，而基于行为目标所发生的学习结果应能够给予客观的测量。换言之，教育的目的就是改变和控制学生的行为、实现行为目标，使他们为承担个人和社会生活的责任做好准备，成为有益于社会的人。行为主义成人教育的某些基本原则也是来自于进步主义思潮。

分析教育哲学（analytical philosophy）是将分析哲学的方法应用于教育领域而形成的一种学术性的教育哲学思潮。分析哲学家认为，应对教育领域的概念和命题进行澄清，通过澄清，使教育理论科学化，从而促进教育的发展。该流派的代表人物是英国成人教育哲学家劳森（K. Lawson）和派特森。

---

① 达肯沃尔德，梅里安. 成人教育——实践的基础 [M]. 刘宪之，等，译. 北京：教育科学出版社，1986：76.

② 王天一，等. 外国教育史（下册）[M]. 北京：北京师范大学出版社，1985：228.

此种哲学取向对成人教育的影响，并不在于某一特别的教育实务工作，而是在于试图建立一种健全的成人教育哲学。派特森曾经应用概念分析的方法分析成人教育的目的，认为成人教育有3个目的：①传递成人知识，以增强其知觉及意识；②增强成人理性能力的发展，以达成心理的自主；③加强成人道德价值的学习，以提升道德的自主。

成人教育目的的争论主要集中在强调解决个人或社会问题的观点上，不同观点对"个人意义"和"社会意义"的强调度不同。其实从全面、辩证的角度来看，这是不矛盾的，成人教育应该兼具这两方面的目的，即直接服务于经济发展和社会进步与终身不断地提高、优化全体公民和劳动者的素质是辩证统一的。弗莱雷认为，成人教育的目的主要是培养成人的主体意识和社会批判精神，成人教育是解放的方式，解放是"学习者从被动向主动、批判、创造的转变"，而解放教育的目的是为了促使社会发生质变。美国圣母大学前校长赫斯柏（T. Hesburgh）指出，完整的教育应同时包括"学习做事"和"学习做人"两大部分。在他看来，"学习做事"必须接受科学教育，"学习做人"必须接受人文教育。21世纪的成人教育，除了要不断加强科学教育外，更重要的是要把长期受到忽视、贬斥的人文教育提高到它应有的地位上。人们日益认识到，无论从社会发展和人的发展的角度看，还是从教育自身发展的角度看，科学教育都需要人文教育的价值导向。人类需要一种完整的生活，个人向往一种和谐的发展，社会需要在物质和精神两方面保持基本的平衡，这是科学主义与人文主义能够融合的必然性所在。伴随科学人文主义的复兴，以科学精神为基础，以人文精神为价值方向的教育目的观正在逐渐形成。当今世界人与社会的发展越来越强烈地要求，必须坚持一个完整的教育目的观，建构一种完整的教育。成人教育的目的应该体现完整的成人教育意义，促进成人和社会的全面、和谐发展。

三、成人教育目的的确定及其功能

成人教育目的是成人教育实践的总纲和基础，成人教育目的制定得是否科学合理，将极大地影响成人教育的功能作用、成人教育方针政策的制定、成人教育的实施和管理等一系列问题。成人教育活动是以部分时间参加有组织学习活动的成人为对象，由社会提供的有目的、有组织、有系统的一种教育活动，其性质是社会改革性和政治性，目的在于增进个人智能或态度、习惯及价值观念转变，提高成人的社会竞争力和社会资本。

（一）国内外成人教育目的的表述

1. 国际关于成人教育目的的表述

在西方教育史上，第一个完整阐述教育体系和成人教育目的的哲学家是柏拉图。他在《理想国》中系统地提出了胎儿教育、婴儿教育、儿童教育、青少年教育和成人教育，"对成人则继续研究'辩证法'，直到35岁，然后担任与他们能力适宜的重要官吏。个别人再须经过多年的锻炼，大约到了50岁，经受了各种'考验'，特别是在哲学方面具有高深的造诣，能用理智去衡量各种事物，'方才达到了目标'，就可以成为奴隶制国家的最高统治者——哲学王，这是柏拉图的全部教育目的"。[①]

近代成人教育发展起来之后，英国政府任命的第一个成人教育专业委员会在1919年提出了《史密斯报告》（"Smith Report"，又称《1919年报告》），明确提出成人教育不再是补习性的教育，而是以培养公民意识和个人发展为主要目的。美国的林德曼最早论述成人教育目的，他认为成人教育目的"是使人们的整个生活具有意义"，并且指出成人教育的目的具有双重性：首先，成人教育的目的是赋予各种经验以意义，而并非是知识简单的分门别类，人们唯有在智力上不断努力，才能够驾驭自己的生活。他认为："从心理学的角度而言，智力是学习的能力，是解决问题、利用知识适应不断变化的环境的能力。"其次，成人教育是改良社会的重要手段。他同时强调成人教育在社会改良中的巨大作用。"改变个体使之不断适应变化着的社会——这就是成人学习双重的、但又是统一的目的。"[②]

英国成人教育基金会秘书长哈奇森在联合国教科文组织第一次国际成人教育大会（埃尔西诺）上指出："成人教育，是指成年人（18岁以上）所志愿进行的教育形式，其目的是促进个体心智发展与能力的提升，而非直接为了满足教育的职业价值与需要，在社会、国家和世界公民教育框架内培育人们的道德和社会责任。"丹麦成人教育家所做的代表性阐释是："成人教育机构不会为人们从事某种专业活动或获取谋生的知识而提供培训，而是使青年人成为理想的公民。"[③] 第一次成人教育比较研究国际会议也强调成人

[①] 王天一，等. 外国教育史 [M]. 北京：北京师范大学出版社，1993：49.
[②] E. C. Lindeman. *The Meaning of Adult Education* [M]. New York: New Republic, 1926: 35.
[③] A. S. M. Hely. *New Trends in Adult Education: from Elsinore to Montreal* [M]. Paris: Imprimerie Union, 1962: 19.

教育目的在于"解决个人或社会问题"。联合国教科文组织《学会生存——教育世界的今天和明天》报告中的第一条是"我们建议把终身教育作为发达国家和发展中国家在今后若干年内制定教育政策的主导思想。应把培养人的自我生存和发展的能力,促进人的个性全面和谐的发展,作为当代教育的基本宗旨。"《学会生存——教育世界的今天和明天》宣称:"为了预防工业技术方面不合理的发展引起长期不利的影响,教育应该宣布一个人道主义性质的最终目的,从而采取步骤,防止生存逐渐失去人性的危险。""把一个人在体力、智力、情绪、伦理各方面的因素综合起来,使他成为一个完善的人,这也是对教育基本目的的一个广义界说。"① 美国的成人教育家诺尔斯认为,成人教育是一个过程,即成人学习的过程,包括成年男女获得知识、理解力、技能、态度、情趣或价值观的所有活动。成人教育的使命必须定义为"培养有能力的人——即能够把知识用于变化着的环境中的人",成人的学习意向也是根据"发展任务"的变化而变化。

1985 年 9 月在巴黎召开了第四次国际成人教育会议,会议倡导成人教育的目的主要在于促成成年人的能力增长、知识扩展、技术提高、职业晋升或确立新的方向,以及在个人的全面发展和对社会经济、文化的参与方面得到相应的行为和态度转变。1997 年 7 月在德国汉堡召开了第五届国际成人教育大会,"成人学习"得到前所未有的重视。大会的主题词是"成人学习:一项权利、一种快乐、一种工具、一项共同分担的责任"。大会通过了《汉堡成人学习宣言》和《未来工作议程》,确定了以成人学习为主旨——"聚焦人类所共同关心的问题,探索成人学习如何发挥其关键作用,使各个年龄阶段的人能够运用自己的知识、勇气和创造性应对面临的严峻挑战",② 其目的在于为 21 世纪确立成人学习的方向。它重申使每个成年男女得到终身发展自我能力的重要性,着重强调"只有建立在全面尊重人权的基础上的、以人的发展为中心和参与的社会,才能带领我们进入平等的和可持续发展的未来",进而确认成人教育在这一进程中的重要作用。

由联合国教科文组织、儿童基金会、开发计划署和世界银行联合发起的在泰国召开的世界全民教育大会正式提出全民教育的概念。全民教育就是教育对象的全民化,人人都有接受教育的权利并且必须接受一定程度的教育,

---

① 联合国教科文组织国际教育发展委员会. 学会生存——教育世界的今天和明天 [M]. 北京: 教育科学出版社, 1996: 85, 195.
② UNESCO. *Final Report of the Fifth International Conference on Adult Education*. Hamburg, Germany, 1997: 26.

它体现个人价值与社会价值、效率价值与公平价值的辩证统一。《世界全民教育宣言1990》指出全民教育的目的是满足基本的学习需要，是共同文化与道德价值观的传递与丰富。个人和社会正是在这些价值观念中找到了他们的认同感和价值。

2. 我国成人教育目的的表述

我国不同历史时期的成人教育目的都是为了适应当时社会的政治、经济或社会要求，但有不同的认识和提法。目前关于成人教育目的的表述反映了我国成人教育价值的冲突，具体表现在教育的个人价值与社会价值、目的的价值与工具价值、精神价值与物质价值、效率价值与公平价值、科学价值与人文价值之间的冲突等。

我国古代把人的受教育阶段分为15岁以前和15岁以后两个部分。15岁以后的教育就相当于今天的成人教育，而全部的教育目的都在于培养道德完备的君子。封建社会的教育目的是为封建统治阶级培养管理者，"学而优则仕"作为当时的至理名言，引领学子为进入社会上层而努力拼搏，许多成人学子为了参加科举考试而"头悬梁、锥刺骨"。清末时期，1904年第一部由国家制定的《奏定学堂章程》中规定："至于立学宗旨，无论何等学堂，均以忠孝为本，以中国经史之学为基，俾学生心术归于纯正，而后以西学论其知识，练其艺能，务期他日成才，各适实用，以为国家造就通才、慎防流弊之意。"

1906年3月，清朝政府的学部针对民权思想的流行和资产阶级革命派的活动，拟定"忠君、尊孔、尚公、尚武、尚实"五项教育宗旨，其中成人教育（实务教育）注重国民公共心、国家观念、身体素质和基本生活技能的培养，提倡学用结合的教学方法等。

1912年的民国教育部，根据时任教育总长蔡元培的建议，决定以"注重道德教育，以实利教育、军国民教育辅之，更以美感教育完成其道德"的宗旨取代清末的教育宗旨，实际也是蕴含有成人教育意义的国民教育的目的。20世纪二三十年代在中国兴起平民教育运动，许多教育家认为人的改造是社会改造的根本所在，而当时中国绝大多数的人口是平民，要改造社会就必须首先改善占社会中绝大多数却缺乏力量的平民大众（主要是农民）的命运。晏阳初曾说："平民教育的目的是教人做人，做什么人？做整个的人。什么叫整个的人？第一，要有知识力；第二，要有生产力；第三，要有公共心。"① 他以人民全部生活为起点，以民族的改造为目标，在常规教育之下发展出对一般人都适用、涵盖面广、有效性强、成本低廉的平民教育方案（以文艺教育治愚、以生计教育治穷、以卫生教育治弱、以公民教育治私），采用学校式、社会式、家庭式3种方式全面推动平民教育。

  中国共产党在革命历程中积极推动了成人教育工作的开展，组织了大量的以大众为主体的成人教育活动。在成人教育活动中以学习革命理论和科学知识为主，倡导理论与实践的结合，逐步自觉地承担起改造社会、推动革命和历史前进的巨大任务，实际上是新民主主义成人教育目的的体现。通过开办成人学校和教育活动，培养了大批干部和骨干力量，造就了一批管理人才，推动了革命的发展和社会的进步。1949年9月29日，在中国人民政治协商会议第一届全体会议上通过的《中国人民政治协商会议共同纲领》第41条规定："人民政府的文化教育工作，应以提高人民文化水平，培养国家建设人才，肃清封建的、买办的、法西斯主义的思想，发展为人民服务的思想为主要任务。"在完成社会主义改造后，我国开始了大规模建设的时期。根据这一时期政治、经济、文化等方面发展的新要求，毛泽东于1957年国务会议上指出："我们的教育方针，应该使受教育者在德育、智育、体育几方面都得到发展，成为有社会主义觉悟的有文化的劳动者。"成人教育目的是被包含在国家整个教育目的之中的，这对我国以工农为主的成人教育事业的发展和人才培养起了非常有力的指导作用。

  改革开放后，国家发展重心转移，经济的大发展也促进了成人教育特别是职工教育的大发展，从而有了对成人教育目的的专门表述。在1981年国家颁布的《关于加强职工教育工作的决定》的文件中，将成人教育的目的表述为"……有效地提高职工队伍的政治思想、科学文化、业务技术和经营管理水平……从中造就一大批精通本行业的专业人才和懂得现代经济、现代科学技术的经济建设人才"。1982年《中华人民共和国宪法》中规定："国家培养青年、少年、儿童在品德、智力、体质等方面全面发展。"1985年《中共中央关于教育体制改革的决定》提出："教育要为90年代至下世纪初叶我国经济和社会发展培养新的能够坚持社会主义方向的各级各类人才……所有这些人才都应该有理想、有道德、有文化、有纪律，热爱社会主义祖国和社会主义事业，具有为国家富强和人民富裕而艰苦奋斗的献身精神，都应该不断追求新知，具有实事求是、独立思考、勇于创造的科学精神。"

---

① 晏阳初. 平民教育概况 [M] //晏阳初全集（第一卷）. 长沙：湖南教育出版社，1989：124.

1987年教育部颁发《关于改革和发展成人教育的决定》文件，第一次明确提出了成人教育的目的，即成人教育要从我国的国情出发，坚持直接有效地为社会主义建设服务为方向，把全面提高劳动者的素质作为根本目的，贯彻学习与工作、与生产的实际需要相结合，讲求实效的原则。1995年《中华人民共和国教育法》规定："教育必须为社会主义现代化建设服务，必须与生产劳动相结合，培养德、智、体等方面全面发展的社会主义事业的建设者和接班人。"同时也为新时期成人教育培养合格人才指明了方向。2001年，在北京举办了21世纪中国成人教育发展论坛，来自全国的成人教育工作者共同发表宣言，对成人教育的定性是："成人教育是现代教育体系的组成部分，是任何一种教育体制和以人为中心的发展的基本组成部分。"关于其目的和功能的表述是："成人教育是促进可持续发展的一个必不可少的要素。它帮助建设以人为中心的发展和充分尊重人权的参与型社会，促进实现可持续的发展和公正的发展。"①

然而，目前我国成人教育的目的仅仅关注了成人学习知识的需要，关注了成人提升学历的需要，而忽略了成年人完成公民角色实践提升的需要。成人教育目的的论述多被描述成为经济发展服务、帮助成人实现职业上的适应与成功，甚至直接套用政策话语。通过分析不难发现，在以往的成人教育目的的观点或表述中，中心词是"劳动者"和"经济建设人才"，其他的关键词，如"提高劳动者的素质"、"思想道德素质"、"科学文化素质"等，主要还是对培养合格劳动者和经济建设人才的具体解释，培养上述两者的目的又在于为经济建设服务，即提高社会生产力。可以说当前成人教育目的实质上更多地关注了促进社会的进步和提高社会生产力，对于"促进成人自身的成长"关注甚少。显然，以往的成人教育目的没有明确指向成人，不是直接为了成人这一主体的发展，这就容易给人造成没有把成人作为"目的人"，而是把其看作"工具人"，即促进社会进步、经济发展的工具这样的误解。在表述形式上指向成人的，又存在与未成年人培养规格趋同的现象，或只是泛泛的做些一般性的要求和规范，缺乏对成人身心发展自身特点的反映。

（二）确定成人教育目的的依据

教育目的是一种关于教育过程预期结果的价值取向，社会对教育结果的

---

① 中央教育科学研究所成人教育研究中心.21世纪中国成人教育发展论坛宣言［J］.中国成人教育，2001（6）.

期待和受教育者本身的条件情况较为复杂，从而存在多种抉择的可能性。确定成人教育目的必然受到各种因素的制约，必须以客观存在及其发展规律为前提；同时，制定成人教育目的也必须有一定的理论依据，按照一定的成人教育价值观进行抉择。前者包括政治、经济、科技文化和人的发展规律等，后者包括个人的社会政治观、哲学观和教育价值观等。也就是说，确定成人教育目的是主观与客观相结合的过程和结果。

1. 确定成人教育目的的客观依据

成人教育受制于社会政治、经济、文化等影响以及成人自身身心发展需要等多种因素，这是确定成人教育目的的客观依据。确立成人教育目的主要应考虑社会的发展需求和个体的发展需求两方面的依据。

（1）社会发展需求的依据。成人教育产生于社会需要，并且与一定社会的现实及其发展条件有着密切联系。成人学习者只能在现实的社会生活条件下才能获得发展。成人教育目的的提出必然受到一定社会历史条件的制约，社会现实及其发展需要是确定成人教育目的的客观依据之一。

社会经济对成人教育的需求，主要表现在生产力和生产关系的发展对成人教育的需求上。生产力的发展必然要求成人教育的发展与它相适应，生产关系的发展影响和制约着成人教育的发展。社会发展以及经济体制改革带来了生产资料所有制的多种结构与结合；国际经济的竞争与合作，也将各种经济实体的生存问题放在更为广阔的世界经济发展背景中。这一切都使人们在物质生产过程中所结成的社会关系越来越复杂，相应地对成人教育的培养目标、结构、模式等也不断提出新的要求。

社会政治对成人教育的制约，核心的问题是培养什么样的人的问题，即对成人教育目的的限定，要求成人教育培养和选拔专门的政治人才以维护社会稳定，保证政治制度得以实现、巩固与发展；要求成人教育通过各种途径、手段、形式和方法对成人公民施以教育和影响，培养和提高他们的政治素质，使他们的政治立场、思想观点等符合一定历史时期政治发展的要求，促进社会政治平等和民主化的进程。

社会文化的发展相应地对成人教育也提出了更高的要求。成人教育目的是文化的人格化，一个社会的成人教育所要培养出来的人才，便是这个社会的文化塑造出来的理想角色。因此，为了更好地服务于社会，成人教育必须依据这些客观条件来选择和确立教育目的。

（2）成人发展需求的依据。教育是培养人的社会活动，任何教育目的最后总是指向人，成人教育目的的实现最终也要落实到具体的成人发展上，离开了受教者，成人教育目的本身就失去了其赖以存在的物质载体。成人教育目的含有对成人素质发展的要求，这种要求不仅要依据社会现实及其发展来确定，也要依据成人的身心发展和需要来确定。

成人个体对成人教育的需求来自社会环境的压力，与社会发展有着密切的内在联系，还来自于成人成年期不断发展的需求。劳动者的劳动能力是由体力、智力、文化知识、劳动经验和技术熟练程度等因素共同构成的，这是确定成人教育要培育哪些基本素质的根本依据。因此，在制定成人教育目的时必须考虑到成人的发展规律和特点的要求。成人身心发展规律及其自身的发展需要对成人教育目的的制约属于内因。

由于成年期并非一个稳定的时期，成人在整个成年期中均不断呈现统合与调适，成人面临着人生的变化与发展，会不断产生新的教育需要，因此，不断接受教育来适应变化和发展显然是明智的选择。成人的家庭文化背景、工作经历、社会地位不同，兴趣爱好、气质性格各异，价值观念、对自身发展的期望值也有较大差异。成人生活在社会中，受到诸因素的影响，有发挥自己潜能和发展个性的需求。随着社会发展的进程，人均受教育年限增加，成人自我意识进一步觉醒，成人个性发展的需要就更加强烈，成人的教育需求也将不断增加。另外，现代社会重视个人多方面的发展，成人除了学历和职业教育之外，还在丰富闲暇时间、精神生活、艺术创造、科学研究乃至老年生活等方面有教育的需求，因此，成人教育目的的确定更需要反映成人多样化的发展需要和教育需求。

2. 确定成人教育目的的理论依据

我国教育目的蕴含着全面发展的要求，这一点与马克思主义关于人全面发展的学说有着密切联系。成人教育作为培养人的社会活动，能对社会各方面的发展和成人自身的生活和发展产生巨大影响。同时，由于成人的社会角色和教育需求与未成年人不同，在选择确立成人教育目的时，要使成人教育更好地为社会服务、促进人的发展，必须依据有关的成人社会政治观、社会观和教育价值观等，清楚地认识和考虑一定社会条件下人的发展理论和观点。

马克思主义关于人的全面发展学说是马克思、恩格斯在政治经济学的研究中考察社会物质生产与人的发展关系时所提出的关于人发展问题的基本原理。其基本思想是：人的发展是与社会生产发展相一致的，旧式劳动分工造成人的片面发展，大工业机器生产要求人的全面发展，并为人的全面发展提供了物质基础；实现人全面发展的根本途径是教育同生产劳动相结合。人的全面发展的含义是：①指人生产物质生活本身的劳动能力的全面发展，"个人生产力的全面的、普遍的发展"，"是各方面都有能力的人，即通晓整个生产系统的人"，正如马克思所说的"全面发展的个人……也就是用能够适应极其不同的劳动需求并且在交替变换的职能中……使自己先天的和后天的各种能力得到自由发展的个人"。① 这种劳动能力的全面发展既表现为人体力和智力的全面发展，又表现为人才能和志趣的全面发展。②指人才能的全面发展。正如马克思、恩格斯所说"每一个人都无可争辩地有权全面发展自己的才能"，"任何人的职责、使命、任务就是全面地发展自己的一切能力"。③指人自身的全面发展，它意味着"人以一种全面的方式，也就是说，作为一个完整的人，占有自己的全面的本质"，"均匀地发展全部的特性"。④指人的自由发展，包括"全部才能的自由发展"，"各种能力得到自由发展"，"个人独创的和自由的发展"，"个性的比较高度的发展"等。因此，马克思主义关于人的全面发展学说是确定成人教育目的的理论基础。

社会学家涂尔干认为，教育目的在于"使儿童的身体、智力和道德都得到某种激励与发展，以适应整个社会在总体上对儿童的要求，并适应儿童将来所处的特定环境的要求"。概言之，"教育在于使年轻一代系统地社会化"。每个个体都具有双重人格，即"个体我"与"社会我"。"塑造社会我，这就是教育的目的。"尽管专业化不排除某种共同基础，也不排除脑力劳动与体力劳动的某种平衡，然而，"这并不意味着可以把完全的和谐发展作为引导和教育的最终目的"。② 成人的发展社会化同样重要，有着特殊的条件、机制和意义，成人的社会性发展应该成为成人教育的核心任务，特别是在现代公民社会发展的过程中，培养成人的公民意识和责任，提高成人的社会参与能力也是成人教育的目标。因此，确定成人教育的目的需要依据发展社会化的理论观点。

在人力资本理论盛行的年代，国内外的成人教育目的都受其影响，导致发展"人力"成为成人教育目的的价值取向。"以人为本"成人教育理念的兴起，要求在成人教育工作中始终把人的发展放在首位，为成人的发展服务。人本思想是以人为目的、为本位、为中心的思想，人本价值的实质在于把人看成是生产力的首要因素，并且把关心人、尊重人、解放人、发展人自身作为追求的最高目标。以人为本体现在"人既是发展的第一主角，又是

---

① 马克思恩格斯全集（23）[M]. 北京：人民出版社，1972：407-483.
② 涂尔干. 教育及其性质与作用[C]//张人杰. 国外教育社会学基本文选. 上海：华东师范大学出版社，1989：2-9.

发展的最终目标",将发展的逻辑起点与终极目标归结于人自身,突出了人在发展中的主体地位和作用。成人发展的最终目的就在于使人性日渐完善、生活丰富多彩、承担各种角色和不同的责任。成人教育为社会民众提供广泛而多元的学习机会,而且每个成人都有自己的独特性,有不同的认知特征、兴趣爱好、欲望需求、价值取向和创造潜能,让每个成人都在身心健康和自我发展方面得到最大的满足,使人生活富裕、精神充实,获得全面发展。成人教育的目标不应只是适应社会经济、政治和文化的发展,也不应局限于劳动技能和知识的发展,而是要包括提高个体生活品质、陶冶情操、提高素质、完善人格、明确个体价值取向以及个体自我实现等综合要求。因此,确定成人教育的目的需要依据人本思想的价值观。

(三) 成人教育目的的功能

成人教育目的的功能指教育目的对实际教育活动所具有的作用。教育目的是教育活动的出发点和归宿,其层次的多样性使它具有多方面的功能。成人教育目的对确立成人教育的目标和任务、建立制度和体系、选择内容和课程以及组织教育活动过程都起着指导作用。

1. 对成人教育活动的定向功能

任何社会的教育活动,都是通过教育目的才得以定向的。成人教育目的也为成人教育工作者指明了工作方向和奋斗目标,其所具有的层次性,不仅内含对整体教育活动努力方向的指向性和结果要求,而且还含有对具体的成人教育活动的规定性;不仅为成人教育指明了"为谁(哪个社会、阶层)培养人"、"培养什么样的人"的方向,而且还包括解决现实教育实际问题的具体路径。成人教育目的作为支配成人教育实践活动的内在规定性,也对整个成人教育过程具有支配、指导和导向作用。诸如成人教育制度的建立、成人教育教学内容的选择,以及成人教育过程所采用的方法和手段,都必须按照成人教育目的进行,并且使成人教育这个局部系统与社会总系统发生联系,并受其制约。

定向功能具体体现为:一是对成人教育社会性质的定向作用,对教育"为谁培养人"具有明确的规定;二是对成人素质培养的定向作用,依循这样的规定,不仅能改变成人自然的、盲目的发展性,而且还能对成人发展不符合教育目的的部分给予正确的引导,使其发展与预定的方向相一致,形成社会所需要的品质;三是对成人教育课程选择及其建设的定向作用,包括选择什么样的内容、何种水平的课程,对教育内容如何取舍等具有决定性作用；四是对教师教学方向的定向作用，除了对培养成人能力和技能方面的教学定向外，还有对培养思想品德方面的价值定向作用，使成人教育工作者明确自己所要教的最重要的是什么。

正因为成人教育目的具有定向功能，才避免了成人教育在社会性质和发展方向上的失误，从根本上确保了教育的社会性质和人才培养的社会倾向性。长期以来，我国在"劳动者"与"建设者"、"应用人才"与"科技人才"等提法上存在分歧，有的非此即彼，有的则综合相加。其实，无论是"劳动者"还是"建设者"，也无论是"应用人才"还是"科技人才"，都应该牢牢把握"创造性"这一现代社会人才的本质特点，培养青少年和成人的创新精神和创造能力。

2. 对成人教育活动的调控功能

成人教育目的是一定社会根据自身或人的发展需要对成人教育活动进行调节、控制的一种重要手段。从宏观上讲，成人教育目的对成人教育改革、规划以及成人教育结构调整等具有协调和控制作用；从微观上讲，成人教育目的对成人教育实践活动中各种要素的组合，即成人教育计划的制订、内容的选择、成人教育手段和技术的运用等具有控制和调节作用。同时，成人教育目的对成人教育工作者和对象的学习、发展也具有控制作用。

成人教育目的的调控功能主要借助以下方式来进行：一是通过确定价值的方式来进行调控，主要体现在对教育价值取向的把握上。教育的产生和发展既是社会的需要，也受社会所制约，社会在利用成人教育满足自身或人的发展需要时，赋予它特有的价值取向。成人教育目的带有一定价值观实现的要求，并成为衡量教育价值意义的内在根据，进而调控成人教育实践活动。二是通过标准的方式进行调控。成人教育目的总是含有"培养什么样的人"的标准要求，这些标准对实际教育活动的影响是多方面的，是教育活动"培养什么样的人"的基本依据，使教育者根据这样的标准调节和控制自身对教育内容或教学方式的选择等。三是通过目标的方式来进行调控。成人教育目的的实现往往会衍生出系列的短期、中期或长期的目标，逐步铺开成人教育目的可以实现的操作路线，具体调节和控制各种成人教育活动。就调节控制的对象而言，成人教育目的还对教育工作者的教育观念、教育行为和对受教育者进行调控。教育行为不仅体现了教育者的敬业状态和责任感的大小，而且还具体涉及教学内容、教学方法的选择等，这些都直接或间接地依循教育目的进行。由于成人教育目的本身含有对成人发展的期望和要求，因此，对不符合教育目的的行为总是能够予以引导或纠正，从而将成人的发展引入预定的方向。此外，其调控功能也可以体现为成人自我控制、主动发展和规划自己。总之，教育目的含有各种内在的规定性，对整个教育过程具有很强的调控功能。

3. 对成人教育活动的评价功能

成人教育目的是衡量和评价成人教育质量和规格要求的根本标准。检查和评价成人教育与教学过程质量的优劣，检查和评价成人教育者的工作质量和效果，检查成人学习者的学习成绩和发展程度，评价成人教育对象的优劣，都必须以成人教育目的为根据。

成人教育目的不仅是成人教育活动应遵循的根本指导原则，而且也是检查、评价成人教育工作的重要依据。因为一种能够实现的教育目的，总是含有多层次的系列目标，这使得它对教育活动不仅具有宏观的衡量标准，而且还具有微观的衡量标准。依据这些标准，能够对教育活动的方向和质量等做出判断，评价教育活动的得与失。成人教育目的的评价功能主要体现在两方面：一是对价值变异情况的判断与评价。现行成人教育就已倾向片面培养人力的价值取向，如果不依据成人教育目的所确立的教育价值观的要求进行衡量评价，就难以发现其价值的变异，也难以将其纠正。二是对成人教育效果的评价。要确保成人教育目的的实现，就应注意依据教育目的，不断分析评价成人教育过程的发展状况和结果，适时做出恰当判断和指导成人学习者，成人教育督导正是这一功能的体现。只有发挥成人教育目的的评价功能，才能更好地从根本上把握成人教育活动的进行，及时地调整成人教育行为和影响因素，确保成人教育目的的实现。

成人教育目的的上述功能，是相互联系、综合体现的，每一种功能的作用，都不是单一表现出来的。定向功能是伴随评价功能和调控功能而发挥的，没有评价和调控功能，定向功能难以发挥更大的作用；而调控功能的发挥需要以定向功能和评价功能作为依据；评价功能的发挥也离不开对定向功能的凭借。重视和发挥成人教育目的的这些功能，是对成人教育目的全面、深刻的理解和贯彻。

第七章 成人教育功能理论

成人教育的功能属于成人教育基本理论研究的范畴，既是我国成人教育学术界研究的薄弱环节，又是当今成人教育工作者亟须取得共识的问题。21世纪的成人教育是终身教育体系中的一部分，它在推进全民终身教育与终身学习方面起着至关重要的作用，是建设学习社会和全面提高民族素质的关键力量。成人教育越来越像一个社会公共产品，在国家、社会的层面上组织和利用成人教育来全面开发人力资源；同时，成人教育作为吸引成人参与的学习活动，对实现成人的全面和谐发展，适应社会变迁和社会流动，更加受到关注和重视。成人教育对提升国家和成人自身变得愈加重要，这也促成了成人教育功能研究的蓬勃发展。

一、成人教育功能的论争

受经济学人力资本理论的影响，教育理论在探讨教育的社会功能方面取得了一定的进展，人们往往从成人教育对开发国家人力资源的贡献角度来说明成人教育的功能，赋予成人教育巨大的价值。然而，对成人教育的地位、目标、功能和价值问题一直是众说纷纭，难以取得共识。

（一）教育的结构和功能

在社会学理论中，英国社会学家斯宾塞率先提出了"结构"、"功能"、"系统"等概念，并由此构建了功能理论和"结构—功能"的研究方法。现代系统论认为，结构是系统中各要素之间的关系和联系的形式，功能则一般指系统所具有的能力、作用以及所能取得的效果，是系统结构自身所内含的。结构和功能相互作用、相互影响，结构决定功能，功能影响结构，两者是不平衡的双向关系。系统的功能不仅取决于系统各个要素的功能，而且取决于要素之间的关联及系统的结构。系统的要素不同，其功能也会不同；系统的要素相同，但结构不同，系统的功能也会不同。这种现象在各种系统中经常会遇到。总之，结构和功能之间存在着对立统一的辩证关系，两者统一于系统之中。系统论要求我们在认识和改造客观世界的过程中，要组建和保持优化的系统结构，并随着系统的外部环境变化，不断地调整结构，以适应变化了的外部环境，充分发挥系统的功能。系统是事物存在的普遍形式，成人教育也是一个系统，成人教育的功能也同样受制于系统的结构性原理。

现代社会对教育功能的探讨是从社会学的观点进行分析，将教育功能看成是教育活动对人的发展和社会的进步作用。从作用的对象看，教育功能可分为个体功能和社会功能。教育作为社会结构的子系统，通过培养人进而影响社会的存在和发展，这构成了教育的社会功能。严格地说，它不是教育自身的功能，而是教育培养的人参与社会生活而发生的功能。卢梭认为："植物由于栽培而成长，人由于教育而成为人。""我们生而软弱，因而需要力量；生而无能，因而需要他人帮助；生而无知，因而需要理性。所有我们生而缺乏的东西，所有我们赖以成为人的东西，都是教育的赐予。"[①] 正因为教育具有培养人的功能，才能使人们"知道"（天道——自然规律，人道——人事规律）而"成为人"，才能"赐予"人们"生而缺乏的东西"、"赖以成为人的东西"；反之，如果教育不具备培养人的功能，那人们就会"不知道"，也就不能"由于教育而成为人"。因此，把受教育者培养成真正的人是教育的本位功能，而把受教育者培养成对国家和人民真正有用的人才，是从本位功能出发对教育社会意义的进一步发挥。

教育的本位功能是教育活动对教育对象个体发展所产生的作用。教育能够促进人主体意识的形成和主体能力的发展，主体意识和主体能力是人主体性的表现。主体意识是人作为认识和实践活动的主体的自觉意识以及主体性的观念表现，主体能力是主体性的外在表征。无论是主体意识的形成，还是主体能力的获得都要通过接受教育获得相应的知识、能力，从而达到变革客观世界的目的。教育还能够促进个体差异的充分发展，形成人的独特性。创造性是自我性和社会性的连接，它虽是个人才能的最高体现，但这种才能的发挥要受到社会的制约，要以对社会的贡献来衡量。教育在人创造性的培养方面起着重要的作用，通过开发人的创造性，促进个体价值的实现。需要注意的是，人的遗传素质蕴含着个体的差异性，个体由于后天生活环境、教育影响的不同，即便是相同的遗传素质，也会形成不同的发展结果。因此，教育作为有目的的活动，应该尊重个体差异，因材施教，根据学生的不同心理发展特征，选择适合他的发展道路、设计适合他的教育，帮助不同的学生充分发掘其内在潜力，形成自己的优势区域和特长。

教育的社会功能表现在对教育之外其他社会子系统的作用，包括人口、政治、经济、文化等方面。在不同的历史时期，教育社会功能表现的强弱程

---

① 卢梭. 爱弥儿[M]. 北京：商务印书馆，1978：1-2.

度不同。人口是社会的生态基础,是连接个体与社会的桥梁。教育的个体功能要转化成政治、经济功能,首先要通过提高人口素质来实现。教育的文化功能是教育社会功能中的基本功能,与人类教育共发展。改造主义认为,教育应发挥两种作用,一是教育必须承担建设"新文化"的任务,二是教育还必须承担培植"社会同意"的职责。所谓"社会同意",即"群体思想"、"共同经验",也就是说,要在各种社会政治力量、各个阶级的个体之间培养共同的思想、信仰、习惯和价值观念。[①] 进步主义教育家认为,教育有双重职能,它既促进个人的成长,又保持或促进一种美好的社会。他们认为一个民主的社会超过政府形式,这种社会是一种协作的生活方式,联合的、交流经验的方式。从教育功能行动的发生到教育功能结果的产生,是教育功能形成中的第三个阶段。这个阶段包括两个过程:一是对社会各要素的直接影响与改变过程;二是对受教育者的"影响"过程,即通过教育功能行动的控制,对受教育者"文化特性"形成影响。前者形成了教育社会功能的直接结果,如教育宣传和形成了政治舆论,教育消费刺激其他行业的消费并带来经济增长,教育对文化进行传播、选择、创造和批判等;后者是形成了受教育者的文化特性,培养了符合社会要求的人。

教育的社会功能和个体功能之间存在着内在的联系,过分强调教育的社会功能或忽视教育的个体功能都是片面的功能观。

(二) 成人教育功能

成人教育功能是由成人教育结构决定的,成人教育结构是成人教育功能的基础,成人教育的结构不同,成人教育的功能也会不同。在成人教育系统中,教育者和受教育者的关系如何,他们联系的频率、方式、内容如何,都会直接影响成人教育的功能。合理的成人教育结构,能够充分调动成人教育者和受教育者的积极性,从而促使成人教育功能得到最大限度发挥;不合理的成人教育结构,则会抑制成人教育者和受教育者的积极性,从而限制成人教育功能的正常发挥。

从不同的视角可以将成人教育功能分为不同类型。以作用的对象为依据,一般将成人教育功能分为本体功能(育人功能)和工具功能(社会功能);以作用的性质为依据,可将成人教育功能分为期望功能和实效功能;以作用的方向和表现形式为依据,一般把成人教育功能分为正向功能和负向功能、显性功能和隐性功能。

---

① 王天一,等. 外国教育史(下册)[M]. 北京:北京师范大学出版社,1985:228.

林德曼在其代表作《成人教育的意义》中表明了他对成人教育的基本主张："我的成人教育概念，是指不断估价经验的过程。经验首先是做某事情，其次是做的事情不同，再次是了解这些事情有什么不同。"成人教育"不仅仅是改变成人的文盲状态，更为重要的是它是生活价值的全部结构的重建"。同时，林德曼也认为成人教育是改良社会的重要手段。"改变个体使之不断适应变化着的社会——这就是成人学习双重的、但又是统一的目的。"① 联合国教科文组织 1972 年在《学会生存——教育世界的今天和明天》中指出："对于今天世界上许许多多的成人来说，成人教育是代替他们失去的基础教育。对于那些只受过很不完全的教育的人来说，成人教育是补充初等教育或职业教育。对于那些需要应付环境的新的要求的人们来说，成人教育是延长他们现有的教育。对于那些已经受过高等教育训练的人们来说，成人教育就是给他们提供进一步的教育。成人教育也是发展每一个人个性的手段。"② 富尔说得好："教育是形成未来的一个主要因素，在目前尤其如此，因为归根到底，教育必须培养人类去适应变化，这是我们时代的显著特征。"③ 经济合作组织教育革新和研究中心的马丁博士坦率地承认，"成人教育仍然是各国教育体系中的灰姑娘。在迈向学习社会和终身教育的今天，许多国家都将注意力重新转向了成人教育，灰姑娘终于有希望走进舞会大厅了"。

社会作为一个整体，由经济、政治、文化、生态等许多子系统组成。成人教育按照社会要求对成人受教育者施加影响，在促进成人受教育者不断适应社会需要并与之协调发展的过程中，能够对社会进步产生巨大的作用。成人教育之所以能够促进社会进步，是通过成人教育与社会经济、政治、文化、生态等各方面信息的互换和成人教育各方面的整合而实现的。因此，成人教育具有促进社会进步的功能。

成人教育的经济功能，主要不是表现为创造利润或物质财富，而是表现为对现实劳动者进行培训，使科学技术在较短时间内转化为巨大的现实生产力，也就是说体现在服务于社会生产力提高方面。成人教育的对象大部分是现实的劳动者，他们是生产力要素中最主要的部分。成人教育通过对成人受

---

① 达肯沃尔德，梅里安. 成人教育——实践的基础[M]. 刘宪之，等，译. 北京：教育科学出版社，1986：77.

② 联合国教科文组织. 学会生存——教育世界的今天和明天[M]. 北京：教育科学出版社，1996：247.

③ 联合国教科文组织. 学会生存——教育世界的今天和明天[M]. 北京：教育科学出版社，1996：137.

教育者知识、技能、态度、行为等方面进行教育和培训，促进成人受教育者科学文化、生产技能、职业道德等素质的转化，成为社会发展中的人力资本，应用于社会经济领域的生产和管理之中，极大地推动经济生产的迅速增长。

政治对成人教育的规定性，主要体现为政治制度制约着成人教育方针、政策、法律的制定，决定着成人教育的行政控制权，政治意识形态和文化制约着成人教育目标的制定和成人教育内容的选择等方面。同时，成人教育对社会的政治也有巨大的反作用。它并非完全消极地适应社会政治变动，而是积极适应社会政治要求，通过对成人社会政治意识、职业道德规范和行政管理能力的培养，为一定阶级培养和选拔所需要的各级各类政治人才，并培养大批合格公民，从而对社会政治的民主化进程产生巨大的推进作用。

成人教育的文化功能是指传递文化是成人教育工作者用以影响成人发展和社会发展的基本手段。成人教育在运用文化作为活动手段的同时，对文化的发展也有重要作用。成人教育通过有目的、有意识地将一定文化选择确定为教学内容，对文化发展有一定的导向功能。

成人教育的生态功能是指成人教育能培养成人自觉保护和改善人与自然及其他环境和谐关系的意识及行为，它主要表现在对人口数量的控制和质量的提高两个方面。许多研究表明，知识家庭的生育率明显低于文盲家庭，而子女成才率高于文盲家庭。成人教育的对象大部分是家庭主要成员或单位骨干力量，因而，成人教育与普通教育相比，在计划生育工作和人口质量方面能起到更为重要的作用。成人教育对自然环境的保护和改善有巨大作用，通过对成年人的教育，帮助他们形成人与周围环境关系正确的科学认识，激发他们保护和改善自然环境的责任感和自觉性，提高成人保护和改善自然环境的能力。

成人教育社会功能的发挥，首先需要社会为成人学习者提供相应的岗位和就业机会。对社会来说，能不能给毕业生提供相应的工作岗位，能不能为新科学文化产品的应用提供实验、实施、传播、推广的机会和条件，是成人社会教育功能得以释放的前提。如果成人学习者无法就业、科技成果得不到推广应用，成人教育显然无法释放潜能。即便是产品进入社会，寻求到了岗位和机会，如果人才没有流向相应的岗位，社会也没有为人才力量的发挥提供相应的条件、待遇和良好的发展前景，同样也会阻滞人才身上所蕴含能量的充分发挥。

我国政府于1987年正式确认"成人教育是我国教育事业的重要组成部分"。1993年颁布的《中国教育改革和发展纲要》明确提出："成人教育是传统学校教育向终身教育发展的一种新型的教育制度。"1995年颁布的《中华人民共和国教育法》规定国家实行成人教育制度。此后，我国成人教育事业蓬勃发展，取得了巨大成就。我国有学者指出，成人教育的功能是"使社会成员中被视为成年的人增长能力、丰富知识、提高技术和专业资格；或使他们转向新的方向，在人的全面发展和参与社会经济、文化的均衡而独立发展两个方面，使他们的态度和行为得到改变"。①2001年，我国在北京举办了"21世纪中国成人教育发展论坛"，来自全国各地的成人教育工作者共同发表了宣言，将成人教育定性为："成人教育是现代教育体系的一个组成部分，是任何一种教育体制和以人为中心的发展的基本组成部分。"关于其目的和功能的表述是："成人教育是促进可持续发展的一个必不可少的要素。它帮助建设以人为中心的发展和充分尊重人权的参与型社会，促进实现可持续的发展和公正的发展。"②

成人教育的功能是不断发展变化的。成人个体的不断变化以及社会各方面的迅速发展，要求成人教育功能也要相应地发展变化，具体表现为向成人教育提出多样化的期望功能。成人教育期望功能的实现，要求成人教育结构也必须随之发展变化。

（三）成人教育的正负功能观

教育是培养人的社会实践活动，这一本质属性决定了教育既是一个相对独立的系统，又是一个复杂开放的系统。在教育成为一种独立形态的古代社会中，学校教育的功能主要是为巩固政治制度服务，教育为个体发展服务的功能是附属的，并为统治阶级利益所制约。欧洲文艺复兴时期，人文主义教育把人的发展和社会的发展对立起来，把促进个体身心潜能的发展，培养敢于蔑视社会成规，具有独立、自主、自由的反叛精神的人，作为教育的价值追求，但他们的理想是乌托邦式的，因为这一时期社会的发展是以牺牲个人发展为前提的。

默顿是客观功能论者，他指出："社会功能是指可见的客观结果，而不是主观意向。既然是客观结果，功能就不一定都是正向的促进作用，也同时存在负向的阻碍作用。"③所以，他提出正向功能和负向功能的分类。所谓

---

① 高志敏."成人教育"概念辨析［J］．陕西师范大学继续教育学报，2000（1）．
② 中央教育科学研究所成人教育研究中心．21世纪中国成人教育发展论坛宣言［J］．中国成人教育，2001（6）．
③ 罗伯特·金·默顿．论理论社会学［M］．何凡兴，等，译．北京：华夏出版社，1990：104－105．

正向功能是指那些有助于一个特定体系的适应或调整的可以观察到的结果；负向功能是指不利于体系的适应或调整的可以观察到的结果。也就是说，正向功能是"贡献"性功能，负向功能是"损害"性功能。辩证的教育功能观注意到教育本身的复杂性、教育功能助益单位的复杂性，认为教育具有正、负双向功能。

教育功能既可以是对人和人类社会发展有益的作用与结果，也可以是对人和人类社会不利甚至有害的影响与后果。总之，在通常意义上，教育功能就是教育活动对社会发展和个体发展所产生的各种作用。作用由功能派生，作用从属于功能。据此，可以把教育形形色色的作用从两个角度各归纳为两类，其中一个角度是以教育对外物影响的直接与否，将其划分为直接作用和间接作用。直接作用是由教育唯一的、培养人的功能发出，即教育直接作用于人、促进个体个性化与社会化的发展；间接作用即教育的唯一功能不能直接作用于经济、政治、人口和文化，而只能通过培养出来的人去推动经济、政治、人口和文化的发展。这种教育功能观在承认教育具有促进社会和个体发展的积极作用的同时，还对教育可能产生的消极作用给予足够的重视。

人文主义教育始终坚持以学生为中心，将教育的目的概括为："发展个人，使其成为适应变化、适应终身教育的人，力争自我实现的人，能与他人共存、充分发挥作用的人。"[①] 美国成人教育学家诺尔斯则将这种理念移植到其成人教育理论之中，他认为："学习过程卷入了人的全部，包括感情、心理与智能。成人教育工作者的任务是帮助成人挖掘他们的全部潜力，使他们成为自我实现的人、成熟的人。"[②] 社会发展的方向是通过组成社会的个体的发展来表现的。凡是在现有基础上沿着使人得到更大解放的方向变化，称为社会正向发展；凡是在现有基础上沿着阻碍乃至降低人的解放程度的方向变化，称为社会负向发展。教育的负向功能，有些是整体的，有些是局部的，这取决于社会的性质。教育受社会政治、经济、文化制约，所以必须与社会发展相适应，这是教育的基本规律之一，违背这一规律，必然导致教育的社会负向功能。当社会发展处于正向时，由于教育系统和社会其他子系统关系失调，致使教育出现局部的负向功能。当社会的发展处于负向时，教育总体上发挥的是负功能。

---

① 伊里亚斯，梅里安. 成人教育的哲学基础 [M]. 高志敏，译. 北京：职工教育出版社，1990：154.
② 伊里亚斯，梅里安. 成人教育的哲学基础 [M]. 高志敏，译. 北京：职工教育出版社，1990：167-168.

因此，当社会发展处于正向时，成人教育对社会发展的功能总体上是正向的，由于重视个体独立人格的自由发展和培养人的主体性，促进社会的正向发展，发挥着正向功能。但也由于某些因素的影响，使得成人教育与社会的外部关系失调，出现了局部的负向功能。由于成人教育内容陈旧，成人并没有受到恰当的训练，因而不能适应社会的变化，这就出现了教育成果和社会需要之间的矛盾，一方面造成成人教育资源的浪费，另一方面还会酿成社会问题，严重时会危及社会的安定。伊里奇认为，现代社会是一个畸形的消费社会，这种社会远远超出了自然界所能承受的限度，正在朝着阻碍人类真正幸福的方向发展，从这个角度来看，现代文明正面临着巨大危机。学校制度以义务教育为核心，它不仅反映着这种危机，而且从根本上加剧了这种危机，因为它把消费社会的价值观制度化，从而不断产生社会危机。他认为，学校教育制度缺乏效率并且维持它需要高昂的代价，社会之所以确立教育制度，主要目的是为了支持一个使人性丧失的病态社会。在伊里奇看来，要彻底地解决教育问题，挽救文明危机，真正实现社会正义、自由和平等，仅对学校制度中的某些枝节问题进行改革是无济于事的，必须对教育制度乃至整个社会制度进行批判。当然，社会最终要向前发展，这是历史的规律，但为了冲破黑暗，个体要付出沉重的代价。

成人教育的功能是以成人教育结构为基础形成的，但它对成人教育结构又有一定的反作用，具体表现为成人教育功能的良好发挥，可以证明成人教育结构的合理性；反之，成人教育负功能的产生能够反映成人教育结构的不科学。一成不变的成人教育结构不仅难以适应社会对其功能的新要求，还可能导致成人教育功能在新的条件下表现为负功能。

成人教育发展需要社会物质生产提供相应的基础性条件，如果超过了物质生产所能提供的界限，就会导致教育的负向功能。如盲目的教育先行就是不顾本国经济发展的现有水平，过度地投资教育（如喀麦隆从1967年到1968年把公共教育经费增加了65%，同时国民生产总值只增加了10%多一点）而导致国民经济失衡，工农业生产投入降低，反而抑制了国民经济的发展。同时，盲目的教育先行，还会带来一系列负效应：首先，成人教育的盲目发展可能培养出过多的毕业生，而国家经济发展的现实又不能及时提供相应和足够的岗位，致使毕业生无法就业或无相应的岗位就业。这些毕业生在国内无法就业，造成了社会压力，同时，他们中的部分人可能流向国外，这时的教育对经济发展不但没有起着正面作用，反而造成了教育资源的流失和浪费。其次，劳动者的素质应与生产中的技术水平相适应，只有这样，提高受教育者的教育水平，才能提高劳动生产率，提高经济效益。如果生产力发展水平较低，它并不需要那么高的劳动者素质，高学历人才只能就低工作，不仅是人才浪费，而且因为大批高学历人才没有流向有限的高职位，被迫在第一线消极工作，如果这批人摆正不好心态，还有碍于劳动生产率的提高。

二、成人教育功能观的人力资本取向

（一）人力资本理论

人力资本理论是经济学的一个新领域，它主要探讨人力资本的基本特征、形成过程、人力资本的投资形式及投资成本与收益等相关问题。20世纪50年代，人力资本作为一种理论从经济学中分化出来，成为影响多个学术领域的理论。而成人教育是受人力资本理论影响最大的教育实践领域。

最早提出人力资本概念的是美国经济学家沃尔什，但对"人力资本"研究有卓越贡献的是美国诺贝尔奖获得者舒尔茨，他于1961年出版《人力资本投资》，提出了与古典劳动概念相反的人力资源观点，并对教育投资的收益率以及教育对经济增长的贡献做了定量研究。舒尔茨的主要观点有：人力是一种资本，劳动者的知识和技能构成人力资本；人力资本需要投资，投资的范围包括教育、医疗和保健、在职人员培训、成人教育和个人及家庭用于与就业有关的迁移，人力资本是投资的产物；在经济增长中人力资本的收益大于物质资本；学校教育和在职培训通过提高人力的智力、知识和技术水平达到获取潜在生产能力的目的，教育投资是人力资本投资的主要部分。[①]由于舒尔茨的理论贡献，他被奉为"人力资本理论之父"。

人口资源是指一个国家或地区的人口总体，即全部的自然人。任何一个国家和地区都存在一定数量的人口。劳动力资源是指一个国家或地区有劳动能力并在"劳动年龄"范围之内的人口的总和。人力资源主要指全部人口中具有劳动能力的人，它除了包括劳动适龄人口以外，还包括了大部分未达到劳动年龄的人口，即未来人力资源。它是经过开发而形成的具有一定体力、智力或技能的生产要素资源形式，强调人力作为生产要素在生产过程中的生产、创造能力。人力资源有狭义和广义之分：狭义的人力资源是指能够作为生产性要素投入到社会经济活动的劳动人口，包括现实人力资源和潜在人力资源两部分；广义的人力资源是指包括现在和未来的一切可能成为生产

---

① 舒尔茨.教育的经济价值［M］.曹延亭，译.长春：吉林人民出版社，1982.

性要素的人口。一个国家人力资源总量应当表现为广义的人力资源的数量和人力资源平均质量的乘积。人力资源反映的是人力同素质前提下的数量差别，它同自然资源一样有待于开发。而人才资源是指人力资源中素质层次较高的那一部分。根据人事部有关文件指出，专门人才的概念包括具有中专或中专以上学历者和具有技术员或相当于技术员以上专业技术职务（职称）者两类人。

而人力资本是指人们以某种代价获得的、在劳动力市场上具有一定价格的能力或技能。人力资本是通过投资形成的以一定人力存量在人体中的资本形式，强调以某种代价获得的能力或技能的价值，投资的代价可在提高生产力过程中以更大的收益收回。也就是说，当人们接受了更多的教育，对科学技术了解得更多时，就具有了更高的生产能力。[①] 与人力资源相比，人力资本的概念内涵更为丰富，它涉及投资、资源配置、投资决策等经济关系，能够反映人的知识、技能和能力等质量因素的稀缺性，以及市场的供求关系。

随着研究的不断深入，人力资本理论分支也迅速发展起来。贝克尔在《人力资本》一书中，提出了人力资本"投资—收益"均衡模型，即人力资本投资边际成本的当前值等于未来收益的贴现值。同时，他还研究了人力资本与个人收入分配的关系。贝克尔的贡献在于弥补了舒尔茨只重宏观的缺陷，他更注重微观分析，并且将人力资本理论与收入分配结合起来。新增长理论的代表性人物有卢卡斯和罗迈尔，新增长理论的贡献在于在古典生产函数模型中加入了人力资本的投入，确立了人力资本在经济增长中的重要地位。卢卡斯1988年的论文是用人力资本解释经济持续增长的著名尝试，其贡献在于把外生的技术进步因素转变成人力资本来解释经济增长，使人力资本内在化。罗迈尔1986年和1990年的论文直接把技术进步内生化，区分和内生了不以人力资本和物质资本为载体的知识积累过程。教育经济学奠基于20世纪30年代的经济学研究，20世纪60年代初步形成，经过几十年的研究已发展成为一门范畴独立、门类齐全并有其特定研究对象和方法的科学。教育经济学把教育投资作为生产性投资来研究其分配和经济收益的获得，并认为人力资本的关键性投资在于教育，教育是国民收入和劳动收入增长的重要因素，教育投资具有巨大的投资效益，人力资本是教育投入的产物。苏联的克马洛夫著文指出，"人的教育水平每提高1%，社会劳动生产率就提高1.4%"。美国经济学家舒尔茨计算出，教育投资的收益在劳动收入增长中

[①] N. G. Mankiw. *Principles of Economics* [M]. Second Edition. Fort Worth, TX: Harcourt College Publishers, 2001: 397-416.

的比重是70%，在国民收入中所起的作用是30%。人力资源会计学起源于20世纪70年代，代表人物是美国经济学家弗拉姆霍尔茨。在《人力资源会计学》中，他阐述了建立和发展人力资源会计学的重要意义，提出了人力资本会计学的一套具体方法。人力资源会计学被广泛地应用于各类企业及组织人力资源管理的核算中，同时，也关注员工对组织的经济价值的评价。[①]

人力资本理论改变了传统的资本观念。按马克思的定义，资本是能够带来剩余价值的价值，是能够自行增值的价值。资本具有3大属性：一是投资的结果，二是能够带来收益，三是具有折旧的特性。人力也具有这样的属性。在内涵上，人力资本即劳动者具有的知识、技能和健康等，人力资本是投资的结果，可以带来更大的经济效益。人力资本包括量和质两个方面，量的方面是指从事有用工作的人数和劳动力时间，而劳动者的技能、知识、劳动能力及熟练程度是质的方面。人力资本反映的是个人或人口群体之间生产能力或收入能力的差别，是劳动力实质差别。人力资本的提高对经济增长的贡献远比物力资本、劳动者数量的增加重要得多，人力资本投资的收益率要高于物力资本投资的收益率。应该说人力资本实质上是已经开发了的人力资源，人力资本投资是对人力资源开发与配置的过程，使其从原始自然状态转入人力资本状态。

（二）成人教育与人力资本开发

现代社会中，人力资源是组织在激烈的竞争环境中生存与发展的决定因素，是组织竞争优势的源泉。人力资本理论广泛盛行，促使社会普遍重视成人教育。严格地说，人力资源不等于人力资本，人力只有经过培训才能真正成为资本。国际成人教育理念从社会发展和人力资源的需求出发，把成人教育当作一种投资"人力"、培养劳动力的教育，成人职业教育、企业培训尤其受重视。

人力资源开发是指一个国家或组织通过各种手段获取、控制、激励、调整人的能力并将其整合到组织中，充分发挥其潜能以实现组织目标的过程。它包括两个方面：一是通过人力资源的有效配置、组合，从而使既有的人力资源发挥最佳的配置效率；二是通过教育和培训，着眼于人力资源质量、品位的提高。现代人力资源开发理论认为，人力资源开发分为自我开发、培训性开发、使用性开发和政策性开发4个层次，它们相互联系，前一层次为后一层次的基础。人力资源管理是管理学的一个分支，人力资源管理关注的是

---

① 何昊. 人力资本理论发展的简述与思考 [J]. 科技管理研究, 2000 (1).

为了实现组织的目标，如何满足员工的各种需求，如何通过培训开发员工的知识和能力，如何通过鼓励和使用各种管理职能使员工的潜能得到充分利用和发挥，如何使员工的个人发展、自我实现与组织的发展协调一致。人力资源管理是实现人力资源开发战略的一个重要环节，人力资源开发的许多子目标要通过人力资源管理来落实、监控和优化。人力资源管理从根本上改变了对组织中人的认识，人力资源是组织的资产而不是成本。

成人教育作为一种以成人为对象的教育，是为了提高现有劳动力素质的一种教育投资，包括各种职工教育、农民教育、干部教育和科技人员教育。成人教育除了发挥信息传递、知识传授、技能培养等功能之外，在人力资源开发中也具有关键作用。首先，成人教育能促使人们自我激励和自我强化。教育使人不断产生新的需求，激发起人对新生活的追求，同时能提高人们对生活差距的敏感程度和改变现状的进取精神，使人自觉地按社会经济发展规律、按自身的期望目标设计自我、发展自我、实现自我。其次，成人教育能促进人的全面发展。教育能够提升人的文化知识、技术技能、思想道德、个性心理，改善人的行为作风等，为促进人的全面发展准备了充分的条件。再次，成人教育职能部门通过举办各种类型、各种层次的教育来提高人的综合素质和促进人的全面发展，这也是人力资源开发的一条重要途径和现实道路。

成人职业教育和培训是就业劳动人口职业培训的主流。虽然把培养劳动者的生产劳动能力作为一个重要方面，但成人教育绝不是一种单纯的"人力"教育，它应当包含为满足进入成人阶段之后的人们生活或发展的需要而进行的各种教育活动。成人教育活动包括学校教育、在职教育、社区教育、网络教育。成人教育活动类型包括专业进修型、科学研究型、知识扩展型、职业岗位培训型、专题研讨型、访问学者型、职业能力开发型等。成人教育主体是指实施成人教育的各个方面，包括教师、成人学习者、教师的授课、制作的课件、教育节目、教育的组织者、管理者等。教育主体应充分有效地开发自身的教育资源，使成人教育的社会效益和经济效益达到最大化。成人教育的客体市场是指接受成人教育的各个方面，具体是指各个层次的学习者。成人教育活动市场是连接成人教育主体与成人教育客体的桥梁，是成人教育活动得以实施的场所。

长期以来，我国成人教育不能在提高和改善现实劳动者素质的问题上明确定位，成人高等教育长期热衷于学历教育，虽然反映了一定的社会需求，但同时也暴露出成人教育工作者受传统教育思想观念的影响和束缚，缺乏主动适应、面向和引导市场需求的理念和能力，从而影响了成人教育在整个国民经济中做出创造性、开拓性贡献。联合国开发计划署《人类发展报告2001》指出,1987—1997年我国每10万人口中科学家和工程师的人数仅为454人。而同为亚洲国家,日本则坚持人力资源建设能力优先的战略取向,加强教育培训的能力建设,以提高全民学习能力和就业能力为核心,使教育与培训成为解决人民群众生存与发展问题的重要手段,成为社会弱势群体改变生活命运、增加家庭收入的重要手段,成为劳动者提高就业能力和提高劳动生产率的重要手段,成为全体人民实现全面发展目标的重要手段。这体现了成人教育实施促进就业的教育与培训。为扩大就业、减少失业,我国迫切需要调整教育结构,改革教育内容和培养模式。

2003年,由社科院、中科院、国情研究中心、国家统计局、国家教育发展研究中心、上海市教育科学研究院、北京大学等数十家机构与部门的近百名专家、学者,对中国教育与人力资源问题进行合作研究。课题组按照有事实依据、有科学论证、有广泛共识、有比较借鉴的研究原则,提出中国教育与人力资源开发重大战略问题的思路、对策和具有前瞻性的分析报告,为全面建设小康社会,加快我国现代化进程提供了重大战略构想与具体行动方案。中央财经大学中国人力资本与劳动经济研究中心发布的《2012年人力资本报告》显示,从国家层面来看,1985—2009年中国实际人力资本总量由26.03万亿元增长到146.46万亿元,增长近5倍。研究发现,1995年之前实际人力资本总量的增长快于实际人均人力资本的增长,而1995年以后二者的增长率基本相同。这表明,近年来中国人力资本的增长主要不是由相应的人口增长导致,而是由教育及其他因素所推动。[①]《国家中长期教育改革与发展规划纲要》提出,继续教育是面向学校教育之后所有社会成员,特别是成人的教育活动,是终身学习体系的重要组成部分。更新继续教育观念,加大投入力度,以加强人力资源能力建设为核心,大力发展非学历继续教育,稳步发展学历继续教育,广泛开展城乡社区教育,加快各类学习型组织建设,倡导全民阅读,推动全民学习,到2020年努力形成人人皆学、处处可学、时时能学的学习型社会。

继续教育机构必须以劳动力市场需求为导向。在供求规律的制约下,继续教育办学活动必须立足于劳动力市场的供求状态,以市场需求为导向,调节自己的办学规模、专业和课程设置。继续教育产业化是指改革中国现行的继续教育体制,把继续教育劳动作为生产性劳动,使继续教育适应市场经济的需求,按市场经济规律运作,引入竞争淘汰机制、供给与需求机制、投入

---

① 教育推动中国人力资本快速增长[N].中国教育报,2013-01-04(05).

与产出机制，把继续教育人才培养当作产业来管理和经营，逐步建立继续教育的服务市场和资金市场，并将其反映在国家经济与社会发展战略的相关政策中。继续教育产业化使教育的功能转变为以人力资源开发、促使知识经济化和孵化知识型产业的功能为中心，教育的模式也随之转化为贴近市场需求、以盈利为目的的培养综合性、创造性人才的模式。

人力资本理论对教育理论的贡献是多方面的：①指出教育在人力资本形成和积累中的价值。人力资本理论是分析经济增长、揭示经济发展的方法和工具，强调教育是人力资本形成与积累的关键环节或主要因素。②说明教育在人力资本要素构成中的地位。人力资本构成要素和内容是一个由多种要素和内容组成的综合体，其中教育资本是最基本的构成要素，而且人力资本其他要素和内容中也蕴含着教育因素，没有教育资本就很难构成真正完整的人力资本。③彰显教育在人力资本发挥效能中具有重要作用。教育是使隐藏在人体内部的能力得以增长的工具，教育收益率高于物质投资收益率。④揭示教育产权有一部分包含在人力资本产权中。劳动力产权是劳动力劳动能力产权，教育投入是形成人力资本产权的主要途径，人力资本产权中包含有劳动力因受教育形成的个人教育产权、知识产权以及技术专利权等。因此，教育是培养人才、开发人力资源的根本手段，也是将人力资源转变为人力资本的关键环节。

（三）成人教育的经济价值

受人力资本理论的影响，国际成人教育理念从社会发展和人力资源的需求出发，把成人教育当作一种投资"人力"、培养劳动力的教育，职业教育、企业培训尤其受到重视。我国传统的成人教育基本上是计划经济的产物，关注的是部分成年人的就业、学历提升和知识更新问题，实际上满足的只是社会和成人的部分需要，对于社会和成人的整体需要关注不够，特别是漠视了社会成员公民素质的培养，造成成年人参与社会生活实践能力的缺乏。社会政治、经济、科技和文化等的迅猛发展和急剧变革，不仅改变了人们的生存方式、交流方式，也改变了人们的教育消费观念与教育投资行为。显然，成人教育除了增强成人的知识技能之外，还包含为满足成人阶段人们的生活或发展需要，成人教育活动不能单纯以培养人力为目标，而需要逐步由职业培训转向面对成人的社会生活需要的培训，特别是通过成人高等教育培养大量高级专门劳动力，将科技转化为劳动力和生产力。

普通教育包括为了培养一般劳动后备力量的基础教育和为了培养各种专门人才的中等以上的职业技术教育和专业教育。普通教育特别是基础教育，虽然从根本上说也带有人力资本投资的性质，但这种教育更多关注的是作为受教育者整体素质的全面发展和提升。而成人教育则主要是为了提高现有劳动力素质的一种教育，包括各种职工教育、农民教育、干部教育和科技人员教育。成人学习者的学习活动有着十分具体的职业目标和任务。根据国务院《关于改革和发展成人教育的决定》，成人教育的主要职能包括：①对已经走上工作、生产岗位或需要转换岗位的人员，以及待业者进行他们所不具备的、履行岗位职责所必需的文化知识、专业技术和实际能力的教育和培训；②对文盲进行扫盲教育；③对已经离开正规学校的人员，根据他们所具有的文化基础和实际需要，继续进行基础教育或高等教育，合格者可取得相应的毕业证书；④对已经接受过高等教育的专业技术人员和管理人员进行更新和扩展知识、提高能力的继续教育；⑤开展法律常识、妇幼卫生、老年保健、家庭生活、美术书法、美容美发、烹调营养、花卉栽培等内容丰富多彩的社会文化生活教育，为老年人、妇女乃至全体公民形成文明健康科学的生活方式提供服务。

改革开放以来，我国成人教育面临着两大紧要任务：一是摆脱贫穷落后，扩大劳动人民的受教育权利；二是为迅速实现工业化、赶超发达国家培养和输送人才。因而，成人教育在"公平—效率"的两难选择中存在现实的困惑和冲突——对于国家和民族而言，重要的是使少数人享受充分的教育，培养一批出类拔萃的英才；还是使大多数人接受必要的教育，培养具有良好素质的国民？正如茅于轼所说："解决不平等问题，实质上不可回避的是对健康、教育、技能上的投资，用财富再分配的办法是无法解决的。"① 给予财富使人产生依赖，只有给予知识才能真正让人独立，成为"人"。成人教育要成为人文的教育、体现出教育的精神，必须关注全体国民的生存和生活。联合国《人文发展报告》指出："人文发展就是扩大人选择的过程，最紧要的选择是健康长寿、受教育的机会和像样的生活水平。"② 成人教育应该为社会的平衡发展、为提高全体国民的生活水平做出努力。

数据显示：从1982年至2009年，全国未上过学的人口减少了一半；初中文化程度人口经过快速增长，目前已趋于平稳；高中教育水平人口从6800万增加至1.69亿；大专以上人口从600万增加至9100万；1999年大学招生规模扩大后，具有高等教育水平的人口在9年间的增量超过了此前20年具有高等教育水平的人口总数。除了受教育程度的提高，人口增加、

---

① 茅于轼.谁妨碍了我们致富[M].广州：广东经济出版社，1999.
② 联合国开发计划署1990年联合国人权发展报告[N].世界经济科技，1990-10-16.

人口结构变化、人口城乡流动、教育回报率的增加、在职培训及"干中学"回报率的提高等因素，也能显著影响人力资本存量。党的十八大提出了确保到2020年全面建成小康社会的奋斗目标，这一社会发展目标对于建设学习型社会、迅速提高全民素质、促进人的全面发展和社会各方面的协调发展提出了更新、更高的要求。然而，面对社会生活的进步和不断增长的教育需求，我们的成人教育在人力教育之外的许多方面基本上处于一种空白，对于人们通常所说的成人人文教育方面的内容很少给予关注，更谈不上必要的投入和研究，因而在一定程度上显得应对无力。

诚然，人力资本理论对成人教育功能也存在负面影响。一方面会导致成人教育任务和内容的片面化，在缺乏制度约束的情况下，仍保留着计划经济时期政府机构指定培训机构的方式，而市场又要求继续教育机构之间进行生源竞争，幕后交易异常活跃，扰乱了继续教育市场，使教育的质量低下，以致出现供过于求的假象。另一方面，人力资本理论强调成人教育的价值是培养"人力"，忽视了人的全面发展和终身教育，导致成人教育功能缺失，影响公民教育的发展，也不利于教育整体功能的发挥。

此外，人力资本理论把发展成人教育的目标限定在为经济增长服务上，认为人们依据所接受的学校教育程度来决定职业选择，这在教育实际中会遇到许多现实的困难。同时，人力资本理论一方面强调要加大成人教育投资，但另一方面又忽略了市场对成人教育投资的认可程度和相关条件的限制。在讨论成人教育带来的回报时，只注重经济方面，或者说是货币回报，而忽略非货币的回报，至少在精神方面、人文品位方面的回报是无法用货币来衡量的。人力资本理论强调成人教育投资的市场效应，要求教育投资行为必须以市场供求关系为依据进行运作，在这样理念的影响下，支配教育行为的多方面主体因素，都会自觉或不自觉地注重教育的市场化而轻视教育作为培养人的一项事业所应当遵循的规则和要求，导致成人教育的片面行为。

三、社会资本理论视角的成人教育新功能

（一）社会资本理论的观点

自从美国经济学家舒尔茨首次提出人力资本的概念以来，人才资源开发已经成为国际成人教育的主题。人力资本的提出使"资本"向广义扩展，成为可以带来价值增值的所有资源的代名词，抽象了资本的最初含义，为社会资本的提出奠定了词源上的基础。由于人力资本理论本身存在很多不够完

善的地方，其基本观点在20世纪70年代以后受到严峻挑战，并遭到包括教育理论在内的多方面的批评和质疑。社会学家格兰诺维特首次用社会资本作为分析工具，在对个人求职行为和结果进行考察时，提出了弱的关系网络可能比强的关系网络对求职者显得更有"力量"的新论点。经济学家洛瑞也从社会结构资源对经济活动影响的角度出发，用社会资本分析了城市中心区处于不利地位的黑人孩子与其他孩子在社区和社会资源上的差别。1980年，法国社会学家布迪厄在《社会科学研究》发表了题为"社会资本随笔"的短文，正式提出了"社会资本"（social capital）概念。随后，社会资本在学术界被广泛讨论，美国社会学家科尔曼被认为从学理上对社会资本给予了全面的界定和分析。

在社会资本的含义上，布迪厄在研究社会网络的基础上认为，"社会资本是一种通过体制化关系网络的占有而获取实际的或潜在的资源的集中"。[①] 科尔曼则从功能的角度来界定社会资本，他指出："所谓社会资本，是指个人拥有的以社会结构资源为特征的资本财产，社会资本由构成社会结构的各个要素构成，存在于人际关系的结构中。"[②] 林南认为："社会资本是镶嵌在社会结构之中并可以通过有目的的行动来获得或流动的资源。"普特南的界定则比较具体："社会资本指的是社会组织的特征，例如信任、规范和网络，它们能够通过推动协调的行动来提高社会的效率。"波茨认为："社会资本是指处在网络或更广泛的社会结构中的个人动员稀有资源的能力。"尽管学者们从各自不同的研究领域对社会资本概念加以界定，但社会资本作为继物质资本、人力资本之后的另一种形式的资本，为各个学科提供了一种重要的解释范式，在社会学、经济学和政治学等研究领域中受到广泛重视。现在，大多数西方国家越来越多地把社会资本当作一种概念工具，应用到分析和解决一系列政治、经济、教育和社会问题上。联合国开发计划署也在《人类可持续发展》中指出，可持续发展就是通过社会资本的有效组织来实现的。

目前，我国学者对社会资本的界定有3种代表性的观点：一是认为社会资本从表现形式上看就是社会关系网络；二是认为社会资本是行动主体与社会的联系以及通过这种联系摄取稀缺资源的能力；三是认为社会资本是个人

[①] 李惠斌. 什么是社会资本[M]//李惠斌，杨雪冬. 社会资本与社会发展. 北京：社会科学文献出版社，2000：18.

[②] 李惠斌. 什么是社会资本[M]//李惠斌，杨雪冬. 社会资本与社会发展. 北京：社会科学文献出版社，2000：20.

成长时期的一些社会、社区和家庭等环境因素。① 我们认为，资源本身不是社会资本，社会资本不同于社会资源，应该质疑的是那种把社会资本视为资源本身的观点。社会资源主要指个人所拥有的人际关系资源，还包括其他方面，如个人声望、地位、文化规范、信任等，甚至除经济资源之外的一切东西。社会资本具有"资源"的属性，但更突出作为"动员资源渠道"的属性，社会资源并不一定能够构成资本。

综上所述，我们认为社会资本指的是个人或群体按自己的需求动员在社会结构中有关资源的潜力和能力。我们可以从3方面来理解社会资本：首先，社会资本的内容主要是由人们的信任、互惠和合作、价值观、规范有关的一系列态度和社会网络等因素构成；其次，社会资本的形式主要体现在将朋友、家庭、社区、工作以及公私生活联系起来的人格特征和人际关系网络之中；再次，社会资本的功能是反映社会结构和社会关系的一种能动特性，当它与个人或群体的特质结合时，有助于推动社会行动和成就个人的事务。

社会资本作为与物质资本和人力资本相对应的理论概念，其界定应考虑3个因素：社会资本的拥有者，即那些通过社会资本获益的人；社会资本的来源，即提供资源的人和机构；社会资本的具体内容，即在产生社会资本的社会结构中流通的资源本身。社会资本作为一种实际的或潜在的资源的集中，能够给人们带来大于其自身价值的价值，社会资本决定于个体自我通过社会网络调动资源的潜力。社会资本是分层次的，社会资本的拥有者可以是个人或组织，也可以是共同体，不同层次的主体拥有不同的社会资本。社会资本的有效使用，可以使社会关系网络中的相关环节共同受益，达到互惠互利，可以增加个体行动者的收益。当各方都以一种信任、规范和合作的精神把自己的技能和财力结合起来，就能得到更多的回报。当然，社会资本可以促进信任以及公民对社会的参与，这说明社会资本具有实质性价值和效益。

社会资本与物质资本、人力资本有相似性特点，具体包括：通过积累而成的，有规模效应，需要不断地更新，具有生产性。其区别和不同之处体现在：在使用上可以达到互惠的效果；不可让渡，具有个性，与据有者共存，并有使用范围；具有可再生性，是非短缺的；其作用的发掘是直接通过不同主体间的合作实现的；其作用不仅体现在生产价值上，而且体现在有关方面可以共享收益上，体现在对共同体的维持和促进上，因此虽然社会资本有所有者，但是其利用的效果更具有社会性，收益有扩散性。

社会资本提出的意义在于：①把价值判断和文化纳入了分析的框架之

---

① 庄洁．"社会资本"理论研究综述［J］．发展论坛，2003（1）．

中，不仅使对社会行动者的行为动因解释更加全面深入，而且对于描述和分析出现层次上的集体行为和长期选择也有很强的说服力。②把微观层次的个人选择与宏观层次的集体和社会选择结合在一起，对说明社会价值具有开创性和启发性。社会资本首先在概念上就充分肯定了社会对个体行为选择的约束和推动，没有把个人和社会对立起来，避免了个人与社会之间难以调和的紧张。③社会资本概念的提出反映了社会科学中一度削弱和低沉的人本精神的复兴。理性选择范式虽然顺应了市场对社会全面渗透的现实，但是夸大了社会冲突的一面，对人的理解片面、实用化，也导致了社会科学许多领域的经济学化，背离了社会科学研究关注人、完善人的根本目的和基本精神。

（二）成人教育的社会资本研究

教育中的社会资本问题主要是从制度（或结构）、关系以及认知3个层面进行讨论。在制度层面，制度的社会资本是更加宽泛的层面，主要是指教育制度中那些非正式制度，如习俗、规则、仪式、价值观、信仰、学校氛围或者隐蔽课程等。制度的社会资本能够为学校制度运行提供良好的制度环境，它往往使信息分享、集体行动以及决策变得更加便利，并对后面两种社会资本都产生重大影响。在关系层面，社会资本可以被划分为"关系性嵌入"和"结构性嵌入"两种。"关系性嵌入"指具体的人与人之间的关系，往往带有"人格化"特征，主要表现为信任、互惠、义务与期望，以及人与人之间的互动关系等。"关系性嵌入"又可分为家庭层面的、共同体层面的以及学校中的关系社会资本3个层次，它们与社会阶层和家庭背景相关联，直接影响着学生的学业成就或学校本身的发展。家庭层面的社会资本主要指父母的态度、期望、情感支持，以及与其子女之间的互动关系；共同体层面的社会资本主要指共同体（家族或社区）成员的参与、共同体成员之间以及与孩子之间的关系；学校中的社会资本则主要包括教师与学生、教师之间、教师与行政人员之间、学生之间、行政人员之间的关系等，其中良好的师生关系是一种重要的社会资本。"结构性嵌入"指人与人之间的社会关系网络以及组织与组织之间的社会关系网络，往往带有"非人格化"色彩。网络的数量、质量、密度以及位于其中位置的差别，意味着人在信息获得或教育资源占有方面的差异。学校与政府组织、企业、各类非政府组织以及其他学校、科研机构之间的关系，对于学校的生存以及获取各种稀缺资源至关重要。社会关系网络是社会资源配置的一种重要方式。在认知层面，语言、编码、默会知识等认知社会资本常常被看作是显而易见的东西。由于学生所处的社会阶层、家庭背景或地域等因素的差异，使得他们具有不同的文化背景，积累了不同的默会知识，使用不同的语言编码。如果他们的语言编码与主流语言或者学校通用的语言是一致的，这将有利于他们的学习，否则将对他们的学习造成不利。因此，认知社会资本的差别直接影响着学生的智力发展和学业成就。认知社会资本再生产的不平等往往更为隐蔽。总而言之，教育中的社会资本包括制度（或结构）、关系和认知3个层面，每一个层面的社会资本对教育而言都是极其重要的，探讨教育中的社会资本对当今的教育改革或学校变革具有重要的意义。

运用社会资本理论研究成人教育，可以弥补单纯借助人力资本理论进行研究的不足。社会资本理论将人从单纯的经济资源要素提高到社会资源运用的主体，提升了人的社会地位；同时，把价值判断和文化纳入成人教育的分析框架之中，重视教育中社会心理、人际关系和群体间关系的作用，体现了社会科学研究关注人和人的价值的基本精神。社会资本理论直接将无形资本因素引入教育效益的分析，从群体人力资本的角度研究什么样的社会组织、社会关系、社会心理结构能够提高社会劳动生产率，将成人教育的社会贡献看成是社会交往网络基础上形成的社会心理关系作用的结果，更全面地解释了成人教育的功能，在研究方法上纠正了单纯追求定量分析和指标体系的缺陷，不仅能够全面深入解释成人教育的社会贡献，而且对成人教育效率的描述和分析具有较强的说服力。把社会资本与成人教育研究结合起来，能够为我们提供更宽的研究视野和更多的分析工具，直接面对成人教育的现实，有利于全面把握成人教育的根本问题，避免了把成人教育看作是一种单纯的"人力"教育的狭隘和片面。

教育价值是教育功能发挥的结果和表现，教育具有育人功能因而具有内在价值，也具有社会功能因而具有工具价值。而社会资本的概念包含着个体和社会双重主体的属性，强调的是行动主体自身拥有资源和使用价值。教育的价值取向有满足社会需要的社会价值与满足主体需要的主体价值之分，对于受教育者或学习者而言，前者为外在价值，后者为内在价值。我国是一个人力资源大国，但是拥有丰富的人力资源并不等于具备了同样丰富的人力资本。人力资本是指对人力资源进行开发性投资所形成的可以带来财富增值的资本形式，要使人力资源转化为促进科技进步、经济增长、企业发展的人力资本，还有赖于对人力资源进行战略性开发。我国人才资源开发的任务严峻，截至2000年，具有中专以上学历和初级以上专业技术职称的人员达6075万人，占劳动力总量的8.6%；而各类专业技术人员达3914万人，占劳动力总量的5.5%。作为人才的主要组成部分，技能型人才明显短缺，高级技术工人比例明显偏低。发达国家技术工人中，高级工占35%以上、中级工占50%以上、初级工占15%。而我国现有技术工人7000万人,占全国工人总数的1/3,其中,初级技术工人占技术工人的60%、中级技术工人占36%、高级技术工人只占4%。人才结构非常不合理,高级技术工人数量和素质偏低,严重影响科技和经济发展。因此,我国教育与人力资源开发的总体目标是建成总量充足、配置均衡、能力优先、体系现代的国民教育体系,建设世界最大的全民终身学习社会,使十几亿人力资源得到全面开发与提升,到21世纪中叶,实现从教育大国变为教育强国,从人力资源大国变为人力资源强国的战略转变。当前,我国人力资源存量与社会发展需求有很大差距,成人教育人力资源开发的任务也非常艰巨。如何把人力资源转变为人力资本,这是成人教育的基本职能之一。

成人教育对象在某种意义上大多为弱势群体成员,对教育弱势群体进行补偿教育不仅仅是教育平等理想的要求,也是成人教育长远效益的要求和教育政策合法性的要求。根据系统论的原理,系统的功能取决于系统中功能最弱的环节。同样,一个社会人口的整体素质和竞争能力必然受到社会弱势群体素质的巨大制约,特别是当教育弱势人群数量较大时,教育弱势群体的问题不解决,人口整体素质和竞争能力的提高就难以真正实现。在弱势补偿问题上,教育补偿与教育当前的局部效益可能是冲突和矛盾的,但是从长远的、全局的角度看,二者是统一的。另外,从教育政策本身的意义来说,只有教育政策的价值选择满足和符合绝大多数社会成员的利益和要求时,教育政策才能获得较强的合法性。政策活动中弱势群体既可能是多数也可能是少数,但不论多数和少数,他们参与表达自身利益的机会和能力都处于不利地位,也最有可能受到社会不平等和政策的损害。如果教育政策不能全面保障弱势群体的利益,如果弱势群体因现实的不平等受到了损害而不进行有效的补偿,就会削弱教育政策的合法性,进而危及教育政策的有效性。因此,当前在成人教育领域中不应过于强调教育产业化、市场化,片面理解"谁受益谁付费"的结果必然导致因阶层差距拉大引起教育不公,特别是我国落后地区贫困人口薄弱的经济和落后的观念,使他们不可能在教育上投资过多,因而国家应该积极承担起成人教育的责任。大部分群众素质的提高最终带来的是社会整体人力资本的提升,使经济快速发展,社会必将是最终的受益者。

(三) 成人教育功能新的思考

社会和个人对教育如何为自己服务,都有不同的功能期待。其中社会的期待代表统治阶层的利益,是社会的主流价值。在权衡社会期待和个人期待做出教育功能取向的选择时，就可能有两种情况：一种是社会发展与个人发展和谐一致，并且社会中的各组成部分也处于和谐状态，这时社会各构成部分的功能需求以及个人的功能需求可以说是一致的，对此，教育功能价值取向的确立是一个对社会各组成部分和个人功能需求的认同过程。另一种是社会发展和个人发展是冲突、对立的，这就又衍生出社会本位和个人本位两种不同的取向。社会本位认为，社会的价值高于个人的价值，教育要根据社会的要求，培养社会需要的工具人；个人本位认为，个人的价值高于社会的价值，教育就是要根据人身心发展的要求，促进人自由和谐的发展。其中社会本位在某个时期又有可能偏重于社会的某个构成部分（如政治、经济），这时教育功能取向的确立，是对不同功能需求加以选择的过程。

根据社会资本的概念，互惠和合作、规范和信任等都是公民社会的基本特征，也是公民意识、公民能力和公民品质的体现，是公民参与社会公共生活的重要保证。在知识经济时代，教育培训是提升人的知识素养、挖掘人发展潜能的重要手段，成人教育是人力资源开发的基础，更要成为提升成人社会资本的重要途径。人们通过接受一定的教育所获得的社会资本与人力资本一起促成了社会阶层流动与经济发展。美国学者福山认为，"教育制度不仅传递人力资本，并且还能以社会规则和规范的方式传输社会资本，不但初等教育和中等教育如此，高等教育和职业教育也是这样"。[①]

从宏观的角度来看，成人教育是提高成年公民素质的重要方式。成人教育具有进行公民教育的独特优势，这种优势来源于成人教育服务的覆盖面广、成人教育对象的广泛性以及成人教育形式的灵活性。因此，成人教育的目标要从人力倾向回归到公民教育上，成人教育的发展要打破传统成人教育单一培养"人力"的功能，使成人教育走向多元化、综合化，更紧密地同经济发展和成人的发展需要结合起来，利用成人教育的各种形式培养成人对待共同生活的态度、对社会主流文化的认同以及社会责任感。从这个意义上说，成人教育是关系着我国社会公共生活能否健康发展的重要条件，也是提高我国整体社会资本的重要途径。具体而言，共享规范是社会资本的一个类型，如果某一个国家或地区的道德同质性较强，则有利于这个国家或地区形成社会资本。成人教育要重视成人道德和社会规范教育，公民教育既要求成人对本国的社会制度、法律、道德加以认同，同时也引导人们处理好个人与社会、政府、国家和他人的关系，成为符合一定社会发展需要和人的发展需要的好公民。互惠互信也是社会资本的重要组成部分，互惠互信的心理认同

---

① 弗朗西斯·福山. 社会资本、公民与发展 [J]. 新华文摘，2003（7）.

关系是人们在社会交往关系中自觉自愿签订的隐性契约，互惠互信就是静态层面的隐性社会资本；而成人的互学共进、合作创新则是动态层面的隐性社会资本。通过成人教育，使成人学员彼此信任、认同和合作感增强，隔阂减少，以及整个社会道德和诚信水平、文明程度提高，同时在社会资本增加的基础上提高竞争力。无论是从国家的角度还是从地方社区的角度来看，成人教育只有培养从道德、文化上对其他不同种族、地域和文化敞开胸怀的公民，才能应对经济全球化和社会发展的挑战。

从微观的角度来看，成人教育作为一种以成人为对象的教育，虽然把培养劳动者的生产劳动能力作为重要方面，但成人接受教育有其自身的目的，成人在社会和职业生涯中面对各种各样的挑战，需要具备更多的社会资本。他们希望有相应的教育形式来满足自身在工作和生活之外的学习需求，提高自己的社会资本。现代成人教育应该把提高成人的社会资本作为基本目标。成人教育家林德曼早在《成人教育的意义》中提出，成人教育应当以改善人在社会中的生活为目标，允许成人在变化的社会环境中竞争和发挥作用。社会资本决定于个体自我通过社会网络调动资源的潜力。个人接受教育能够提高自己的社会资本拥有量，而且可以通过社会结构中人际关系互动、彼此信任和规范等多种渠道而实现扩张。美国学者格拉泽对社会资本的研究发现，多年的学校教育和个人在组织内成员资格的粗略关联度为0.34。个体受教育的年限和程度与社会资本的联系可能是最紧密和最重要的，主要是由于教育能够给学生提供学习参与社会交往与合作的机会，增强学生获得社会资本的社会交往技能。[①] 典型的例子就是哈佛商学院为其学生提供的社会资本对他们毕业后的工作也相当重要。通过成人教育，个体在学会专业知识和技能的同时，也学会了普遍性的规范和互惠原则，相互信任和依赖，建立起合作与互助的社会网络，这就是获得了个人意义上的社会资本。一个拥有良好社会关系网络的人在精神和身体上更健康，不仅表现出愉悦、身心健康，而且更能从对他人的信任、合作与互助中寻找到自我满足感和社会的认同感、责任感。而对于那些缺乏良好社会资本的个体来说，由于与他人、社会的分歧大，难以产生信任与合作感，容易自我封闭而难以融入社会公共生活，在社会参与中的贡献就非常有限。

因此，成人教育应该满足成人形成和积累社会资本的需要，把培养成人所需的社会资本作为基本的教育功能。当然，提出建构社会资本是成人教育的基本功能，并不否定成人教育培养"人力"的功能，而是反对把成人教

---

① 严文善. 社会资本对美国少数民族参与高等教育的影响[J]. 教育研究, 2003 (4).

育归结于"人力"开发,把"人力"当作成人接受教育的终极目的。成人教育把满足社会人力需求作为目标,突显其成"材"的功能,淡化了教育固有的提升人社会性的职能,弱化了教育促进成人全面、自由、和谐发展的本体功能。从现代终身教育理念出发,成就"人"的个性和社会性是成人教育的根本宗旨和追求,成人教育应该实现从"人力"到"人"的复归,重视成人教育社会资本开发的功能。

现代社会存在两套基本的机制与组织,分别是国家机制与政府组织、市场机制与社会组织,成人教育机构在这两套组织机制中扮演着中介角色。与学校不同的是,成人教育的办学主体大多数处于学校教育制度之外,需要借助自身的社会资本。成人教育机构发展的基本矛盾是"供"、"需"矛盾,即成人教育的实际状况与社会对成人教育的需求日益提高的矛盾,这也是成人教育得以不断发展的基本动力。办成人教育的宗旨和使用的资源多种多样,有的是实现社会机构的自身目标,培养其理想的成员,如工会办学为了发展会员、宗教组织办学为传播教义、学校培训"负责任的公民"或"好父母"之类;有的是为了提高机构自身的效率,如社会、企业和政府部门依靠成人教育进行革新挖潜,将培训雇员作为提高经济效益或工作效率的主要手段;而有的则是为了扩大机构对社会公众的影响力,加强与公众的联系。在某种意义上,这些都是社会资本,它们使成人教育机构在社会组织网络中能够进行团结协作、相互促进生产收益并形成资本"库存"。而社会资本对成人教育机构的影响主要体现在为成人教育制度提供良好的运行环境、教育机构可以获得更多的社会资源或捐赠、教育机构与企业关系的改善、教育机构取得更多的效益等方面。实践证明,成人教育机构的社会资本是不可或缺的,拥有社会资本的质量制约着成人教育机构的发展。

社会具有发展经济、民主政治、先进文化、改善民生、和谐社会、追求社会公正与和平、保护自然资源和消除环境污染之类的发展需要,有赖于教育制度培养各级各类人才。社会发展不断利用成人教育培养所需人才,以保证社会模式的稳固和发展。但是,社会的现代化、市场化本身并不能自发地促进社会资本再生产,而教育是构建社会资本的主要手段。根据国际社会的发展形势和国情,我国提出了构建终身学习体系和学习社会的战略,依靠国民教育制度和公民教育保证社会的稳定团结和社会流动,提高和完善社会成员的自身素质、工作和生活质量。作为制度化的现代成人教育在终身学习体系和学习社会中扮演着重要的角色,这同时说明政府的教育政策可能是向社会资本投资施加影响的特别重要的手段。实际上,成人教育通过公民教育或成人道德教育生产社会资本,在全面提高整体社会资本的基础上,促进成人的全面发展与自我完善，也提高了成人个体的社会资本。良好的社会资本既有利于社会稳定和团结，又能够为社会可持续发展奠定基础；而科学合理的教育政策能给教育活动提供指导和支持，促进教育的协调发展，使教育在构建社会资本时发挥正向功能。一方面，一个国家社会资本的发达程度会影响整个成人教育的改革与发展；另一方面，成人教育可以通过教育活动为社会发展生产社会资本，促进社会的发展与社会流动。因此，成人教育的工具价值包括为社会提高社会资本。

社会资本是将生产资本、自然资本和人力资本结合起来的"介质"，能够促使社会成员为共同利益进行协调与合作，使社会行动者嵌入于一定的社会关系网络之中并受其限定和规范，而且具有为社会各阶层群体提供社会保障与社会支持的功能。由于社会资本在不同区域和社区之间存在存量和组成的差异，因此，成人教育必须将社会资本与特定群体或社会历史文化背景联系起来，应特别注意文化和地域的特殊性，了解在不同群体或社会中社会资本的构成方式和运行方式，发挥成人教育的基本功能。同时，成人教育要满足社会发展、教育机构和社会成员多方面的需要，真正体现成人教育的价值。

成人教育的价值即成人教育在成人个体和社会发展中的功能、地位和作用。如果从成人教育的价值取向来看，基本上有社会本位论和个人本位论两大类，而社会资本理论能够统一这两者的关系。成人教育家诺尔斯曾经提出成人教育的任务和使命是满足3类需要和目标，即个人的需要和目标，教育机构的需要和目标，社会的需要和目标。我们认为，社会资本在成人教育中的价值是多方面的，可以从如下方面进行分析：成人教育最直接的使命是满足学习者个人的需求，帮助他们达到学习的目的。知识社会的来临，使成人重新接受教育和参与学习活动的需求更加强烈。尽管每个学习者都能说出为什么参加学习，如"提高知识水平"、"学会使用电脑"、"为了赚更多的钱"或"能够与别人相处得更好"等，但多样化的学习目标很难用一定的主题概括出来。作为个体的学习者参与教育和学习活动，除了追求学历之外，其需要可以概括为3个方面：补充和更新知识或技能；发展其潜在能力，最终获得自我实现；做个"成熟"的人，适应社会生活的变化。而在这3方面的需要中，都包含着要拥有更多社会资本的意图。因为个体要在现实和未来的社会结构中成为具有文化素养的公民，取得更好的工作基础、学历证明、生活愿景、人际交往规范、社会地位及价值观等，这些实际上是个人的社会资源，拥有和使用这些资源能够使个人适应各种生活形态的变化，享受知识社会带来的各种成果和乐趣。社会资本对个体学习者主要具有如下功效：提供生活保障、经济、信息、问题咨询等方面的物质支持；提供学习和工作所需要的情感支持；能够使社会道德观、价值观内在化，规范行为和对其行为采取谨慎和负责的态度；获取就业的信息和机会等。

总体而言，成人教育有两方面的新功能：①从宏观上建构整体的社会资本。成人教育是提高成年公民素质的重要方式，关系着我国社会公共生活能否健康发展，也是提高我国整体社会资本的重要途径；成人德育和公民教育可以提高公民社会的社会资本水平，能够促进群体共享规范、互惠互信、合作创新，可以整合人力资本、利用公共资源、和谐生财。②从微观上提高成人个体的社会资本。成人教育作为一种以成人为对象的教育，为学习者提供参与社会交往与合作的机会，增强学生获得社会资本的社会交往技能。提高成人在社会场域和职业生涯中面对各种各样挑战所需的社会资本；提高成人的社会性，包括社会认同感、责任感、义务感、社会交往、合作与互惠等，促进成人的社会化；改善个性特征，包括成人的学习能力、社会参与能力、性格、价值取向、自我调节等，促进成人自我实现。因此，成人教育的内在价值在于为成人创造更多的社会资本，满足个体在社会生活和社会流动中的各种需要。

第八章 成人教育制度和体系

纵观现代国际成人教育的发展，成人教育最初只是作为普通教育的一种补充，后来被确认为一种独立的教育类型。随着成人教育事业的发展和成人教育理论研究的深入，成人教育已成为各国教育体制的重要组成部分，并且逐渐走向制度化，形成了与未成年人全日制学校教育相对称的独立教育体系，继而成为法定的国民教育制度。然而，我国的成人教育制度建设相对滞后，严重影响了成人教育事业的发展。随着改革开放的深入和市场经济的发展，国家行政体制改革逐步展开，以国家教育权力为主要形式的公共教育制度进行了一定的改革，也促成了成人教育制度的创新。

一、成人教育制度的分析

成人教育活动的展开和目标的实现，都必须受一定教育制度的规范。正式的成人教育是一种以成年人为教育对象，采取适合成年人的形式和方法，为满足社会发展和个人需要的有计划、有组织、有目标的教育活动。因此，要了解成人教育实践就应该把握成人教育制度，并进而认识整个成人教育的制度体系。

（一）教育制度的基本属性

1. 教育制度的词义

在我国文字中，"制"，裁也，其本义是裁制衣服，引申为规定和法制；"度"是量度、尺码，引申为一种量度工具和限度。将制和度联系起来可解释为"已制定的法律、惯例和实践"。《现代汉语词典》对制度有两种解释：一是要求大家共同遵守的办事规程或行动准则；二是在一定历史条件下形成的政治、经济、文化等方面的体系。①

英文中"institution"有两种译法：一是翻译为制度，即要求社会成员

---

① 中国社会科学院语言研究所. 现代汉语词典（修订本）[Z]. 北京：商务印书馆，1997：1620.

共同遵守的、按照一定程序办事的规则，与英语的惯例（convention）和规则（rule）同义；二是作为一种社会领域的要素结构体系，与英语的 system 同义，有系统、方式、体制、体系的意思；体制指事物的组织方式或组织结构，尤其指组织管理制度；体系指若干事物或某些意识互相关联而构成的整体，符合作为一种社会设置的含义。

我们在日常生活中也经常使用"制度"一词，含义却千差万别，但至少有3个层面的意思：一是指社会形态，二是指社会某个领域的规范体系，三是指组织中的行为规则。

社会学的创始人孔德把社会制度称为"文化惯例"，符合作为一种社会规范的含义。[①] 吴文藻则认为，制度是由于人类团体活动而引起的某种社会关系。[②] 以上两种表述的实质都是对人们社会关系和社会行为的规定，也就是说制度是限制成员行动、要求他们共同遵守的规章或准则。制度主义的代表人物凡勃伦认为，制度实质上就是个人或社会对某些关系或作用的一般思想习惯。新制度主义的代表诺斯认为，制度就是一个社会的游戏规则。

从教育学的角度来说，如果将教育制度作为一种具体社会制度来理解，它是为满足社会成员的教育需求、由社会机构建立起来的一整套教育活动的规范体系。它根据本地区、本系统和本部门的具体情况，对教育的指导思想、任务、对象、内容、培训目标、组织实施、政策措施、经费使用等都做出明确的规定和要求。

另外，教育体制指教育管理体系及其管理权限的制度，是关于教育的机构设置、隶属关系和权限划分的规定；也是在组织教育和办学过程中，制定管人、理财、处事、用物等一系列管理活动的根本要求和行动准则。教育制度作为一种具体社会制度在内涵上已经包括了教育体制，而教育体制则是决定教育制度的关键部分，既受到社会其他条件的影响，也制约着教育制度的内容和形式。

2. 教育制度的构成

教育制度的构成是关于教育规范的要素和组织方式，由制度安排和制度结构两部分组成。"制度安排指管束特定行动模型和关系的一套行为准则；制度结构则指在一定范围内所有制度安排耦合而成的制度系统。"[③] 教育制

---

① 郑杭生. 社会学概论新编 [M]. 北京：中国人民大学出版社，1994：331.
② 吴文藻. 论社会制度的性质与范围 [J]. 社会科学学报，1941（1）.
③ 邬志辉. 中国教育的现代化与制度创新 [J]. 华东师范大学学报：教育科学版，1998（4）.

度安排是约束教育内部行为主体的一套行为规则，教育制度结构来源于人们教育活动中存在的"适应性逻辑"，它影响教育制度的容量以及适应社会环境的能力。

教育制度是由人根据教育需求的满足条件而设计和建构起来的，也就是说既有广泛的社会结构基础，又可以具体化为日常决策和行为的媒介；对人类的教育行动既强加了限制，又提供了机会。教育制度包括教育法律、规章，以及政府的政策等正式制度；也包括教育的文化传统、风俗习惯、潜在规则和社会控制等非正式制度。

正式教育制度是人们有意识制定的且与教育实践活动直接相关的一系列教育政策和法规，也叫教育的正式约束（formal constraints）或正式规则。"正式约束包括政治规则、经济规则和契约，以及由这一系列规则构成的一种等级结构，从宪法到成文法到不成文法，再到特殊的细则，最后到个别契约，它们共同约束着人们的行为。"① 正式教育制度并非指正式教育中的制度因素，正式约束不仅存在于正式教育或提供正式教育的机构中，还存在于教育管理活动（如教育立法、教育行政等）和教育管理机构之中，甚至还存在于非正式教育之中（如国家颁布的一些文教政策对社会文化教育机构也具有约束力），具体包括教育政策法规（国家或政党管理教育事业的各项方针、政策、法律规范）、教育行政体制（国家教育行政体制和地方教育行政体制）、教育教学制度（有关师生关系的约束、教育教学模式、教学仪式与常规等）、学校管理体制（划分校内管理权限、组织实施领导体制、机构的设置与职责），以及学校各项工作的具体管理制度（如招生制度、课程修习制度、学业检查与评定制度、升级制度等）等多个方面。

非正式教育制度是由一些观念、习俗、惯例和潜规则形态综合而成，且与教育实践活动直接相关的规范，亦称教育的非正式约束（informal constraints）、非制度化规则、社会潜网等。非正式教育制度是社会共同认可的、不成文的行为规范，具体表现为教育的价值信念、伦理规范、道德观念、风俗习性、意识形态等因素。其中，教育的价值信念是深藏于成文制度或非成文教育规则背后的价值观念、传统偏见、意识形态等因素。而意识形态处于非正式教育制度的核心地位，支撑整个社会规范体系的共同价值观。惯例基本上都诉诸自愿协调，不仅蕴含一定的教育价值观念、伦理规范、道德观念和风俗习惯，而且还可以在形式上构成某种正式教育制度的内容。"潜规则"是与正式主体制度体系相悖的非正式规则，规范和调整的是非法

---

① 卢现祥. 西方新制度经济学 [M]. 北京：中国发展出版社，1996：24.

或不合法的教育行为，一般是处于地下状态的教育活动。

此外，教育实施机制也属于非正式教育制度，是指确保一个国家正式与非正式教育规则贯彻落实的一套监督、检查和惩戒制度。非正式教育制度一般存在于不正式教育或非正式教育之中，并且影响教育主体的行为和效果，属于有教益的民间制度文化的范围，其影响作用是随着教育制度自身制度化程度的提升而递减的。事实上，"这种形态的教育制度不仅存在于非正式教育或不正式教育中，而且存在于正式教育活动、机构及部门之中"。[①]

3. 教育制度的特征

从教育的发展形态来看，一般可以归结为非制度化教育、形式化教育和制度化教育3种。非制度化教育即原始教育，教育的主体与对象之间缺乏直接的联系，如工作、游戏、仪式典礼、交往、教化、修道等。形式化教育即具备教育实体和教育过程的三要素（主体、客体和中介），如学校、书院、职业培训和讲座等。制度化教育是教育被纳入一定明确规范体系的发展形式，涉及确定的教育主体、稳定的教育对象、系列化的教育活动以及相应的教育场所和设施等因素，它包含着教育行为的定型化、模式化以及制度化，从而使教育行为被认定为是合理和可期待的，如近代的集体施教形式，就是由各级各类学校形成的系统。现代教育制度主要有6个方面的基本特征。

（1）合法性。教育制度的合法性是指教育制度首先被现行的法律所认可，然后为社会文化和群体所接受和支持，有一定的适用范围，得到人们的共同遵守并在时间历程中显示出稳定性。这是超越个体行动者之外的合法性。

（2）公共性。教育制度的确立必须通过一定的社会机构，从出发点到归宿都是以社会公共利益为核心，用以调整社会公众的教育行为。教育的公共性决定了它不可能像商品一样完全通过市场来提供，而必须通过市场以外的资源配置机制来提供，这就使得现代国家中政府所提供的教育越来越具有举足轻重的意义。

（3）系统关联性。制度化的教育规范是一个完整的体系，即所有教育活动的规范都围绕着教育和教育行为，有一定的内在联系和职能范围，并且受到社会的公认，而不是个别的行为规范。教育制度是一个动态的概念，受到各种社会因素的制约，必然会随着社会的发展变化而发展变化，在不同的社会历史发展阶段表现出不同的发展状况。因而，教育制度不是固定不变的。

[①] 顾明远. 教育大辞典（第1卷）[M]. 上海：上海教育出版社，1990：77.

(4) 传承性。教育制度最根本的职能是传递社会的优秀文化，把经选择的文化转化为个人的主体文化从而实现文化的传递，再通过个体对文化的掌握和再创造，使社会优秀文化得以继承和发扬光大。

(5) 产业性。"现代教育制度与社会生产紧密联系，教育单位的产品以教育服务消费品为主，通过受教育者接受教育服务，提高自身素质，促进生产力的发展，体现教育产品的价值和使用价值。"[①] 因而具有生产活动的产业特性。

(6) 供求平衡性。教育制度必须反映社会教育需求的状态，但又受一定社会历史条件的制约，总体上保持供求的相对平衡，而不是一成不变。

(二) 成人教育制度的特殊性

1. 成人教育制度的内涵

成人教育是传统学校教育向终身教育发展的一种新型教育制度。联合国教科文组织教育统计局的《国际教育标准分类》(1976) 对成人教育的解释是：为不在正规学校和大学系统学习，年龄通常在 15 岁及 15 岁以上人们的需要和利益而设计的有组织的教育项目。叶忠海认为，成人教育是终身教育中成人阶段一切教育的总和（综合体），是与未成年人的全日制学校教育相对称的一种独立的教育体系。成人教育制度的建立反映了教育部门对成人教育认识的不断深化，也反映了社会对成人教育重视程度的逐步提升。

《中华人民共和国教育法》明确规定：我国实行成人教育制度。成人教育制度是为满足年满 18 周岁及以上、以非全职身份学习的特定人群学习和传递文化科学知识、共同价值规范和发展社会性的需要，由一定的社会共同体构建起来的一整套教育活动的规范体系。这一概念的外延包括国家和地方立法机关制定的关涉成人教育的规范性文件，国务院各部委制定的关涉成人教育的规范性文件，各地方政府及其部门制定的关于成人教育的规范性文件，各行业、单位制定的政策文件和内部规章等。从某种意义上说，成人教育活动中有多少种行为就应该会有多少种制度。

成人教育制度将成人教育的设置、办学、管理、运作等各个环节、各个方面都纳入有序化、制度化、法制化的轨道。另外，成人教育制度对整个社会体系还扮演着合法化的角色，即通过对社会知识体系和价值观进行分类和定义，从而界定社会各个成员的权利义务以及相应的地位和权力，例如，各

---

① 国家教育研究中心. 2000 年中国教育绿皮书 [M]. 北京：教育科学出版社，2000：66.

种专门化人才、"社会精英"的界定，专门职业的资格授予或认证等。成人教育制度也有正式与非正式之分。正式的成人教育制度是围绕成人教育活动的指导思想、任务、目标、培训对象、政策法规、内容、组织实施等而制定的一套社会规范体系。非正式的成人教育制度包括成人教育的文化传统、风俗、禁忌、道德规范和价值观念，以及实施机制等。

此外，根据制度调控的范围和层次，成人教育制度从纵向的角度也可分为宏观层面的国家成人教育制度、中观层面的成人学校管理制度和微观层面的成人教学制度等。而从横向的角度来看，成人教育制度规定成人教育的概念、规则、组织和设备系统，在成人教育管理、办学和教学等领域制定标准和规范。成人教育管理包括成人教育的行政管理和学校机构管理，涉及机构设置、分工合作、督导与评估标准、责任追究等内容。成人教育办学规范在成人教育活动体制、机构管理程序、内容、方法等方面进行规范和要求。成人教学规范包括成人教学的课程计划、教学原则、师生关系守则和学校规章等，对成人的教学和学习起到指导原则和条件保障作用，也是一定时期内成人教育理论和实务的最优化结合。

2. 成人教育制度的表现形式

成人教育制度是各级各类成人教育机构体系和依据国家教育方针制定的实施规程及其法律的总和。成人教育制度包括成人教育法律、规章，以及政府政策等正式制度和文化传统、风俗、禁忌、道德规范等非正式制度。以下将具体列举成人教育法规、成人教育政策和行政体制3种成人教育制度的主要表现形式。

成人教育法规是指由立法机关或由立法机关授权制定的有关成人教育的法律、法令、条例、规程、决议、决定等规范性文件的总称，可作为国家管理成人教育的基本依据和主要手段。有关成人教育的法规有：《中华人民共和国宪法》第十九条"国家发展各种教育设施，扫除文盲，对工人、农民、国家工作人员和其他劳动者进行政治、文化、科学、技术、业务的教育，鼓励自学成才"；第四十六条"中华人民共和国公民有受教育的权利和义务"。《中华人民共和国教育法》第十一条"国家适应社会主义市场经济发展和社会进步的需要，推进教育改革，促进各级各类教育协调发展，建立和完善终身教育体系"；第十九条规定"国家实行职业教育制度和成人教育制度。各级人民政府、有关行政部门以及企业事业组织应当采取措施，发展并保障公民接受职业学校教育或者各种形式的职业培训。国家鼓励发展多种形式的成人教育，使公民接受适当形式的政治、经济、文化、科学、技术、业务教育和终身教育";第四十一条"国家鼓励学校及其他教育机构、社会组织采取措施,为公民接受终身教育创造条件"。

据《中国成人教育改革发展三十年》一书介绍,除《中华人民共和国宪法》、《中华人民共和国学位条例》、《中华人民共和国教师法》、《中华人民共和国教育法》、《中华人民共和国职业教育法》、《中华人民共和国高等教育法》、《中华人民共和国国家通用语言文字法》、《中华人民共和国民办教育促进法》8部法律外,国务院又先后制定了十多项教育行政法规,其中涉及成人教育的有《学位条例暂行实施办法》、《高等教育管理职责暂行规定》、《普通高等学校设置暂行条例》、《高等教育自学考试暂行条例》、《学校体育工作条例》、《学校卫生工作条例》、《扫除文盲工作条例》、《教学成果奖励条例》、《残疾人教育条例》、《教师资格条例》、《中外合作办学条例》、《民办教育促进法实施条例》等。

成人教育政策法规是指国家或政党管理成人教育事业的各项方针、政策和法律规范。其中教育方针是国家根据政治、经济和社会发展的要求所提出的、用以指导一定时期教育工作的总方向,也是指导成人教育基本政策的总方针。教育政策是国家或政党为实现教育目标而制定的行政准则,也对成人教育工作的目标、途径和方法做出了具体规定。有关成人教育的代表性政策法规有:1951年,政务院发布《关于改革学制的决定》,第一次从国家的角度、以法令的形式提出了成人教育制度问题,确立了以工农教育为主体的成人教育的地位。1981年,国务院批转教育部《关于高等教育自学考试试行办法的报告》,同意建立高等教育自学考试制度。1993年,中共中央、国务院颁发的《中国教育改革与发展纲要》提出:"发展教育事业,提高全民族的素质,把沉重的人口负担转化为人力资源优势,这是我国实现社会主义现代化的必由之路。""成人教育是传统学校教育向终身教育发展的一种新型教育制度,对不断提高全民素质、促进经济和社会发展具有重要作用。"1999年,国务院转发教育部《面向21世纪教育振兴行动计划》提出:"开展社区教育实验工作,逐步建立和完善终身教育体系,努力提高全民素质。""到2010年,基本建立起终身学习体系,为国家知识创新体系以及现代化建设提供充足的人才支持和知识贡献。"2002年,教育部在《2003—2007年教育振兴行动计划》中提出:"大力发展多样化的成人教育和继续教育。鼓励人们通过多种形式和渠道参与终身学习,加强学校教育和继续教育相互结合,进一步改革和发展成人教育,完善广覆盖、多层次的教育培训网络,逐步确立以学习者个人为主体、用人单位支持、政府予以必要资助的继续教育保障机制,建立对各种非全日制教育培训学分的认证及积累制度。"

教育行政体制属于正式教育制度，也有非正式制度实施机制的成分，如教育督导与评估制度、教育责任追究制度等。教育行政体制一般包括国家教育行政体制和地方教育行政体制两部分。其中"国家教育行政体制是国家行政体制的一个组成部分，它主要包括国家各级教育行政机构的组织形式、权力结构和工作制度，其核心内容是国家教育行政权力结构"。[①] 教育部在法定权限内，也制定了一些与成人教育相关的部门规章，如《成人中等专业学校暂行条例》、《关于进一步加强农村成人教育的若干意见》、《关于成人高等教育毕业证书统一印制及加强管理的若干规定》、《教育部、国家计委关于加强成人高等、中等专业教育事业计划管理的暂行规定》等。地方教育行政体制则是地方教育行政部门依法领导和管理地方教育事业及事务的制度，如1994年深圳市第一届人民代表大会常务委员会第二十六次会议通过的《深圳经济特区成人教育管理条例》，2005年7月29日福建省第十届人民代表大会常务委员会第十八次会议通过的《福建省终身教育促进条例》等。还有许多结合地方实际与需要制定的、符合地方教育规划与发展、涉及成人教育的地方性法规与规章。目前，全国各省、自治区、直辖市和计划单列市共制定了200多部涉及成人教育的地方性法规和规章。

非正式制度并非有意设计，也不能详细表达。如成人教育的概念系统关于成人的教育目的、价值观、理想、知识和思想等可以通过有关法规、文件明文规定，也可以在立法办学和教育过程中表现出来。成人教育的设备系统，如培训场所、校园校舍、教材教具、品牌、校名校徽、证书等也是非正式制度的体现。成人教育行政机构的内部规章和行为，诸如行政事务的分工、会议的形式、文件的签发周转、情况汇总、报表统计等习惯行为也是非正式制度的组成部分。

3. 成人教育制度的特征

成人教育制度是一项非常广泛而复杂的系统工程，既受到政治经济、文化传统、民族心理、道德观念和价值标准等因素的影响，又受到成人教育实践的制约。由于成人教育是以涉及社会生产各种职业领域的成人为主要对象的教育，具有广泛的社会性和鲜明的职业性，所以成人教育制度有其区别于其他教育制度之处，其特点主要表现在以下4个方面。

（1）规范性。规范是制度的一个显著特点，也是制度的本质所在。成人教育制度通过刚性的约束机制，向学习主体提供一套明确、被允许、被限

[①] 萧宗六，贺乐凡. 中国教育行政学 [M]. 北京：人民教育出版社，1996：23.

制和受鼓励的信息，设置教育和培训机构的行为范围、内容和时空，使成人教育的体系更加规范化、制度化和科学化。

（2）保障性。成人教育制度是以具有权威性的制度来规范成人教育机构和整体的行为活动，将潜在的成人教育需求转化为现实的教育效果，达到社会和成人所追求的理想教育目标，保障成人教育事业的发展。现代成人教育制度是传统学校教育向终身教育转变的一种新型制度，既为世界各国的教育制度所认同，也符合未来中国学习型社会的发展趋势。

（3）动力性。成人教育制度是建立在充分开发成人教育资源、优化资源配置、提高人财物使用效能的基础上，不仅为成人教育实践提供价值导向和奖励机制，在调动学习主体的积极性、主动性和能动性上也具有激励作用。

（4）社会性。成人教育制度规范以满足成人的工作和生活需要为中心，考虑成人教育的多样性、针对性、实用性、灵活性等特征，在成人教育资源、办学单位、师资来源、教育场所和内容方法等方面多依靠社会各方面的支持和配合。

二、我国现行的成人教育专项制度

1987年，国务院批转国家教育委员会《关于改革和发展成人教育的决定》中提出，成人教育的主要任务是：对已经走上工作岗位以及需要转换岗位或重新就业的人员进行岗位培训；对已经走上岗位而未完成初等、中等教育的劳动者进行基础教育；对已经在职而达不到岗位要求的中等或高等文化程度和专业水平的人员进行文化和专业教育；对受过高等教育的人进行继续教育；对全社会的成人进行社会文化和文明生活教育。这实际上指明了成人教育的对象和任务，反映了成人教育制度的多样性要求。

成人教育专项制度是国家及其相关部门关于成人教育范畴所做出的规定体系。有关规定之间存在着横向、内在和系统化的联系，决定着成人教育范畴的行为主体和行为准则。

（一）成人学校教育制度

成人学校教育制度简称成人学制。它规定各级各类成人学校的性质、任务、入学条件、学习年限以及它们之间的衔接和关系，包括办学体制、升学考试制度、招生制度、学校衔接制度、有关学校性质的制度、学位认定制度等。

成人学校是指专门进行成人教育的机构。其特点是有固定的场所、专门的教师和一定数量的学生，有一定的培养目标、管理制度和规定的教学内容。实际上，成人学校教育是成人的普通教育，也是成人教育中最靠近普通学校教育的部分。成人普通教育无论在层次结构上，还是在教育目标和内容上都表现出同普通学校教育并行的对应关系，包括成人基础教育在内的成人普通教育可以比较容易地借鉴业已成熟的普通学校教育的教学计划、教材体系、教学经验等，甚至利用包括教师、校舍、设备、图书等在内的现存教育资源。

1. 成人扫盲学校和业余小学

1958 年，联合国教科文组织在《关于教育统计国际标准化的建议》中将文盲定义为：不能有理解力地阅读和书写日常生活短文的人。我国对文盲的界定是不识字或识字很少，不能运用文字进行社会活动的人。功能性文盲的概念最早出现于 1965 年，指的是那些受过一定教育、会基本的读写算，却不能识别现代信息符号、不会用计算机进行信息交流与管理、无法利用现代化生活设施的人。

世界性的成人扫盲运动出现在 20 世纪 50 年代。扫盲通常是指让不识字或识字不多的成年人接受识字教育，是一种扫除传统文盲的教育活动。基础性扫盲是培养个人最低限度、最基本生存和生活素养的教育活动，其核心要素是"读写算"。20 世纪 70 年代至 90 年代末又兴起将读写算与一般知识、能力相整合的功能性扫盲运动。功能性扫盲强调成人除了要掌握传统的基本知识、基本技能及二者结合的实用性技术外，更要掌握现代化的技能、技术和工具。21 世纪出现了文化性扫盲。这一时期，扫盲运动所提供的基本教育旨在开发人们获取、评价和有效利用信息知识的能力，进而提高其生存能力和社会参与能力。

在我国，1953 年扫盲工作委员会《关于扫盲标准、毕业考试等暂行办法的通知》中，把文盲分为文盲和半文盲——文盲为不识字或者识字字数在 500 字以下的人；半文盲为在识字方面暂时能够识 500 字以上而未达到扫盲标准的人。1978 年国务院做出了《关于扫除文盲的指示》，使农民教育工作从扫盲入手逐步得到了恢复和发展。主要是在地方对 15～40 周岁的成年人进行包括识字、阅读、写作三部分的文化教育。完成后获得脱盲证书，相当于小学语文 3～4 年级的水平。根据国家教育行政部门的统计数据，"八五"期间，共扫除文盲 2564.13 万人。"九五"期间的 1996—1999 年，共扫除青壮年文盲 1430.48 万人。2000 年如期实现了基本扫除青壮年文盲的目标。2010 年全国共扫除文盲 90.26 万人，比上年减少 5.48 万人；另有

108.08万人正在参加扫盲学习，比上年减少6.78万人。2010年第六次人口普查的统计数据显示，国内总人口中15岁以上文盲人口为5465.6573万人，与2000年第五次人口普查相比，文盲人口减少3041.3094万人，文盲率由6.72%下降为4.08%，下降2.64个百分点。[①]

业余小学是新中国建立之后的一种教学组织形式，对脱盲的成年人进行识字和初等文化教育，学制3年。1951年中华人民共和国教育部发出《关于冬学转为常年农民业余学校的指示》，要求大规模开展农民业余教育。除举办业余学校外，在农村利用农闲开展冬学活动；在工矿企业利用轮倒休、设备大修等组织职工培训，开展班前班后岗位练兵，采取"七一制"、"六二制"方法统筹生产和学习；在机关团体规定"学习日"制度等。20世纪50年代中期之后，业余小学改为以学习语文、数学基础教育课程为主。进入20世纪80年代后，电化教育事业的发展更为从业人员的业余教育创造了有利条件。

业余教育普通班以识字教育为主，教师为义务或半义务职工，教学方式灵活，每班人数不限，要求职工中的文盲一般能认识1000字左右，并具有阅读通俗书报的能力。业余教育中级班，其程度相当于高小，凡业余普通班毕业或具有小学文化程度的职工均可入学。学制两年，教员固定。修完主要课程经测验及格者，由教育部门发给毕业证书。2010年全国成人初等学校共有1.1万所，在校生86.58万人，教职工1.54万人，其中专任教师0.92万人，毕业生总计98.04万人。

2. 成人中等学校

成人中等学校包括业余中学、成人文化学校、成人技术学校和成人中等专业学校等。成人中等教育是对完成初等教育或未能达到中学毕业程度的成人进行的教育，是国家基础教育的组成部分。

按照1951年中央人民政府政务院颁布的《关于改革学制的决定》规定：业余中学分初、高两级。修业年限为3～4年，均单独设立，分别招收业余初等学校或业余初级中学的毕业生，或具有同等学力者，施以相当于初级中学或高级中学程度的业余教育。根据成人特点制订教学计划，初中一般设语文、数学、物理、化学或历史、地理等课程；高中则根据行业、工种的不同，分别从语文、数学、外语、物理、化学、生物、自然常识、历史、政治、地理、史地常识等课程中选学5门，可增设需要的职业技术课程。毕业

[①] 参见中华人民共和国国家统计局《2010年第六次全国人口普查主要数据公报（第1号）》。

考试合格者，授予相应学历文凭。

现行的成人中等学校包括成人文化学校和成人技术学校两类，成人文化学校招收具有小学毕业程度的成人，用2～3年完成初中文化学习，再用2～3年完成高中课程的学习。成人技术学校招收具有初中毕业程度、35岁以下的成人，对其进行业余、对口的专业技术教育。其中文科专业2400学时、理科专业2700学时，每年培训规模达到6000万人次以上。2010年全国共有成人高中654所，在校生11.5万人，毕业生9.02万人。

成人中等专业教育包括各类成人中等专业学校和全日制中等专业学校举办的成人中专班，招收初中毕业或具有高中文化程度的成人，学习期限为2～3年，采用脱产、半脱产、业余等多种形式。成人学完教学计划规定的课程，成绩及格者发给毕业证书，国家承认其中专学历。1987年后，成人中等专业教育突破单一的培养规格，推行3种证书制度（即毕业证书、单科证书、专业证书），加速培养多规格的中等专业人才。2010年，全国成人中等专业学校共计1720所，学校教职工8.53万人，其中专任教师5.70万人，招生116.11万人，在校生212.40万人，毕业生达48.81万人。①

3. 成人高等学校

成人高等教育是成人教育的最高阶段。早期我国成人高等教育的对象主要是工农干部。十一届三中全会以后，我国成人高等教育得到迅速恢复，并快速发展，仅1979—1981年3年间，国务院就先后批转了《关于举办职工、农民高等院校审批程序的暂行规定》、《关于大力发展高等学校函授教育和夜大学的意见》、《关于职工大学和职工业余大学建校审批工作及毕业生学历等若干问题的意见》等，指导我国成人高等教育事业的发展。以开放的方式向所有成人提供学习机会。不管其种族、家庭出身、性别、职业、宗教信仰、财产状况、居住条件、身体状况如何，只要他愿意并且具有中等教育的文化或技能基础，都可以成为各种类型、各种层次的成人高等教育的对象。现行的成人高等教育包括成人高等学历教育和成人继续教育。

成人高等学校，即成人高校，是在政府教育行政部门职责管理权限之内为成人举办的高等学历教育实施单位，包括干部管理学院、职工大学、职工业余大学、农民业余大学、广播电视大学、函授大学、教育学院，以及普通大学举办的夜大学和函授部等。

1981年，国家建立了高等教育自学考试制度。1983年，建立起管理干

---

① 中国职业教育与成人教育网 [EB/OL]. http://www.cvae.com.cn. 2011-07-06.

部学院。1987年和1998年，中华人民共和国国家教育委员会（以下简称"国家教委"）分别颁布《成人高等学校设置暂行条例》和《普通高等学校函授教育暂行工作条例》等文件，要求按国家规定举办成人高等学校，发挥成人高校的功能作用。成人高等学校和中等专业学校既要办学历教育，又要办非学历教育，可以承担函授和广播电视教育的教学辅导；有条件的还可以根据用人单位招工和录用干部的需要，招收应届高中、初中毕业生进行专科3年、本科5～6年的定向培养。

现行的成人高校主要是独立建制的成人高等学校，包括职工大学、职工业余大学、广播电视大学、农民大学、管理干部学院、教育学院，以及独立函授学院等。据统计，1999—2007年，电大系统开放教育累计招生458万人，在校生200余万人，毕业生238万人。电大培养的高等学历毕业生已累计突破600万人，各类非学历教育培训累计超过4000万人次。到2010年，全国共有成人高等学校365所，比上年减少19所。成人高等教育本专科共招生208.43万人，在校生536.04万人，毕业生197.29万人。①

（二）岗位培训制度

1. 岗位培训及其种类

岗位（position）的原意是守卫的位置，岗位规范则指从事岗位工作人员的标准和要求。岗位规范既是衡量从业者工作能力和生产技能的客观标准，又是促使从业者不断进取的外在动力。制定岗位规范是岗位培训的首要环节，然后对上岗或在岗人员是否适应岗位要求做出评鉴，以决定其下岗或留岗。

岗位培训是以行业为主，由中央和地方各业务主管部门组织实施，由企业按照岗位的发展需要和规范对员工进行的一种教育和训练，具体分为规范化和非规范化两类。规范化岗位培训是按照岗位工作的需要和规范要求，在一定文化基础上进行的定向培训，内容包括政治思想和职业道德、文化科学知识、专业知识和实际技能方面的教育与训练，有指导性的培训计划、教学大纲和教材。接受培训的人员经考核合格，由考核机构发给岗位合格证书，作为取得上岗资格的证明。从业人员在转换工作岗位、晋升职务前，也要按新的岗位要求，进行规范化岗位培训。非规范化岗位培训是根据生产和工作中提出的新要求，对已经取得上岗资格的人员经常进行的一种培训与提高，

---

① 中国职业教育与成人教育网 [EB/OL]. http：//www.cvae.com.cn.2011-07-06.

通常为短期培训。

岗位培训也可以根据成人学习的基础,分为继续教育岗位培训和非继续教育岗位培训两种。它们的主要区别在于培训的对象不同。继续教育岗位培训是对具有中专以上学历或担任初级以上专业技术职务人员进行的培训。各级专业技术人员学习不同种类的课程,需要根据自己的学历基础、业务水平以及实际岗位工作给予的要求来决定,学习形式有面授、函授、远距离讲授等。除此之外其他人员的培训为非继续教育岗位培训。

2. 岗位培训制度

岗位培训制度作为企业人员培训、考核与使用相结合的制度,是服务于企业和社会发展的教育和管理制度,也是成人教育制度的重要组成部分。其基本任务是消除从业人员履行岗位职责必须具备的素质要求同从业人员实际素质水平之间的差距,提高从业人员的全面素质(职业规范和工作能力),通过培养履行岗位职责的实际能力直接提高企业的劳动生产率,具有鲜明的职业性,也具有成人教育的性质。

从企业管理制度的角度,岗位培训制度主要包括:开展岗位培训责任制,即把开展岗位培训明确纳入任期目标,对新上岗及转岗人员实行"先培训,后上岗"制度;对需要达标培训的岗位人员实行培训、考核后持证上岗及证书的复核制度;岗位规范的制定、审定和颁布;岗位培训的考核、评估、发证及对岗位人员培训、考核、使用、待遇相结合的制度等。

从成人教育制度的角度,岗位培训制度包括几方面的内容:①在对职业进行科学分类的基础上,制定岗位规范,作为确定和考核企业员工培养目标的依据;②确定培训和教育的内容,开发有关培训项目和课程,组织实施培训过程,落实教育培训目标;③按照培训、考核和使用相结合的原则,落实先培训、后就业,先培训、后上岗,使教育和培训为提高企业生产力和发展服务。

我国在 1997 年全面实施劳动预备制度,普遍建立和实行新生劳动力就业前培训制度,同时加强对劳动者技能的培训。现在我国的职业培训包括就业前培训、转业培训、学徒培训和在职培训,涵盖了初级、中级、高级技师职业资格培训和其他适应性培训等层次,还包括城镇新生劳动力、下岗失业人员、农村转移劳动力和在岗职工的培训。通过发展高等职业院校、高级技工学校、中等专业技术学校、技工学校、就业训练中心、民办职业培训机构、企业职工培训中心等职业培训机构,形成了覆盖城乡的、全方位、多层次的职业教育和培训体系网络。

2000年，政府组织实施了"三年千万"再就业培训计划。2002年，按照劳动保障部《加强职业培训提高就业能力计划》，实施"国家高技能人才培训工程"。2000年，全国共有技工学校3008所，技工学校教职工26.63万人，其中专任教师19.05万人，招生159.02万人，在校生422.05万人，毕业生121.64万人。全国职业技术培训机构总计12.94万所，教职工47.31万人，其中专任教师24.23万人，① 面向社会开展各类培训220万人次。就业训练中心多达3465所、社会培训机构17350所，全年开展培训1071万人次。全国企业在职职工中，2000年接受各种岗位技能培训的达3400万人次，还有126万城镇未能继续升学的初高中毕业生参加了劳动预备制培训。

（三）继续教育制度

1. 继续教育的分类

继续教育的英语词源是"continuing education"，指在初始教育（initial education）基础上的进一步教育。这种观点流行于英国、德国等国家。世界各国对继续教育的界定有两种主要倾向：其一是将其等同于成人教育、终身教育、传统学校后施行的各类教育；其二是专指大学后继续教育，即专指对已获得某种高等教育学历证书或学位、具有一定专业技术职称或职务的在职专业技术人员不断进行的，旨在进行知识更新和提高专业技术能力和水平的教育。传入我国时，继续教育往往同大学后继续教育、继续工程教育相关联，即将大学本专科教育作为高等初始教育。

在我国，继续教育发展到今天，在内容上已形成两大类。一类是正规继续教育。课程设置采取学分制，学员在完成学习，考核合格后可以取得与普通高等学历教育机构授予的学位相当的较高一级学位（如硕士、博士）或第二专业学位，或者可以取得特定的继续教育证书。这种继续教育证书是专业技术人员和管理人员完成进修培训、成绩合格的凭证，记录了课程内容、学时、成绩和使用说明等。继续教育证书是专业人员选聘（聘用、续聘、调动或改行）或晋升（职务、职称和酬薪）的重要依据。另一类是非正规继续教育。学员学习的主要目标是知识更新以及专业技能和水平的提高，而不在于取得学位和证书。这类继续教育从内容到形式均灵活多样，对国家、企事业单位、专业人员本身的意义和价值均不可低估。

继续教育的办学主体、课程内容和教育方式也呈现多样化的特点。政府

---

① 中国职业教育与成人教育网 [EB/OL]. http：//www.cvae.com.cn. 2011-07-06.

直接办继续教育是我国继续教育制度的特色之一。经政府批准成立的专门从事继续教育的科技干部进修学院、管理学院、党校等，是政府办继续教育的主要实施机构。普通高校、成人高校、企业和社会团体都可以举办继续教育，主要以大学后和具有中级职称（工程师）的工程技术人员为对象，一般是非学历教育。

根据培训活动的实际需要，由高等院校、研究院所、公司企业充分集中各方优势和有利条件组成教学、研究、生产三位一体的"联合体"，是各国继续教育发展的趋势之一，三者共同进行继续教育中的讲授培训活动，以进修班、研讨班、科研班和讲座班等形式开展，除面授和函授外，还利用广播、电视等现代化技术为办学手段，取长补短，以达到最佳培训效果。

2. 继续教育制度

继续教育制度是由国家和各级继续教育行政部门、单位、学校制定的继续教育的指导思想、目的、任务、对象、内容和培训目标、组织实施要求、奖惩原则，以及办法所构成的规定体系。

继续教育制度最早出现于1918年颁布的英国《教育法》，但当时英国并未开展普遍的继续教育。中国继续工程教育协会1984年在中华人民共和国科学技术委员会（以下简称"国家科委"）的指导下成立；1986成立中国科协继续教育工作委员会；1987年中国继续教育信息中心成立，10月国家教委、国家经委、国家科委、中国科协联合制定发布《企业科技人员继续教育规定》，12月劳动人事部、财政部等联合发布《关于开展大学后继续教育的暂行规定》；1988年由于机构改革，继续教育的主管部门由国家科委转到人事部，其后人事部颁发了《全国专业技术人员继续教育暂行规定》。《中华人民共和国教育法》和国务院关于《中国教育改革和发展纲要》的实施意见中均强调要开展和加强继续教育。自此，我国继续教育的发展步入了正规化的轨道。2010年，中共中央审议通过《2010—2020国家中长期教育改革与发展纲要》，将继续教育作为专门一章，提出加快发展继续教育，建立健全继续教育体制机制，构建灵活开放的终身教育体系等重要战略决策。我国目前并没有继续教育的专项法律，主要通过国务院各部委及其地方政府部门的政策规定和指导，严格上的继续教育制度还未真正建立。

（四）资格证书制度

资格证书制度也称为三种证书制度。1987年国务院批转国家教育委员会《关于改革和发展成人教育的决定》提出："成人高等和中等专业学校要突破单一的培养规格，对学员实行三种证书制度。一种是达到国家对高等学校本科、专科或中等专业学校学历规格要求的毕业证书；一种是达到相应学历层次单科知识水平的单科及格证书；一种是达到岗位必需的专业文化知识水平，在本行业从事所学专业工作范围内适用的专业证书。"

1. 职业资格证书制度

职业资格分别由国务院劳动部、人事行政部门通过学历认定、资格考试、专家评定、职业技术鉴定等方式进行评价，对合格者授予国家职业资格证书。国家职业资格证书是表明劳动者具有从事某一职业所必备的学识和技能的证明。它是劳动者求职、任职、开业的资格凭证，是用人单位招聘、录用劳动者的主要依据，也是境外就业、对外劳务合作人员办理技能水平公证的有效证件。

职业资格证书由中华人民共和国劳动和社会保障部统一印制，劳动保障部门或国务院有关部门按规定办理和核发，共分为5个等级，即初级（国家职业资格五级）、中级（国家职业资格四级）、高级（国家职业资格三级）、技师（国家职业资格二级）、高级技师（国家职业资格一级）。需要注意的是，岗位合格证书是在政治思想和职业道德、文化程度、专业知识、实际技能、工作经历等全面达到岗位规范要求后，由考核部门发给的证明。它比职业资格证书要求更高、更全面。

职业资格证书制度是劳动就业制度的一项重要内容。它是指按照国家制定的职业技能标准或任职资格条件，通过政府认定的考核鉴定机构，对劳动者的技能水平或职业资格进行客观公正、科学规范的评价和鉴定，对合格者授予相应的国家职业资格证书。作为一种特殊形式的国家考试制度，按照全国统一标准、统一教材、统一命题、统一考务和统一证书的职业技能鉴定质量控制工作原则组织进行。各级职业技能鉴定指导中心负责组织报名，经政府认定的培训机构实施考前培训辅导，鉴定合格者由中华人民共和国人力资源和社会保障部统一核发"国家职业资格证书"，证书上贴有"国家题库统一命题鉴定合格"证签，作为国家规定的技术职业上岗、就业应持有的证明。

我国的职业技能鉴定体系是根据中华人民共和国工种分类目录和技术等级标准，在20世纪50年代开始形成的传统8级技术等级制度基础上，经过多年的演变发展而确立的。1993年，劳动部发布《职业技能鉴定规定》；1994年，劳动部、人事部联合颁发《职业资格证书规定》，我国开始试行新的职业技能鉴定制度，并通过先后颁布《中华人民共和国劳动法》、《中华人民共和国职业教育法》、《职业资格证书规定》、《职业技能鉴定规定》等法律法规，确定了职业技能鉴定的基本法律地位和政策保障。职业资格证书制度从1995年开始试点，1997年已在全国范围内推开，到2000年已初步建立起就业准入制度框架，对90个职业和工种实行就业准入控制。截至2013年年底，全国有职业技能鉴定机构9万多个，职业技能鉴定考评人员25.27万人，2013年全年共有1838.57万人参加职业技能鉴定。

2. 学历证书制度

学历证书是学制系统内实施学历教育的学校或者其他教育机构，对完成学制系统内一定教育阶段学习任务的受教育者所颁发的文凭。学历证书是教育系统的标记，与劳动人事制度、干部制度、职资制度密切相关，影响着一个人的就业、待遇、职称等。随着知识的变化，这一标记得到了广泛认可并成为职业市场的通行证。

学历证书制度规定：学满学制规定的年限，完成教学计划规定的全部课程，各科成绩合格者可以毕业并获得毕业证书；学满学制规定，完成教学计划规定的全部课程后有一两门非主要课程成绩不及格者，可以结束学业离校并发给结业证书；学满一年以上而退学者可视为肄业，发给肄业证书。国家在成人中等专业教育和成人高等教育中实施三种证书制度中有关学历有两种：一种是达到国家对高等学校本科、专科或中等专业学校学历规格要求的毕业证书；一种是达到相应学历层次单科知识水平的单科合格证书。

目前，教育机构垄断了学历证书的授予权，因而使它成为在市场上优于其他的一种学习凭证。1999年，我国政府要求在全社会实行学历证书和职业资格证书并重的制度。2002年，劳动部、教育部、人事部联合发文《关于进一步推动职业学校实施职业资格证书制度的意见》，明确提出指导"双证书"转换的具体规定。职业资格证书是反映一个人具备某种或某几种职业所需的专门知识和技能及其水平高低的资格证明。职业资格证书与职业劳动的具体要求密切结合，更多地反映了特定职业的实际工作标准和操作规范，以及劳动者从事该职业所达到的实际能力水平。如今，旧的证书已经过时，市场上还出现了"资格证书通货膨胀"现象。如果学历证书制度不完善，就会给其他制度及很多方面的工作带来麻烦。

3. 专业证书制度

专业证书制度是由用人单位根据工作岗位的需要，有针对性地选拔已在专业技术岗位或管理岗位上的工作人员，为使其达到上岗职位所需要的专业知识水平，有针对性地进行专业知识教育的一种证书制度。

1988年4月，我国由国家教委和人事部联合发文，决定建立专业证书制度。成人高等教育专业证书是学员经过学习、考试合格，表明已达到了岗位所要求的大专层次专业知识水平的一种证明。它不等同于大学专科毕业证书，也不能作为岗位培训合格证书，只能在本行业、本专业的工作范围内，作为评定、聘任专业技术职务、管理职务和其他职务任职资格的依据之一。

随着《国家中长期高技能人才发展规划（2010—2020年）》的发布，我国提出高技能人才振兴计划——重点加快培养经济社会发展急需的高技能人才，强调加强院校职业技能鉴定规范管理，引导和推动职业院校专业设置和教学内容与国家职业技能标准相衔接，重点实施高级技师培训项目、高技能人才培训基地和技能大师工作室建设，培养、提升高技能人才能力。各地要结合地方实际，抓紧制订具体实施方案，健全工作机制，完善政策措施，落实配套资金，确保各项目标任务的完成。从2011年到2020年，全国力争培养350万名技师和100万名高级技师，使技师和高级技师总量达到1000万人，并建设1200个示范性高技能人才培训基地。

（五）自学考试制度

1. 自学考试的形式

自学考试是一种国家考试。所谓国家考试，即指由国家或国家授权的单位，按国家规定的要求和制定的标准，组织实施的考试。自学考试是根据国务院的文件规定，在全国考试指导委员会的指导下，由国家授权的各省、直辖市、自治区考试委员会组织实施的。中华人民共和国公民，不受性别、年龄、民族、种族和已受教育程度的限制，均可依照国务院《高等教育自学考试暂行条例》的规定参加自学考试。

作为一种教育形式，自学考试具有完全开放性、最大自主性和灵活性、以自学为其本质属性的特点。其任务是通过国家考试促进广泛的个人自学和社会助学活动，推进在职专业教育和大学后继续教育，造就和选拔德才兼备的专门人才，提高全民族的思想道德、科学文化素质，适应社会主义现代化建设的需要。

自学考试在开考前由国家相关部门预先制订并向社会公布专业考试计划和每门课程的自学考试大纲。然后，社会上的自学者和助学部门按照这些计划和大纲进行学习和辅导。目前我国自学考试有自学参加考试、考试辅导班、开放学院等形式，自学考试现有近200个本、专科专业，仅全国考办制订课程及大纲503门。2010年，全国高等教育自学考试学历教育报考965万人次，62万人取得毕业证书；非学历教育报考1103万人次。① 2013年，全国高等教育自学考试学历教育报考766.30万人次，73.42万人取得毕业证书。

2. 自学考试制度的内容

自学考试制度是指为保证自学考试活动有序、健康、稳定和正常开展，对自学者进行高等教育、中等教育和中等专业教育为主，以个人自学、社会助学、国家考试相结合，考核合格发给国家学历文凭的一种开放型的成人教育制度。自学考试制度是我国首创的一种新型育选人才的教育形式和考试制度。一方面，自学考试是一种目标参照性考试，是新型的学历检验制度。作为学历检验，它具有考教分离、一次性、客观公正的特点。另一方面，它还是一种以自学为基础，社会助学为条件，国家考试为主导的社会化的教育形式。

1988年3月，国务院发布《高等教育自学考试暂行条例》，共10章12条，包括总则、考试机构、开考专业、考试办法、学籍管理、社会助学、毕业人员的使用与待遇、考试经费、奖励和处罚及附则。总则中明确指出，高等教育自学考试制度是根据宪法的规定建立起来的，是对自学者进行以学历测试为主的高等教育国家考试，是个人自学、社会助学和国家考试相结合的高等教育形式。《中华人民共和国教育法》规定"国家实行教育考试制度"，《中华人民共和国高等教育法》又把高等教育自学考试列入我国高等教育基本制度之中，其方针政策和质量标准是由全国考试指导委员会统一制定的，自学考试开考专业根据经济建设和社会发展的需要、人才需求的科学预测和开考条件的实际可能设置。各学历层次要求在总体上与普通高等教育同学历层次的水平相一致。

3. 自学考试制度的层次

我国实行的自学考试制度可分为中央、省和地市3个层次，相应的就有3个不同层级的制度制定主体，考试部门也据此预先公布既定的目标和标准，设计、拟定试卷并对自学者进行测试，其分数解释也参照既定的标准和目标。自学考试采用分科施考、学分累计的方式逐步完成学业。考生一旦考试合格，即表示已达到规定的目标和标准，即可发给单科合格证书并按规定计算学分。不及格者可参加下一次该课程的考试。考完专业考试计划规定的

---

① 中国职业教育与成人教育网 [EB/OL]. http://www.cvae.com.cn. 2011-07-06.

全部课程，并取得合格成绩，完成毕业论文或其他教学实践任务，思想品德鉴定合格者准予毕业并取得相应的毕业证书。由各级考试委员会颁发的毕业证书，国家承认其学历。符合学位条件的高等教育自学考试本科毕业人员，由有学位授予权的主考学校依照有关规定，授予学士学位。高等教育自学考试毕业证书实际包括中专毕业证书、专科毕业证书、本科毕业证书，同时设有单科合格证书和专业证书。

自学考试制度以对自学者进行高等教育、中等教育和中等专业教育为主，坚持个人自学、社会助学、国家考试相结合。自学、助学和考试三者相互制约，相互促进，相辅相成，缺一不可，共同构成了一种新型的教育考试形式。

三、成人教育体系

按照国际教育的分类标准，教育层次包括3级教育机构：6～12岁的基础教育、11～17岁的中等教育、18～24岁的高等教育，而成人教育体系是在这个结构之外的教育体系。西方的成人教育体系经历了近二百年的发展，已经达到一定程度的成熟。我国在引进成人教育制度之后，形成了富有中国特色的成人教育制度和体系。然而，终身教育体系的建立有赖于成人教育的进一步发展，因此，必须在现有基础上建立适应多元化需要的和开放的成人教育体系。

（一）成人教育体系的含义与特性

1. 成人教育体系的含义

从系统论的角度，成人教育体系被认为是"在一定环境中，为达到成人教育目标，一系列有关成人教育的要素按一定的结构所构成的动态统一体"。[1] 它是一个动态的系统，总是随着其内部诸要素及构成方式以及外部环境的变化而变化。也有学者认为，成人教育体系是指"基于一定社会的政治、经济、文化传统，由与成人教育资源有关的人、财、物、事占据的空间和时间构成的相对独立的系统。它是由若干门类、若干层次、若干因素组成，并以一定的方式联系而构成的有机整体"。[2]

---

[1] 叶忠海，等．成人教育学通论［M］．上海：上海科技教育出版社，1997：31．
[2] 毕淑芝，司荫贞．比较成人教育［M］．北京：北京师范大学出版社，1994：145．

成人教育体系是由一系列有关成人教育的要素组成的集合体，作为成人教育体系的实体，由其内部诸要素按一定的结构构建成一个相互联系的、统一的有机整体，充分体现了成人教育体系的整体相关性。这个体系是为达到成人教育这个特定的目标而产生、存在和发展的，体现了成人教育体系的特定功能。

成人教育系统存在于社会系统之中，作为社会系统的子系统与社会系统相互联系和作用，在成人教育系统与外部环境之间存在一定的关联互动性。就机构设置而言，成人教育体系是由各级各类成人教育机构组成的相互衔接的系统，这些成人教育机构包括成人扫盲学校、成人初等学校、成人中等学校和成人高等学校、成人夜大学、管理干部学院、普通高校的继续教育和夜大学、教育部门举办的广播电视大学、地方办的职业技术学院、厂矿企业办的技工学校、县（村、乡）办的农民学校和文化技术学校、其他民主党派和社会团体办的职业培训和各类补习学校等。作为一个动态的系统，总是随着其内部诸要素及构成方式以及外部环境的变化而变化，充分体现了成人教育体系的动态与静态的辩证统一性。①

2. 成人教育体系与其他教育体系的关系

如果把成人教育看作一个完整的系统，则它由管理系统、教学系统和科研系统3个子系统组成。每个子系统都有各自的体制结构和运行原则，3个系统相互联系、相互影响、相互制约，构成成人教育整体系统的运行机制。同时，成人教育体系作为一个完整的系统，与教育体制中其他教育体系也存在联系。只有当各个体系的运行均达到协调、灵活、完善时，成人教育体系才能处于良性运行状态，产生最佳组合效应，从而实现成人教育的目标。

（1）成人教育体系和普通教育体系的关系。

成人教育体系与普通教育体系的联系体现在两者都是终身教育体系的重要组成部分，可以相互促进、相互补充。成人教育体系和普通教育体系在教育资源，诸如教师、设备、信息等方面可以共享。

普通教育是指为适应将来社会和工作的发展需要，对未成年人进行的教育，因而与成人教育有明显的不同，主要表现在：教育对象不同，普通教育重在未成年人，而成人教育重在具有职业经历的成年人；施教任务不同，普通教育是为适应将来的社会和工作而学习，是一种准备性的学习，而成人教育则更多的是为适应当前的工作而学习，是一种实用性的学习；教育方式不

---

① 唐亚豪. 成人教育新论 [M]. 长沙：湖南师范大学出版社，2002：39.

同，普通教育主要以学校教育为主，而成人教育既有学校教育，也有非学校教育，如自学、网络教育、岗位培训等。①

（2）成人教育体系与终身教育、继续教育体系的关系。

终身教育是人们一生中所受各种培养的总和，包含着教育的一切方面，是人一生中连续系统的教育。继续教育体系是指在完成全日制正规教育以后个体所继续参与的教育，尤其指大学或专业组织所提供的教育活动系统。联合国教科文组织编写的《成人教育名词》一书，将"继续教育"体系界定为"已完成儿童全时教育的人再从事的教育活动"的系统，主要包括针对在职专业技术人员和管理人员的两大再教育子系统，它是学历教育系统的延伸和发展。

成人教育体系与终身教育、继续教育体系存在相互包含、交叉的关系。终身教育体系包含成人教育体系，其内涵更为广泛，而成人教育体系是终身教育体系中成人阶段各种教育的总和。继续教育体系既是终身教育体系中成人教育阶段最高层次的部分和重要方面，又是人生中统一教育系统的重要形式。

（3）成人教育体系和职业教育体系的关系。

职业教育体系包括职前职业教育和职后职业教育两大子系统。前者主要是对未成年人的职业教育和就业准备教育；后者是对成年期从业人员、待业人员的职业教育，包括对他们职业知识和技能的补充、训练以及转换职业所需的教育，显然属于成人教育的范畴。

作为不同的教育范畴和体系，成人教育系统的实质是终身发展教育，是个体向人类社会最高目标发展的桥梁，使人和自然、社会保持和谐统一；职业教育系统在现阶段其实质是生计教育，是个体谋生的手段，使人和职业活动环境保持动态的平衡。此外，两者在教育对象的社会属性和心理成熟水平、具体的教育目标、教育功能、教育过程、教育内容、教学形式方法、教与学关系等方面也存在差异。

（二）我国成人教育的分类体系

1. 按照办学形式划分

根据联合国教科文组织教育分类标准，正规教育（formal education）是从学前教育、小学、中学到大学的比较系统的学校教育，包括公立和私立的学校教育系统。非正规教育（nonformal education）是指由非学校系统举办

---

① 叶忠海. 现代成人教育学研究 [M]. 上海：同济大学出版社，2011：54.

的，需要一定的报名注册手续的继续教育或培训。非正式教育（informal education）是指无须报名注册手续即可上课或参加，教学关系和目的不甚明确的教育形式。

联合国成人继续教育顾问委员会曾指出："成人教育包括正规教育、非正规和非正式教育。这样一种综合概念不仅为了哲学的需要，也是为了实践的需要。"这里所谓的正规教育是指由教育或培训系统主办，要求学生注册，使学生获得某种文凭、学分或专业技能证书的一种教育。非正规教育是由非教育系统主办，学生需要一定的报名和注册手续，可以获得一定的学分、学习记录或资格证明等的一种教育。而非正式教育是个人在日常生活中获取技能、价值、观念、知识和能力或从家庭、邻居、工作、娱乐、图书馆及大众媒体受到教育影响或接受有组织、安排的学习活动，但学习完成后不给学分、学位或证书的一种教育。

2. 按照成人参与教育的目标划分

按照参与教育的目标，成人教育可分为学历教育和非学历教育两大类，如图8-1所示。

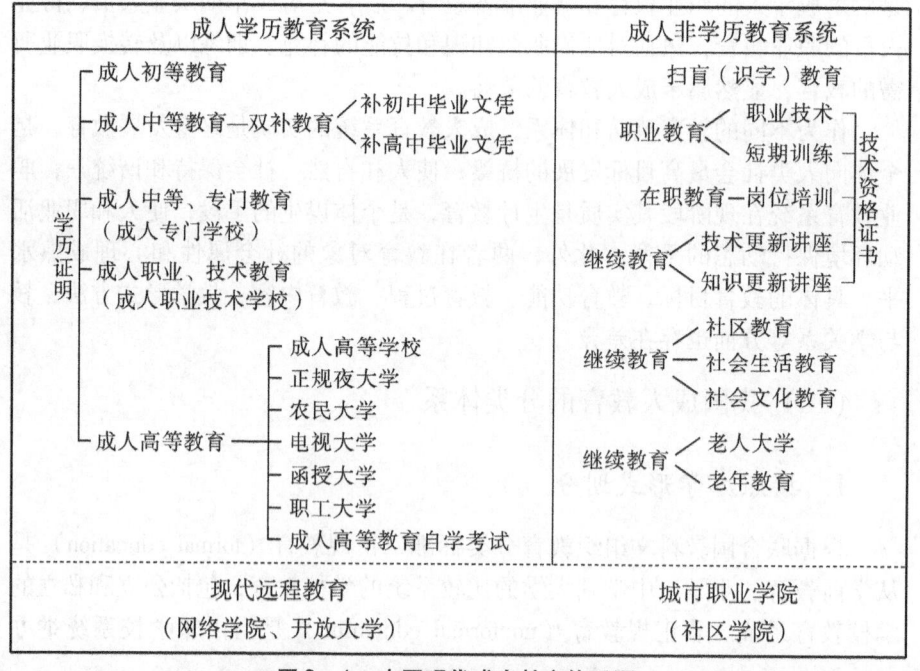

图8-1　中国现代成人教育体系图

注：引自《国际终身教育论》第190页，有修改。

3. 按教育功能划分

国际上根据成人教育的功能将其分为 5 大类：一是提高职业技术和专业能力的教育；二是促进健康、福利和家庭生活水平的教育；三是增进公民政治和社会工作权能的教育；四是自我满足的教育（这类教育的内容多是音乐、美术、舞蹈、戏剧、文学、手工艺等科目）；五是补习教育（主要是对学历的补偿学习）。

我国则以成人教育的服务功能将其划分为两大类。

一类是成人职业教育分系统。成人职业教育分系统主要由下列若干子系统组成：职业学历教育子系统、技术等级教育子系统、岗位培训子系统、职业资格证书教育子系统、职业性继续教育子系统。

另一类是成人非职业教育分系统。成人非职业教育分系统主要由下列若干子系统组成：成人扫盲教育子系统、成人普通学历教育子系统、成人社会（区）教育子系统（包括社会政法教育、社会生活休闲教育）、家庭教育辅导子系统等。

另外，若按照成人教育体系本身的职能可将成人教育分为成人教育管理体系、成人教育办学体系、成人教育干部和教师培训体系、成人教育理论和教学研究体系 4 大职能体系。成人教育作为一种以成人为对象的教育，虽然把培养劳动者的生产劳动能力作为重要内容，但成人教育绝不是一种单纯的"人力"教育。它应当包含为满足成人生活或发展的需要而进行的各种教育活动。正是在满足成人多种多样社会生活需要的过程中，成人教育体系才得以不断丰富和发展。

4. 按教育对象划分

按教育对象的社会职业类属及其所承担的职责，可以把成人教育体系分为 6 个子系统，这也是我国一直以来的传统分类方法。

（1）职工教育子系统。举办职工教育的主体既有中央和地方各级经济业务部门，又有各企事业单位，其中主要是各企事业单位。无论哪一类职工教育，其基本目的都是开发本系统、单位的人力资源，主要特点是其职业性。

（2）干部教育子系统。例如中央和地方各级党校、政治院校、行政管理部门办的中央和地方各级行政院校、管理干部院校、高等院校办的干部专修科和干部培训班，以及其他教育机构举办的各级各类干部教育等。

（3）专业技术人员教育子系统。这里主要是指专业技术人员高中后进修教育。在我国主要有教师、科技人员进修教育，包括中央和地方各级教育学院、地县两级的教师进修学校、科技人员进修院校，以及各种研修班、进修班等。

（4）农民教育子系统。主要是指县、乡、村三级为农民举办的各类教育，其中乡镇成人文化技术学校是主要阵地，还有社区教育中心、文化中心等。该系统教育的特点是与"燎原"、"星火"和"丰收"计划的实施紧密联系在一起。

（5）城市居民教育子系统。主要为社区成人教育，旨在建设和发展社区、全面提高社区成员的素质和生活质量、加强社会主义精神文明建设。其特点是全民性、区域性，主要阵地是社区教育中心。

（6）军人教育子系统。主要包括各级各类军事院校，以及委托地方举办的各类干部教育班。其主要目的是为部队革命化、现代化、正规化建设服务，培养军地两用人才。

（三）成人教育的职能体系

1. 成人教育管理体制

管理体制是指为实现预定的共同目标、保证某方面工作的顺利进行而确定的有关机构设置、隶属关系和权限划分的制度。管理制度带有指令性，具有一定的强制作用。一经成文颁发，就需要全体参与人员必须执行，共同遵守，如规划决定关于办学方法、组织形式、课程设置、教学管理、基地建设、经费开支等的各类规章制度。

成人教育管理体制就是国家为了加强对成人教育事业的领导和管理、保证成人教育事业顺利进行，对各级成人教育行政管理部门、业务主管部门和基层企事业单位的机构设置、权限划分和隶属关系等方面所做出的规定，是国家教育管理体制的重要组成部分，是开展成人教育工作的重要组织保证。各类规章制度是根据本系统、本地区、本部门的具体情况，对成人教育的指导思想和任务、对象、内容、培训目标、组织实施、政策措施、经费使用等都做出明确规定和要求，这些都是当前我国开展成人教育工作的具体内容。成人教育管理与国家其他行政管理一样必须严格遵循党和政府的方针、政策、指令，成人教育办学过程中，管理者组织人、财、事、物等一系列活动必须遵循成人教育政策的根本要求和行动准则。

我国成人教育管理体制历经多次改革。新中国成立后，我国成人教育事业实行高度集中的中央集权管理体制，建立了从中央到地方上下衔接的成教管理机构，实行中央统一部署、各级政府及各部委贯彻执行的管理模式。

1992年8月，国家教委在北京召开了全国成人高等教育工作会议，会后形成了《关于进一步改革和发展成人高等教育的意见》，首次明确提出要"建立分级管理、分级负责的管理体制，形成科学的管理、调控制度"。同时指出，对成人非学历教育，国家把办学权力和责任全部交给地方和部门，地方和部门要保证学校有充分的办学自主权；对成人学历教育，国家教委要健全法规，加强总体规划、宏观指导、协调、监督和检查，重点掌管好学历教育的规格、质量，而将调整学校布局、制定培养规格和确定专业设置、办学形式、招生计划、招生对象等权限逐步下放给地方或部委，将入学招考权、教学控制权和大纲、计划、教材、文凭发放权等直接下放给办学机构。

随后，国务院下属的劳动部负责全国工人的培训；人事部负责全国公务员培训、专业技术人员的继续教育；国家经贸委负责全国企业管理干部培训，会计师、审计师、经济师的专业教育和资格证书认定；省、自治区、直辖市人民政府对本地区成人教育拥有具体指导和管理的责任，通过其成人教育行政管理部门，诸如成人教育局、成人教育处实施成人教育的管理。各专业部委在管理本行业成人教育工作中起主要作用。

1993年2月，中共中央、国务院印发《中国教育改革和发展纲要》指出："职业技术教育和成人教育主要依靠行业、企事业单位办学和社会各方面联合办学。"各企事业部门的成人教育行政机关是代表企事业部门来领导、管理本系统成人教育事业的办事机构，既接受本系统、本部门教育行政部门的领导，同时也接受地方成人教育行政部门的业务指导。地方政府的成人教育管理属于"块状"管理，它和"行业为主"的"条状"管理体系共同构成我国成人教育行政管理网络。各级工会组织、共青团、妇联和科协等社会或学术团体在各自的职责范围内参与、协助和配合成人教育工作。至此，成人教育形成了教育行政部门主管、行业部门分管，以及工会、共青团、妇联配合的"条块"结合的行政管理体制。

2. 成人教育办学体系

成人教育办学体系是与普通教育各级各类学校体系相对应的，由成人教育机构（管理机构和办学实体）组成，主要包括各级人民政府及教育主管部门、各级各类学校、行业、企业教育部门和社会组织负责单位，组成相互衔接的体系。成人教育机构作为实施成人教育活动的行为主体，其一系列计划和行动在成人教育实施中发挥着主导作用。

我国成人教育的主办单位有国务院部委和省、自治区、直辖市的教育行政部门与行业部门，有厂矿、企事业单位，有县、乡（镇）人民政府。各级工会、共青团、妇联等组织也单独或与教育部门联合，举办面向本系统或本地区的进修、培训学校或机构；民主党派、社会团体、学术团体、集体经济组织以及公民个人，也可举办补习和辅导文化课程、职业技术教育课程和社会文化生活教育课程的成人教育机构。上述办学机构为求学者提供了多种学习方式，有全日制课堂集中讲授的，有通过提供教材、录音录像资料远距离指导自学的。其办学规格有学历教育，包括中学、专科、本科，甚至研究生和专业学位教育；也有非学历教育，包括扫盲、农村实用技术培训、岗位培训、职业资格证书教育、专业证书教育和大学后继续教育等。有的成人以全脱产、半脱产的方式进行学习，也有的采用业余时间学习。

广播电视大学是为实现远距离教育总体目标而建立的系统，中国的广播电视大学体制是1979年从中国的国情出发建立起来的。中央广播电视大学由教育部和中央广播事业局直接领导，教育部负责教学，广播事业局负责演播技术。各省、自治区和直辖市也相继成立了省一级广播电视大学，由当地教育行政部门和广播事业局领导。地、市成立工作站或由省、市教育行政部门领导，实行上下结合、分级管理、分级办学的体制。至今，我国已经形成由中央广播电视大学和44所省级广播电视大学、945所地市级电大分校（工作站）、1842所县级电大工作站组成的统筹规划、分级办学、分级管理、分级协作的办学体系，共同培养高等学历教育毕业生559万人。现在广播电视大学的办学形式也在改革，有些改制为开放大学，有些结合学习社会建设和社区教育改办为地方职业学院或社区学院。

管理干部学院是比较特殊的成人教育办学模式。1983年5月，国务院批转教育部等部门《关于成立管理干部学院问题的请示》规定："管理干部学院的任务是按学制两年、以大专院校课程培训在职管理干部。"一般由国务院各部门、省市自治区和大型企业举办2～3年制的专科和各种短期班。同时职工大学、职工业余大学、广播电视大学、农民大学、高等教育自学考试、干部中等专业学校、职工中等专业学校、广播电视中等专业学校、农民科技学校、农业广播学校等都有培养、提高在职干部的任务。现在管理干部学院的办学形式也在改革，有些进行改制试点为专业大学和职业技术学院，有些结合社会发展的需要和社区教育办成地方行政培训学院或社区学院。

企业教育指为满足企业生产、经营和发展的需要，由本企业组织与实施的各种教育培训活动的总和，旨在提高本企业员工及已经确定准备进入本企业人员的整体素质。我国一般将企业教育分为两大类型：一是针对新进入企业或公司的大学毕业生，除了入职教育外，还要进行岗前各种培训学习；二是针对已具有相当实践经验的各级专业技术人员的培训学习，如增新知识、扩充知识面、了解科技动态或为晋升技术职务、改行转岗、转跨学科专业等各种需要的培训。学习形式有听课面授、专题研讨、讲座报告，还可以根据需要选派人员在国内外学校、研究所进修或委托代培。

社会力量主要举办社会需要的各种辅导班、进修班和职业技术培训班，若符合国家有关规定，并经工商部门审查批准，还可以举办国家承认其毕业证书的高等和中等专业学校。未经批准的学校，其学生要取得国家承认的大、中专毕业证书，应按照国家自学考试的有关规定办理。对办学质量低劣，以办学为名牟取私利的学校，国家要进行整顿，直至取缔。2012年10月，国家质量监督总局、国家标准化委员会颁布了《成人教育培训服务术语》、《成人教育培训组织服务通则》、《成人教育工作者服务能力评价》3项国家标准，为社会力量举办成人教育服务提供了新的规范。

社区学院是指设立于社区内的教育机构，由地方教育行政机构认可并加以督导，主要为社区所在成员提供高等教育、职业技术教育或社会性文化生活教育等方面服务的教育和培训实体。作为成人教育的主阵地，社区学院是社区成员享受终身教育的重要载体。学员主要来自本社区，有的是本社区的常驻居民，有的是在本社区"打工"的各阶层务工人员，包括企业中的职业经理、家庭中的服务人员等。社区学院设置的专业、课程、教学组织形式、教学方法都比较灵活、适用，既可以采用课堂教学的形式，也可以采用远距离教学，有些课程还可以安排在实验室、工厂、车间、农场、养殖场等地，请老师或技术能人"现身说法"。所开设的课程与本社区的经济、社会发展结合较为密切，教育、培训服务的层次也较多。现在社区学院已成为我国社区教育和终身学习体系的重要组成部分，在学习型社会建设中发挥着越来越大的作用。

3. 成人教育的中介服务体系

在市场经济条件下，社会中介组织一般是指非营利的民间社会团体，介于政府与各市场主体之间，按照一定的法规或根据政府的委托，遵循独立、公平、公开和公正的原则，凭借其特有的社会服务、沟通、公证、监督等功能，为全社会提供各种服务的自律性组织。

教育中介组织是指介于政府、学校、个人之间，提供咨询、监督、评价、协调等专业化教育服务的社会组织。成人教育的中介服务体系则由若干具有成人教育职能的教育中介组织构成。

中国成人教育协会成立于1981年，是全国成人教育工作者的群众性、学术性社会团体，其任务是宣传、组织、协调成人教育活动，提供咨询，进行培训，出版刊物，开展国内与国际交流，组织和指导成人教育的学科研究和教学科研活动。该会于 1983 年加入国际成人教育理事会，1988 年加入亚太地区成人教育总会。协会下设直属研究组织，如扫盲教育研究会、成人高等教育研究会、企业职工教育研究会、农村成人教育研究会等。此外，还有中国职工教育协会、中国继续工程教育协会等合作团体。

另外，还有各级各类成人学校评估组织，包括办学质量专业化评估组织、民办成人学校的设置审议组织、各类成人教育教材的编审组织、分类组建各级各类成人学校的协会组织等。它们在沟通、协调政府与各成人教育办学机构之间的关系、为政府提供决策咨询、为成人教育办学机构提供专业化服务、保障成人教育办学机构的合法权益、组织协调成人教育研究活动、监督评估成人教育办学机构的教育教学质量和水平、成人教育工作者的培训、成人教育国际交流等方面发挥着巨大的作用。

国家各部委和社会各行业协会承担着管理各行业成人教育的职能。各行业协会在政府教育行政部门的协调、领导下，分管本行业、本领域内成人教育的具体事务，如制定本行业岗位培训标准、组织编写有关教材、主持本行业岗位资格考试认定工作等。就业训练中心、民办职业培训机构、企业职工培训中心等职业培训机构，对从事技术复杂，通用性广，涉及国家财产、人民生命安全和消费者利益职业的劳动者，必须经过培训技能鉴定。社会上的自学者和助学部门按照制订的计划和大纲进行学习和辅导。

第九章　学习社会与社区成人教育

　　学习社会是一种新兴的社会思潮和教育理念，学习社会概念的提出原是针对成人教育制度的局限性而言，经由联合国教科文组织的倡导，不仅改变了整个国际社会的教育观念，也丰富和展示了终身教育、终身学习的时代内涵，通过各国的成人教育实践冲击和改变着现存的教育体系。社区是表达一种区域性社会的外来词，在我国的社会行政管理中引入社区的概念之后，社区建设与社会经济发展和人们的生活联系越来越密切，而教育领域在终身教育理念和学习社会思潮影响下，兴起了社区教育的热潮。社区成人教育作为社区教育的主体部分，不仅在社区发展和社区居民素质提高方面扮演着重要角色，而且体现了现代成人教育的发展趋势，改变了传统的成人学校教育的模式。探讨学习社会及社区成人教育的问题，需要对现有的社会教育理念和制度进行分析，从未来社会发展的需求和社区成人学习者的发展角度提出成人教育发展的新思路。

一、学习社会的理念和问题

　　学习社会是在终身教育、终身学习思想的影响下形成的一种新的教育理念。教育社会化和社会学习化是学习社会的重要特征，学习社会与终身教育、终身学习有着密切的联系。成人教育理论在学习社会理念影响下也有了新的发展，其中包括社区教育、学习型组织理论在成人教育实践的应用。

（一）学习社会的含义及其发展

1. 学习社会的含义

　　学习社会是一个新型的社会发展模式的概念，标志着人类文明与进步已进入一个崭新的历史阶段。学习社会的英文是"learning society"，我国曾经翻译为"学习型社会"和"学习化社会"，根据中文的意思，"型"是模式、模块形态；"化"是融合浑然为一体。学习化是理想目标状态；而学习型是现实发展目标，也是实践运作的模式。最早提出学习社会概念的是美国芝加哥大学校长赫钦斯，在1968年发表的《学习社会》一书中，他在对以往的教育制度进行批判性研究的基础上，提出了今后要实现一个新的教育和社会——学习社会，他所指的学习社会是"任何时候不只提供定时制的成人教育，而且以学习、成就、人格形成为目的而成功地实现着价值的转换，以便实现一切制度所追求的目标的成功社会"。[1] 联合国教科文组织国际教育发展委员会在1972年发表的《学会生存——教育世界的今天和明天》报告中，肯定了这一概念。该报告认为："一个社会既然赋予教育这样重要的地位和那样崇高的价值，那么这个社会就应该有一个它应有的名称——我们称之为学习社会。"[2] 随着学习社会概念的出现，各国都在促成终身教育制度的建立，希望通过建立终身教育制度从而推动学习社会的建立和发展。联合国教科文组织就提出了"向学习社会前进"的目标，美国、日本等发达国家的政府也纷纷做出了由"学历社会"向"学习社会"过渡的战略决策。美国卡内基高等教育委员会于1973年发表了《迈向学习社会》一书，继承赫钦斯学习社会的理论观点，提出构建学习社会的具体构想，但它所主张的学习社会的理念已不是一般的教育理念，而是通过丰富的学习活动来保障国民的学习机会，借助学习来适应现代社会变化。这就把赫钦斯的闲暇学习范围扩展到包括职业和劳动的生活中的各种学习机会，并且突破了教育制度本身描绘的学习社会的界限。

学习社会作为一种新的教育理念，在国际上已经受到了重视，许多社会学家和教育学家都尝试深入探讨，使学习社会的理念在20世纪八九十年代有了新的发展，欧美的学者逐渐将学习社会理念的推展与它所涉及的社会、法律及教育制度等问题联系起来，提出一些新的观点。如布希尔（Boshier）指出，学习社会的基本观念是把学习当作日常生活的事，而教育则被视为所有公民潜在的人权。彼得森（D. A. Peterson）进一步认为学习社会的特征有：教育机会应尽可能性地向大众开放；教育机会应延伸到社区，并融入社区事务与问题；各种教育资源的广泛运用。兰森（S. Ranson）从个人、学校、社区、政府等角度论述了如何建立学习体制，扩展了学习社会的价值。[3] 发达国家在构建学习社会方面已经做了许多研究和实践，我国学术界和政府部门在世纪之交也开始关注这个问题，而要获得社会的共识还需要一定的时间和努力。

---

[1] R. M. Hutchins. *The Learning Society* [M]. New York: F. A. Praeger, 1968: 135.
[2] 联合国教科文组织国际教育发展委员会. 学会生存——教育世界的今天和明天 [M]. 上海：上海译文出版社，1979：218.
[3] S. Ranson. *Towards the Learning Society* [M]. London: Cassell, 1994: 106 – 113.

我国学术界对学习社会的探讨和宣传开始于20世纪90年代,其中,大陆学者厉以贤总结了国内外的研究,把学习社会界定为:指以学习者为中心,以终身学习、终身教育体系和学习型组织为基础,以保障和实现满足社会全体成员各种学习需求和获得社会可持续发展的机会。[①] 台湾学者胡梦鲸认为:"所谓学习社会是指一个人人均能终身学习的理想社会。在此社会中,学习者的基本权利能够获得基本保障,教育机会能够公平地提供,学习障碍能够合理地去除,终身教育体系能够适当地建立。学习化社会发展的目的,是要提供一个理想的学习环境,实现每一个人的自我天赋潜能,使其做一个自己想要做的人。"[②] 作为一个新型的社会发展模式,教育社会化和社会学习化是学习社会的重要特征,学习社会标志着人类文明与进步已进入一个崭新的历史阶段。学习社会的实质是社会全体成员的学习需求的不断满足和学习目标的不断实现,从而实现贡献社会和自身的和谐发展的社会。[③] 因此,学习社会理念有一定的发展,其含义主要有如下几方面的发展。

首先,在教育的理念上是对传统的一次性教育和学习就终身受益的观念的否定,认为未来社会所要求的教育将是终身学习和终身教育,即确立了未来社会是学习社会。

其次,在人的发展观上强调学习不仅是知识技能增长的需要,也是人格和情感生活所必需的,只有在不断的学习中人的各方面素质才有可能充分地发展。人的全面发展是通过终身学习和终身教育而获得的,不可能仅仅通过知识的传递而获得,因此,在学习中的全面发展是一种可持续的发展。

再次,在社会公平观上赋予了新的内容,即学习不仅是个人发展的本能,也是一种基本的人权和生存方式,公平的社会肯定和保障人的学习权利。这就意味着整个社会都应致力于为人的学习提供更加广泛和公平的教育机会,学校教育仅仅是社会提供给人的有限度的教育,在终身学习意义上的教育需要拓宽学习教育的各种发展目标、时间、空间、内容和形式上的限制。

最后,在社会发展观上肯定了教育社会化和社会学习化的趋势,学习社会是一种教育社会,是由一个个的学习型个体、组织、社区和政府所构成的学习体系,既有一定的层次结构,也有充分的教育资源合理配置、健全的社会制度保障和有效的学习动力机制。终身教育体系需要更多的社会支持,而

---

① 厉以贤. 终身教育、终身学习是社会进步和教育发展的共同要求 [J]. 教育研究, 1999 (9).
② 胡梦鲸. 学习社会的概念意涵和发展条件 [J]. 成人高等教育, 1997 (4).
③ 郑淮. 学习化社会的理念和基础分析 [J]. 华南师范大学学报, 2000 (2).

社会发展的动力就来源于这个学习体系。

2. 学习社会的特征

学习社会是未来社会的发展趋势，未来学家阿尔温·托夫勒（A. Tofuler）认为，人类社会的发展分为3个历史阶段，即农业社会、工业社会和信息社会。他曾指出，"扩大人的适应能力，这是后工业革命时期教育的中心任务"。[①] 信息社会属于未来社会，学习社会直接反映了信息社会的各种特征和要求，是教育与学习贯穿于任何时候、任何领域、任何过程之中的社会。1991年4月，美国提出了"把美国变成人人学习之国"、"把社会变成大课堂"两项教育发展战略。学习社会是一个人类文明与进步的崭新的社会发展模式，同时，它作为一种新的教育理念，与终身教育、终身学习有着共同的目标和意义，从学习社会理念的内涵可以勾画出学习社会的一些基本特征。

（1）学习社会是由一个个终身学习的个体所构成的社会。国家向公民提供终身教育的各种机会和资源，使愿意学习和接受教育的人在时间、空间上均有机会可供利用。人人都在为更好地适应社会而进行终身的学习，由一个个的终身学习的个体结合成为学习型组织，一系列的学习型组织构成了学习社会。

（2）学习社会是一个以学习者为中心的教育社会。学习是每个人的基本权利，学习者的主体性在社会中得到充分的尊重，国家建立终身教育体系，并把学习者放在教育的中心位置来设计教育目标、内容、方式和方法，改变了传统的以教育者为中心和受教育者被动接受的教育模式。

（3）学习社会是一个对全体成员的学习无障碍的理想化社会。所有学习机会应公平地向所有有能力、有需要的人开放，社会的教育制度支持和帮助每个人实现其学习愿望，消除在入学资格、学习空间和时间、教学形式和考试评价等方面的限制和障碍，每个人都能根据自己的特点和实际情况，规划自己的发展方向、制订学习计划、确定学习目标和选择合适的学习方法进行学习，学习成为人们的一种生存需要。

（4）学习社会是一个学习具有开放性和网络化的社会。开放性体现在教育时间、教育机构、教育场所、教育资源等方面的开放，学习者可以在任何时间和空间进行自由开放性的学习。网络化是学习社会在方法、手段和技术上的特征，学习网络把人们与全社会的信息资源联系在一起，使教育和学

---

① 阿尔温·托夫勒. 未来的冲击［M］. 秦麟征，等，译. 贵阳：贵州人民出版社，1985：414.

习跨越时间、空间和国界，让人们可以依据各自的需求，自主地选择学习时间、地点、内容和方式，自主地安排学习时间和学习进度。

（5）学习社会是一个合理平等的社会。学习是一种基本的人权，它不是少数人的特权，在学习社会中主张所有学习机会应公平地向所有有能力、有需要的人开放，教育和学习机会均等是各级各类教育活动的基本原则。学习社会既是一种公平的教育理想，又是一种合理的社会理想。

我们不能简单地把学习社会理解为一种教育"乌托邦"，它已经在世界范围内被推进到实践领域。美国在 1991 年发表了《美国 2000 年：教育战略》，号召人民"必须学习不止，要把一个'处于危机中的国家'变为一个'全民皆学之邦'"；欧盟于 1995 年发表了题为《教与学：迈向学习社会》的政策白皮书，提出了创建学习社会的目的和 5 项目标；① 1998 年，我国在《面向 21 世纪教育振兴计划》中把构建终身教育体系和形成学习社会作为教育发展的主要任务，教育部、民政部、文化部等已经进行了学习社区试验、学习型城市和学习型家庭建设等实践的尝试。2010 年，党中央、国务院发布了《国家中长期人才发展规划纲要（2010—2020 年）》和《国家中长期教育改革和发展规划纲要（2010—2020 年）》，提出到 2020 年，把我国建成人力资源强国和进入世界人才强国行列的奋斗目标。这说明学习社会已经从教育理念向社会实践领域发展，学习社会是未来社会发展的趋势。

3. 学习社会的基本条件

学习社会是一种理想的社会发展状态，西方发达国家正是利用其发达的经济和先进的资讯技术来推进学习社会发展，并且取得了一定的进展。从学习社会的理念和特征来看，构建学习社会需要一定的社会发展基础条件，也是一个需要全社会不断努力的过程，形成学习社会的基础条件主要包括以下几个方面。

（1）需要坚实的经济基础。就学习社会的理念而言，学习要成为人们的自觉需要，社会经济基础是关键因素，强大的经济基础能够为全民学习提供充分的机会和条件保障。在经济基础较为薄弱的社会，谋生存仍是人们的第一需要，为生存而劳动的时间占据大多数时间，学习是很难成为自觉的需要的，即使有学习的需要，也没有足够的时间保障和经济支持，社会所能提供的教育和学习的条件也相当有限。发达国家投入的教育经费占 GDP 比例一般是 4%～6%，恩格尔系数也在 30%～40%，人均可支配的闲暇时间比

---

① 顾明远，孟繁华. 国际教育新理念 [M]. 海口：海南出版社，2001：37.

较多，由此可以看出，教育投入和教育机会的提供主要是受经济条件制约。当人们还没有自觉的学习需求和社会还没有足够的满足各种各样学习需求的经济基础时，学习社会的理念是不可能实现的。

（2）需要有先进的资讯技术基础。学习社会具有反映现代信息时代要求的特征，先进的资讯技术为学习者提供了更广泛、更方便、更快捷的学习条件。网络教育提高了教育资源的利用率，实现了教育资源共享，没有资讯技术的基础，学习社会的形成是不可想象的，西方发达国家正是利用先进的资讯技术来推进学习社会发展。

（3）应有充分的政策和法制保障。学习社会的重要特征是：学习权和发展权成为受到法律保障的基本人权；社会在法制上保证了充足和公平的教育机会和学习条件；政府运用政策确立良好的社会运行机制和推动学习社会的形成。在有关法律建设上，西方发达国家早就有所行动。英国于 1973 年提出"成人教育振兴计划"；法国在 1971 年 7 月制定了《终身教育中继续职业教育组织法》；1990 年日本颁布了《终身学习振兴法》；美国 1976 年颁布了《终身学习法》，提倡任何人在任何时候和场合都可以利用任何学习机会来参加终身学习活动，学习权受法律保障，并且有一系列措施来促进和援助自发学习和办学活动，发展教育中介机构和终身学习市场，初步形成了美国学习社会的模型。因此，在法制上确立学习权的法律地位、学习网络的提供和保护的法规以及各种各样教育服务的规则是学习社会的基础建设。

（4）需要建立合理的教育制度基础。学习社会的实质是通过满足全体社会成员的学习需要来实现人的自身发展和社会的可持续发展。只有依靠健全的教育制度才能保障学习需要的不断满足。由于原来的学校制度和成人教育制度难以满足社会成员日益多样化和复杂化的学习需求，需要在教育的观念和培养目标上进行更新，还需在教育的管理模式及内容、方法、办学模式、技术等方面进行改革，完善国民教育体系，实现教育资源的合理配置和运行机制的最优化，使各类教育机构之间建立联动机制，并且改革教育的管理体制，确保所有社会成员的学习需求和机会得到充分的满足。因此，终身学习体系的建立标志着学习社会有了教育基础。

（二）学习社会理念对成人教育的影响

1. 学习型组织理论

学习型组织理论是 20 世纪 90 年代以来在管理实践中发展起来的全新的管理理论。学习型组织最初的构想源于美国的佛瑞斯特教授，1965 年他运用系统动力学原理，具体地构想出了未来企业组织的理想形态（层次扁平化、组织信息化、结构开放化，逐渐由从属关系转向为工作伙伴关系，不断学习，重新调整结构关系）。

圣吉是学习型组织理论的奠基人，他在 1990 年出版的《第五项修炼——学习型组织的艺术与实务》中提供了一套使传统企业转变成学习型企业的方法，使企业通过学习提升整体运作"群体智力"和创新能力，成为不断创造未来的组织。圣吉认为，真正的学习，对于个人而言，涉及人之所以为人这一意义的核心，并进一步将学习型组织定义为具有以下特征的组织，即"在这种组织里，你不可能不学习，因为学习已经完全成了生活的不可分割的一部分"。同时，他认为学习型组织是"一群能不断增强自身的创造他们想要创造的东西的能力的人组成的集合或团队"，"能够通过改变信息处理和评估的规划方式来适应新的信息要求的一个团队，可以称谓学习型组织"。[①] 学习型组织是某一组织或群体的全体成员在共同目标指引下注重学习、传播、运用、创新知识，具备高度凝聚力和旺盛生命力的组织，是通过培养弥漫于整个组织的学习气氛、充分发挥员工的创造性思维能力而建立起来的一种有机的、高度柔性的、扁平的、符合人性的、能持续发展的组织。

圣吉提出了学习型组织的"五项修炼"：第一项修炼是自我超越（personal mastery）。修炼是学习不断厘清并加深个人的真正愿望，集中精力，培养耐心，并客观地观察现实的过程。而组织学习根植于个人对于学习的意愿与能力，也会不断学习。第二项修炼是改善心智模式（improving mental models）。修炼是把镜子转向自己，发掘自己内心世界深处的秘密，并客观地审视，借以改善自身的心智模式，更利于自己深入地学习。第三项修炼是建立共同愿景（building shared vision）。在组织中建立共同的愿望、理想、远景或目标（愿景）。唯有有了衷心渴望实现的共同目标，大家才会发自内心地努力工作、努力学习、追求卓越，从而使组织欣欣向荣。第四项修炼是团队学习（team learning）。修炼从"对话"（dialogue）开始，团队中的所有成员敞开心扉，进行心灵的沟通，从而进入真正统一思考的方法或过程，通过标杆数据为团队提供共同的语境，使对话有着共同语言，也可以找出有碍学习的互动模式。第五项修炼是系统思考（systems thinking）。系统思考是"五项修炼"的核心。系统思考的修炼就在于扩大人们的视野，让人们"见树又见林"。在标杆管理中应该重视系统的思考。

[①] P. M. Senge. The Fifth Discipline——The Art and Practice of the Learning Organization [M]. New York：Bantam Doubleday Deli，1990：13.

圣吉认为世界上最成功的组织将是一种"学习型组织",并对怎样创建"学习型组织"提出了一套理论和方法。学习型组织理论强调,为应对剧烈变化的外在环境,组织应力求精简、扁平化、弹性因应、终生学习、不断自我组织再造,以维持竞争力。他对学习型组织的发展过程进行了详细的描述,认为这种组织具有持续学习的能力,具有高于个人绩效总和的综合绩效。学习型组织的特点包括6方面:全体成员有共同的愿望和理想;善于不断学习;扁平式的组织结构;员工的自主、自觉性管理;员工家庭与事业之间的平衡;领导者的新角色改变为设计师、仆人和教师。

组织学习是学习型组织的核心,也叫团队学习,圣吉认为组织学习是一个主动适应环境的过程,在此过程中组织及其成员积极学习并应用组织内外有用的知识指导组织的行为,同时也影响着组织的环境。组织有为全体成员认同的奋斗目标,绝大多数成员能自觉地为实现共同目标而勤奋学习、努力工作;组织有团体学习规划(包括目标、内容、进度安排、组织形式、学习制度、考核评价及奖惩方式等),80%以上的成员还有个人的学习规划,团体和个人都能按照规划进行切实有效、持之以恒的学习和考核评价;有成效的团体学习促成了组织目标的实现,组织的学习与组织的发展形成了良性循环机制。目前世界排名前100的企业已有40%按"学习型组织"模式进行彻底改造。学习型组织是学习社会的组织基础,学习化社区是学习社会构建的基础。

2. 学习社会理念对教育理论的影响

学习社会伴随着终身教育、终身学习思想在全球范围内受到广泛重视,学习社会要求建立以全体社会成员的终身教育、终身学习为基础的教育体系;要求对原来的教育制度进行变革,反映新时代的教育特质。

(1) 否定了传统的一次性接受教育会终身受益的观念,强调终身学习才是教育的全部过程。学习社会理念认为未来社会的教育将是终身学习和终身教育,强调学习不仅是人们知识技能增长的需要,也是个人的人格和情感生活各方面素质充分地和谐发展,学习既是个人寻求职业的需要,也是个人在职业生涯和社会生活中发展和贡献社会的要求。教育的对象和目标不再是"局限于按照某种预定的组织规划、需要和见解去训练未来社会的领袖,或想一劳永逸地培养一定规格的青年",[①] 而是针对整个社会的成员培养正常

---

① 联合国教科文组织国际教育发展委员会. 学会生存——教育世界的今天和明天 [M]. 上海:上海译文出版社,1979:218.

完整意义上的人和高素质的人。学习社会的目标是让每个人都会学习并得到自主发展,关注的是学习者的自主选择、学习需要、态度方法和个性能力的发展,更重要的是提高学习者的自尊心、自信心和主体的知识和能力。教育是通过强化学习者个体的内在成就意识,激发个体学习的兴趣与爱好,并与外部就业、竞争、事业成败的压力相结合,让学习者养成良好的学习习惯和自觉性。因此,教育对象的扩大和教育目标的多样性将是学习社会的教育发展取向。

(2) 明确了学习和个人发展是一种基本人权,社会和教育有责任提供充分的保障。学习社会理念以学习作为个人和社会发展的双重需要,强调任何压抑和剥夺人的学习权利的行为都是不允许的,这就意味着整个社会都应致力于为人的学习提供更加广泛和公平的教育机会,使人的发展和社会发展能够协调起来,让学习和教育成为整个社会的共同任务。学习社会的教育活动已经超越学校的范围,延伸到个人终身的生活历程和社会的各方面,学习社会是人人学习、时时学习、处处学习的社会。一个人生存发展所必需的文化知识和创造力,一半取决于接受教育的程度,一半取决于终身学习的程度,过去一次性的学习已不能适应社会进步与人的发展需求。因此,学习社会必须建立新的教育体系,保障所有社会成员的学习权利和教育需要的满足,这也是学习社会教育的精神实质。

(3) 提升了学习者在教育中的主体地位,要求理顺教育中的基本角色关系,改变传统教育模式。传统制度化教育在一定程度上贬低了自主学习的价值,使得为学历和证书而学习的观念大行其道,学生变成被动的教育对象。学习的主体性和多样性要求重新确立教育关系,让主体性教育成为主流的教育模式。学习社会鼓励自主学习,特别重视学习者的主体性,强调要处理好继承学习、掌握学习、理论学习与创新学习、探索学习、实践活动学习的关系,发挥多种学习方式方法的整体功能。学习社会的教育是以学习者为中心的模式。

(4) 肯定了教育制度和形态多元化的发展趋势,倡导社会教育化和教育社会化。学习社会理论和教育实践的结合,必然使各种新的教育、学习机构和形式不断涌现。正规的学校教育与非正规的成人继续教育、回归教育、家庭教育、社区教育和社会教育之间越来越趋于融合,无论是学校、工作单位、社会团体,还是家庭、组织和政府都具有教育机构的职能,这种充满多种多样学习体系和连续不断的学习过程必将成为一个协调的整体,也就是学习网络成为学习社会的主要特征,这就是社会教育化和教育社会化。随着终身教育的理念和实践普遍被接受,各种新的教育、学习机构和形式不断涌现，必然使教育制度呈现出多元化的发展趋势。

3. 学习社会中的成人教育发展

自20世纪20年代提出成人教育概念以来，各国往往把成人教育看成是一种对普通教育的拾遗补缺。1949年在丹麦召开的第一届国际成人教育大会，只是认为成人教育是指成年人所志愿进行的教育形式。20世纪60年代起，随着对成人教育认识的趋同，成人教育逐渐被看作是正规学校教育系统内外都可以实施的、适应多元教育需要的、开放性的教育形式。1962年在加拿大举行的第二届国际成人教育大会上，成人教育被确立为国民教育体系的组成部分。联合国在推动社区发展之初，便把成人教育作为社区发展的内容和手段之一。但是，无论是理论研究还是实践领域，国际社会始终无法形成统一的专业术语并以此为基础进行交流。1976年，在国际社会的共同努力下才得出大致能被普遍接受的定义："'成人教育'这一术语是指有组织的教育过程的整体，不管这些过程的内容、水平和方法是什么，不管它是否正式或非正式，也不管它是否延长或代替了学校、学院、大学和学徒训练等初始教育。它是成人为个人的全面发展和参与平衡独立的社会、经济和文化发展这双重目的而发展自己的能力，丰富自己的知识，提高自己的技术水平和专业水平，或者改变自己的方向，使自己的态度或行为发生变化。"[①] 此后，各国的成人教育有了快速的发展。

在学习社会赖以实现的终身教育体系中自然也包括成人教育，成人教育是其中不可或缺的部分。在传统的成人教育观念中，成人教育基本上是对在职人员的培训和教育，偏重于成人的行业和职业教育，把就业人口以外的成人排除在成人教育之外，把阶段性的培训和教育视为成人教育的标志，实际上也是忽视了成人不断增长的学习和发展需求。国际成人教育发展至今，多数国家的成人教育始终是专业教育与职业培训占据主导地位，社会更愿意为明确的专业或职业发展提供必要的业余教育机会和付出较高的经费资助。从教育对象而言，成人是接受教育的主体；从教育时间而言，成人接受教育的时间跨度最长；从教育的空间而言，成人教育活动空间最为广阔；从获取知识比重而言，90%～95%的知识是在成人期所接受的教育中（包括自学）获得；从教育载体而言，各级各类成人教育机构和社区教育机构是终身教育的主要载体。

从终身教育的角度看，成人教育是成人一个连续不断的学习过程，成人

---

① 关世雄. 成人教育辞典 [M]. 北京：职工教育出版社，1990：150.

教育的内容不仅反映社会职业发展的需要，也反映了社区生活的需要和个人发展的需要。1997年在汉堡举行的第五届国际成人教育大会重申了这个问题，认为我们所提供的教育与学习内容一方面应根据经济、社会、环境与文化的变化背景来重新设计，另一方面又应以学习者多元化、个性化的需求来精心设计，从而进一步促进个人与社会的共同发展。正如赫钦斯对学习社会的期望那样："每个人均可在教育机构中获得基本的博雅教育，并且能在教育机构之外或之内，继续不断地进行博雅教育的社会……"① 成人教育不仅仅成为社会包括城市、社区所赖以发展的教育基础，而且要致力于促进个人的发展，特别是要为某些弱势群体，如失业者、少数民族提供优先的教育机会。

在学习社会这一理想社会模式中，终身教育的建立有赖于成人教育的有效组织。成人教育需要对传统的教育模式进行改造，使知识性教育逐步向创造性教育转变，充分挖掘人的潜力，全面提高劳动者的素质。成人教育置于学习社会的多元教育需要的、开放的体系之中，应该从不同层面上实施素质教育的模式，而不是单一的、非此即彼的职业教育，需要建立适应多元需要的和开放的成人教育体系，才能成为终身教育体系中最基础和最具活力的部分。

目前，我国成人教育制度主要有成人学校教育制度、岗位培训制度、继续教育制度、自学考试制度、资格证书制度等，而成人教育体系按教育功能划分为成人职业教育系统和成人非职业教育系统。② 全国的就业人口将近7亿，而就业人口的教育就是成人教育的主体。我国的成人教育经过50年的努力发展，已经取得了巨大的成就，特别是改革开放以来，成人教育获得空前的发展。在20年间，全国累计扫盲8000万人，使总人口文盲率由29%降为12%，青壮年文盲率下降为5.5%；仅1987—1997年的10年间，全国有3.3亿人次接受岗位培训；1998年一年全国自学考试报考人数达到1091.09万，成人高校招收本、专科生100.14万。③ 这些数字充分表明，我国的成人教育的发展对国家的经济建设和社会发展，对国民文化素质的提高做出了重要的贡献。

（三）我国构建学习社会的实践

世纪之交，我国教育界在审视知识经济和网络社会的发展中，通过总结

---

① 厉以贤. 社区教育的理念 [J]. 教育研究，1999 (3).
② 叶忠海，等. 成人教育学通论 [M]. 上海：上海科技教育出版社，1997：223.
③ 诚萱. 拓展成才之路走向终身教育——我国成人教育50年发展回顾 [N]. 中国教育报，1999-09-27：(3).

和反思20世纪以来的教育理论和实践，开展了学习社会、终身学习、终身教育的研究，并将它视为面向21世纪的教育改革和发展的战略思路。站在战略高度上，分析我国在学习社会方面的基础条件，既是确立我国迎接知识经济的挑战和实现"科教兴国"战略，顺应世界潮流和推进学习社会的需要，也是提高民族素质和教育改革自身的迫切需要。以下是结合我国社会的发展与改革实际规划，提出构建终身教育体系的对策。

1. 建构学习社会的基础和条件分析

学习社会观念已与终身教育、终身学习密不可分，成为国际性教育和社会思潮，不少国家和地区把学习社会作为21世纪教育发展的目标。就我国构建学习社会的几个基础方面来看，与国际社会仍然存在一定的差距。

我国目前的社会生产力水平还不高，经济基础还比较薄弱，各地经济发展也不均衡。长期以来，全国总的教育经费占GDP比例徘徊在3%，恩格尔系数是在50%左右。当然，由于城镇居民长期有政策性的福利补贴，恩格尔系数的实际值要比理论值低几个百分点。随着社会福利制度的改革，恩格尔系数可能下降，但能用在教育和学习方面的支出仍相当有限。从国际社会上来看，在经济基础较为薄弱的社会，生存或谋生仍是人们的第一需要，为生存而劳动的时间占据大多数时，学习是很难成为自觉的需要和有时间保障的，社会所能提供的教育和学习的条件也相当有限。在我国，成人可支配的闲暇时间以及现在实行的5天工作制、8小时工作制对构建学习社会是有利的。总体来看，我国的经济基础与学习社会的要求还有差距，需要进一步加强经济建设，为构建学习社会奠定更好的经济基础。

我国的教育制度体系目前还没有具备满足全民教育各种各样需要的条件，教育资源和教育技术基础还比较薄弱。资讯技术能够为学习提供更广泛、更方便、更快捷的学习条件，特别是网络教育打破了学习的时间和空间限制，与传统的教育相比较优势显著：它是巨大的教育资源库，能使教育资源利用率提高和实现教育资源共享，有助于个体的自主学习、个性化学习和多方面交流，拓展了教学空间和教学手段，促进了教育社会化和终身教育的发展。我国的信息技术发展起步较慢，目前网络教育使用的范围还较小，仅在部分发达的城市的学校上网率较高，还有很多的小城镇和大部分乡村网络教育滞后。但是，只要我国政府坚持"科教兴国"这一根本性战略，努力发展现代的信息技术和网络教育，就会营造出终身学习的社会气氛，为我国建构学习社会提供技术支持和动力。

尽管我国学术界在20世纪80年代就有了终身教育、学习社会的介绍与探讨，但国家或政府对此反应略嫌迟缓，直到1993年才在《中国教育改革和发展纲要》中简单地提到终身教育和学习社会，1995年《中华人民共和国教育法》才正式确立终身教育在教育事业中的地位和作用。由于缺乏对学习社会的深入系统研究，既没有形成全社会的共识，也缺乏一定的政策和法制基础。值得注意的是在1998年教育部制订的《面向21世纪教育振兴行动计划》中，不仅明确提出发展现代远程教育、开展社区教育的实验工作、逐步建立和完善终身教育体系，而且还提到学习社会的构建。

2013年10月，联合国教科文组织"首届国际学习型城市大会"在北京召开，大会以"全民终身学习：城市的包容、繁荣与可持续发展"为主题，通过了《建设学习型城市北京宣言》和《学习型城市的主要特征》两项重要成果文件，勾画了学习型城市的蓝图，形成了学习型城市建设的行动方略。《学习型城市的主要特征》指出，学习社会较为突出的发展是提出了"学习型社区"、"学习型城市"以及"学习型地区"等延伸概念，显然"学习型社区"处于最基础的位置；同时，家庭和社区学习活力"必定是全民的、开放的、自愿的、灵活的、丰富的、随时随地的，用既基于终身教育、终身学习原理，又反映本土实践智慧的话来讲，就是人人皆学、处处可学、时时能学"。① 在教育资源的分配上，偏重普通教育，轻视成人教育；而在普通教育中，又偏重普通高等教育，轻视普通基础教育，致使成人教育一方面存在资源短缺的先天不足，另一方面又面临着基础教育输送的大量低素质人员所造成的巨大的人口压力。在教育管理体制上，虽然行政划分为基础教育、高等教育、职业和成人教育3大块，但仍然存在既交叉重叠又各自为政的局面。各类教育机构之间缺乏协调发展的机制，教育内容和教育技术仍跟不上社会发展的步伐，基础教育和成人教育的课程改革尚未真正建立在终身教育理念的基础上，全国仍然有许多地方没有能够使用现代的教育技术。

总之，我国在未来的学习社会所必须具备的经济实力、法律政策保障、资讯技术水平、社会结构及生活条件、教育制度和条件等方面，既有一定的基础和优势，也存在一定的问题。

2. 推进学习社会的基本对策

我国对学习社会理论上的很多问题还缺乏深入的研究，随着时代和社会

---

① 高志敏，贾凡，蒋亦璐. 帕提农神庙·学习型城市——UNESCO全球学习型城市评价指标体系解读[J]. 教育发展研究，2013（11）：6-13.

的发展,以及人民群众教育需求的增大和多样化,社会各界要求教育制度改革的呼声日益高涨。我们相信,进行教育制度的整体改革是构建终身学习体系的重要基础之一。当前针对我国的现实情况和问题,在构建终身学习体系和迈向学习社会的策略上,我们认为有几方面的总体思路和基本对策。

总体思路方面:①我们要用终身学习的理念统领教育界和社会各界的思想认识,使全社会认识到,教育不仅是学校教育,也包括社会教育,教育不仅是学校的事情,也是全社会共同的责任,教育的职能要由全社会来共同承担。②必须与整体社会体制改革结合起来,因地制宜地逐步实施,体现中国特色。③构建学习社会一定要系统规划、稳妥推进,在今后一定时期内,我国要全面推进素质教育,加快教育信息化,逐步实现教育现代化,逐步构建终身学习体系,推进学习社会的建设。面对国际社会教育改革与发展的新思路、新动态,在战略选择上要立足于我国教育改革的现状和实际,借鉴发达国家教育改革的成功经验,特别是加强学习社会的研究。设计我国终身教育体制和模式、促进终身化学习社会的形成成为教育工作者和全社会的共同使命。

根据我国的实际情况,全面形成社会的终身学习体系,迈进学习社会主要可以考虑如下几方面的对策。

第一,发扬中华民族崇尚学习的优良传统,充分调动人民群众的学习积极性,统一社会认识,形成全社会关心、支持和参与终身学习的合力。逐渐淡化教育内部各系统的界限,建设适应本地区的各种类型的"学习组织",如"学习型家庭"、"学习型企业"、"学习型医院"、"学习型政府"、"学习型社区"、"学习型乡村"等。推进终身教育体系的建立,为社会成员的终身学习提供机会和支持系统,确立学习将成为人的一生的重要活动的观念,形成全社会崇尚学习和人人终身学习的氛围。

第二,改革和调整教育结构,健全正规学校教育和成人教育两大体系,并努力促进两大体系之间的相互协调发展。加大学校教育改革力度,首先在学校体系中沟通各种教育机构和资源,并逐步向社会开放,使学校教育变成学习社会化的基石。同时,大力发展并完善成人教育体系,强化成人教育的终身教育功能。终身教育体系应该是学校教育后的再教育、再培训和再学习相互结合,实行职前教育与在职培训相结合、学历教育与非学历培训并举、学业证书与职业资格证书并重的制度,努力构建和形成包括学校教育、行业(企业)教育、社会教育、网络教育等系统在内的现代教育结构体系。

第三,借鉴国外经验,大力发展信息技术和网络教育系统。利用现代科技媒体手段,加快我国终身教育基础设施的建设,运用新教育教学方法和手段改进教育模式,促进教育的现代化和信息化;建立更多的网上学校、虚拟教室、虚拟图书馆等远程教育和学习基地，克服传统教育受时间、教育年龄和区域教育环境等方面的限制，运用开放的网络系统、灵活的教学方式，鼓励创新的素质教育和推进终身的学习进程。政府和各级学校要在这方面有较大的人力、财力的投入，既有规划和基础建设，又有研究和推广实验，加快网络教育的发展速度。这将为我国构建学习社会提供有利条件。

第四，采取因地制宜、分区规划、逐步推进的策略。由于我国地域辽阔，自然资源、人力资源分布和经济发展极不均衡，构建终身教育体系需要一个由东部经济发达地区向西部内陆欠发达地区逐步推进的过程，需要一个由中心城市向落后周边地区渐进的辐射过程。经济发达地区可以建立国家终身教育实验区，为全国大范围的学习社会的构建提供经验和借鉴。中西部地区，应在国家政策性倾斜的资助下，加大对教育的投入，改善教育和育人环境，提高基础教育普及率和普及层次，有效地缩小地区差别，合理配置教育资源，全面发展各级各类教育。

第五，形成促进学习社会的有效机制，包括激励学习动机的机制、沟通学习资源的机制、支持学习的机制、保障公平教育和学习机会的机制、评估学习效果的机制等。要正确处理社会公平与个人选择之间的关系，政府宏观调控、学习者自主选择和社会广泛参与的关系。政府为终身学习体系立法，保障和协调社会的学习资源；社会教育机构主动和各类求学者沟通，给他们提供平等参与学习的机会和条件；社会组织及个人自主选择适当的学习途径和方式，使受教育和学习成为每个个体、家庭、组织和全社会的自觉行动。

二、社区与社区教育

社区研究是社会学中的一个重要领域。在我国的社会行政管理中引入了社区的概念之后，社区成为一个使用频率很高的概念，社区建设与社会经济发展和人们的生活联系越来越密切，而教育领域在终身教育理念和学习社会思潮影响下，兴起了社区教育的热潮。在大教育的范畴内，研究者需要结合时代精神和终身教育理念，阐明学习社会中的社区、社区与成人教育的关系，以及我国的社区教育理论和实践问题。

（一）社区与社区发展

1. 社区的概念

社区（community）是社会学的基本概念之一，最早提出社区概念的是德国的社会学家腾尼斯（F. Tonnies，1855—1936）。按照滕尼斯的说法，"社区"是指那些有着相同价值取向、人口同质性较强的社会共同体，其体现的人际关系是一种亲密无间、守望相助、服从权威且具有共同信仰或共同风俗习惯的人际关系。它不是社会分工的结果，而是由传统的血缘、地缘和文化等自然因素造成的，其外延主要限于传统的乡村社区。而"社会"则总是和劳动分工以及法理性的契约联系在一起，其体现的人际关系是一种自私自利的、缺乏感情交流与关怀照顾的人际关系，其外延是指人口异质性特征鲜明、价值取向多元化的城市社会群体。社区是一种礼俗社会，基于血缘和朋友关系的社会有机体，社区的本质就是人的本质意志的体现，而社会的本质是一种契约性的人的选择理性意志的体现。[①]

美国芝加哥学派的代表帕克（E. Parker，1864—1944）最早给社区下定义，认为社区是指居住在一定区域中人群的生活共同体，是一种区域性社会。此后，西方国家普遍使用这个概念说明地域性社会。在我国，社区这一术语是社会学家费孝通根据腾尼斯的用意翻译而成，现在已经被广泛使用。黎熙元、何肇发认为："社区就是区域性的社会，换言之，社区就是人们凭感官能感觉到的具体化了的社会。"[②] 1981年我国学者杨庆堃发现国内外的社区定义就有140多个，在现有的各种社区定义中，很难找到一个为大多数人所普遍接受的定义，但是对构成社区的基本要素的看法却高度趋同，主要涉及地域、人、共同联系和社会互动等因素，与我国社会使用的地方、地区、社会群体等有区别。社区不同于地区在于它不仅包含有区域的自然因素，更强调它的社会因素；社区不同于社会群体在于它不仅包含多个社会群体，而且它强调这些社会群体在资源、规范和文化上的相互依赖性。

综合国内外的种种定义，我们给社区下了一个比较宽泛的定义：在一定区域内共同生活的若干社会群体或人群通过某种互动连接起来和由共同文化维系的区域性社会。社区不是一个抽象的东西，而是人们在一定时间和空间共同生活的社会实体，社区的构成因素有地域、人口、区位、结构和社会心理等，其中特别强调社区的地域和文化因素。我国在体制改革进程中对社区的认识逐步深入，从构成社区的要素来看，社区有5个特征：一定数量的人口，一定的地域和资源，一定的生产消费设施，相应的制度和管理机构，特定的传统文化。凡是符合这些特征的区域都可以称为社区。

任何一个社会都是由若干个社区组合而成，它不仅是人们生活栖息的地

---

① F. Tonnies. *Community and Society* [M]. New York：Harper & Row, 1887：53-94, 264.
② 黎熙元，何肇发. 现代社区概论 [M]. 广州：中山大学出版社，1998：3.

方,而且是人们工作、学习、社会化和社会互动的空间和群体。社区的人口因素包括人口规模、社会群体和个人体系。一定数量的人口是社区存在的实体,社区群体是一种具有组织和制度化的人的构成,邻里、家庭等社区群体是受社区发展影响的,不同的构成关系就形成了不同的社区网。社区地域环境包括自然地理环境、资源环境、人工及社会环境3部分,作为社区人口生活和发展的客观条件和物质基础,决定了社区的生活方式和文化传统。

随着学习社会的发展和社会生产、生活方式的根本转变,社区由传统意义上的生活共同体逐渐向多功能的生活、生产和学习的微型社会发展。与过去相比,社会成员会在社区居留更长的时间;另外,社区在增进成员感情交流和实现社会控制、社会整合等方面又有其优势。社区的重要性日益凸显,社区将成为或正在成为社会中最重要的功能单元。研究社区教育,我们一方面要了解已有的社区理论和社区教育理论,另一方面又要把握现实的社区形式、形成过程和发展趋势。社区组织是执行一定的社会职能,完成特定的社会目标,构成一个独立单位的次级社会群体。人们居住于同一社区,有共同的需要,面临共同的问题,在解决问题的过程中自然而然会发展一种互助合作的关系,逐渐形成有意识的自我管理、自我发展,社区管理是社区生产与生活的调控。因此,社区管理是制约社区发展的关键因素之一。社区文化是通行于一定地域范围内的特定文化现象,是社会大文化在社区内的反映,也是伴随着社区成员的共同生活而逐步形成的。社区文化根据其要素的不同性质与特点,可以分为精神文化和物质文化两大类。其中社区精神文化主要包括社区居民的信仰、价值观念、行为规范、社会习俗和传统等。

2. 我国的社区分类问题

在西方社区研究的理论中,对社区类型有多种多样的划分方法,最典型的方法是由类型学提出,分出农村社区和都市社区两个极端的类型。华东师范大学吴铎通过对美国社区的观察,概括出美国有3种社区类型:一是在一定居住范围的居民共同体;二是富人或穷人的社会共同体;三是共同活动式、有共同特征的共同体,如教堂中心社区、中文学校社区等。我国学术界一般根据社区理论,把社区分为农村社区、集镇社区和都市社区。不同的社区类型有着不同的区位特点和社会关系网络,对生活在不同社区的人们有着深刻的影响。实际上还有以不同标准划分的类型:按形成原因可分为自然社区和规划社区;按功能分为行政、文化、贸易、旅游等社区;按地理分为平原、山村、内陆、沿海等社区;按区位分为大都市、卫星城市、中心、边缘、集镇、散村等社区;按人口和发展规模分为特大型、大型、中型和小型等社区。

我国在原有计划体制下，原有城市和农村的基层行政区划和行政系统的关系不够清晰，社会管理体制尚不成熟，特别是在条块分割的条件下，社区界限和职能尚不清楚。社区工作主要借助人民政府的指导和资助，大多数社区工作的管理机构是政府的派出机构或行政机关，如街道办事处或乡镇人民政府、厂矿企业领导部门等，与西方国家的社区工作由民间团体或社区领袖自愿承担大不相同。单位是中国城市社会和政治生活中的基本、基层组织形式，人们习惯于把自己供职的机关、事业单位、社会团体、企业统称为单位。在实行社会主义市场经济过程中，社会职能、政府职能和企业职能逐步分离，"单位"不再同时兼有经济和社会这两个范畴。计划体制条件下通过行政体系来支配社会资源、统一包办社会福利和社会服务的格局正在转变，许多原来由企事业单位包办的社会职能也逐渐转移给职工所在的社区，使基层社区的工作越来越多。

目前，我国大城市普遍实行"两级政府，三级管理，四级网络"的新体制。"两级政府"指市政府和区政府，"三级管理"指市政府、区政府、街道办事处对社区建设所实施的管理，"四级网络"指的是市、区、街道、居委会四级，其中的基础是居委会层面的服务网络，突出的是居民自治。1989年第七届全国人民代表大会常务委员会第十一次会议又通过了《中华人民共和国城市居民委员会组织法》，明确了居委会作为自治组织的性质。社会学界的理论工作者和社区实际工作者在继承原有"街居体制"优势的前提下，立足基层，力求改革创新，正确认识社区的性质与功能，处理社区建设与市、区政府权力重心下移的关系，通过强化街道的管理职能，加强居委会的工作力度，"社会事情社会办"，实现"小政府、大社会"的管理框架，形成新的社区体制。2002年4月，广东省从广州、深圳开始，推进"居民委员会"向"社区"的改制，全国各地也纷纷进行基层社会管理改革，越来越多的社区开始出现。

中国的社区种类繁多，按功能分有工业社区、文化社区、居民社区；按区位分有中心社区、城郊结合部社区、农村社区。随着科学技术的飞速发展和日益多元化的文化形态，有些社区已经发展开辟了全新的领域，如电子社区、虚拟社区等。上海大学教授李友梅通过对上海康健社区进行考察，研究了居委会、业委会、物业公司三者之间的关系形态，以及这些组织介入社区生活的具体方式之后，提出基层社区组织的宗旨是将社区建设成自我服务、自我管理、自我教育的自治区域，充分调动居民积极性，共同参与社区事务，建设环境优美、生活舒适、服务周到的社区大家庭。居委会、业委会、物业公司"三驾马车"在"社会场域"的竞争、合作、冲突中做出有效的协调,不再是社区行政权力的加强,而是将整个社区管理模式向"协调式"转变。

3. 社区发展的概念和实践

社区发展最初起源于西欧发达国家,由于工业化和城市化不断深化引起现代城市社会急剧变迁,导致各种社会问题层出不穷,单靠政府自身力量难以解决。对此,各国政府着眼于基层社区,企图通过一场挖掘社区资源、培养社区成员的自治和互助精神的运动,动员基层参与改善社区生活条件。美国社会学家法林顿(F. Falinton)首次明确提出了社区发展的概念,在其著作《社区发展:将小城镇建成更加适应生活和经营的地方》(1915)中对社区发展做了描述,① 其后各国陆续开始了社区发展的研究与实务。

社区发展真正获得实质性进展是在"二战"后。在联合国倡导下,各国积极开展了大量有关社区发展的研究和实践活动。社区发展的运动着眼于解决战后许多新兴国家面临的贫穷、疾病、失业等一系列问题,社区发展逐渐成为一个国际通用名词和一项大规模的世界性运动。联合国于1952年成立了"社区组织与社区发展小组",试行推进社区发展的运动,并于1955年发表了《经由社区发展获得社会进步》的文献,倡导各国通过社区工作鼓励居民参与国家和社区的建设。② 1960年,联合国又发表《社区发展与经济发展》,对社区发展做了解释,指出社区发展是经由人民以自己的努力与政府当局配合,协同改善社区的经济、社会及文化环境,使社区能与整个国家生活融为一体的一种过程。在这一过程中,包括两个基本要素:一是由人民自己参与和创造,以努力改进基本生活水准;二是由政府以技术协助或其他服务帮助社区发挥更有效的自觉、自助、自发与自治。③ 由于联合国的倡导,社区发展成为一种世界性的潮流,特别是发展中国家将其视为迈向社会现代化的重要途径。

美国社会学家桑德斯在其《社区论》一书中,对社区发展概括出4种不同的界定:①认为社区发展是一个"过程",通过这个"过程"来实现社区变迁的一般目的。这个定义属于抽象工具理性范畴,它把社区发展概括为

---

① 徐震. 社区与社区发展 [M]. 台北:正中书局,1980:23.
② 徐永祥. 社区发展论 [M]. 上海:华东理工大学出版社,2000:2.
③ UN. Group of Experts on Community Development. *Community Development and Economic Development*, New York:Bankok,1960:4.

能够促进社区变迁的民主参与过程。②认为社区发展是实现一种目的的"方法",凭借这种"方法"完成社区发展过程的各个阶段,实现每一个阶段的特定目的。这个定义属于具体工具理性范畴,它把社区发展视为实现一般变迁过程的方法、步骤。③认为社区发展是由一个个项目计划即"方案"构成的,每一个"方案"都是根据社区的实际需求制订出来的,通过完成这些"方案"来达到满足需求或解决问题的目标。这个定义属于具体目标理性范畴,它把社区发展目标化为有计划地解决社区所面临的实际问题的行动、活动或工程。④认为社区发展是一种社会运动,它致力于社区的整体发展,其理论基础是哲学—社会学的,涉及不同社会制度的文化价值选择和社会理想。[①] 在本质上,社区发展就是指社区有意识地调动自身资源,改善社区生活空间(包括有形的物质空间和无形的精神空间)的系统工程。

社区发展是一个社区自觉的、进步的和有计划的社会变迁过程,在这个过程中,政府的角色是动员和教育民众,协调社区组织和群体的关系,而社区成员是主要参与者。社区发展的目标是建立社区自我发展的良性机制,建设和改造社区环境,提高社区成员的生活质量。因此,社区发展的根本就是要用社区的力量来解决个人无法解决的问题,政府和人民双边合作、人民参与和政府支持是构成社区发展的两个基本要素,也是社区发展的核心理念。调动和整合社区内外一切可利用的潜在资源,使之变成社区发展的现实资源,促进社区在经济、政治、文化和社会福利方面的全面进步,这是社区发展的价值目标。

在21世纪,社区发展将呈现出若干新的发展趋势。

(1) 多功能复合型社区。社会知识经济结构的变化,导致城市物质空间结构的变化,企业将走向小型化、分散化、社区化,产业与居住环境相融合,家庭办公成为可能。社区从而也将超越原有的居住意义,不再有严格的功能分区,而是成为集居住、就业、教育、娱乐、消费多功能为一体的复合型社区,人们对社区有强烈的归属感。

(2) 以人为本的可持续发展社区。现代化的经济、技术手段,使得人们一生中大量的时间是在社区中度过的,社区成为知识社会体现人文关怀的重要载体。从建筑物的数量、形式、布局,道路的设计,各种服务设施的配置以至丰富的文化活动等,都将体现根本的人性原则。社区将是人类居住、工作、生活的宜人空间,人与自然和谐共处的可持续发展思想在社区层次得到了最充分的体现。

---

① 夏学銮. 社区发展的理念探讨 [J]. 北京行政学院学报, 2001 (4).

(3) 多元文化的复合社区。社会的开放和信息量高度膨胀，不同文化的人群交融结合的多元文化模式中，人群具有高流动性，社区构成日益复杂化。人们因此拥有更多的生活参照和选择，社会生活随着科技进步和社会高流动性的日益发展而不断加快，社区文化得到了有利的发展条件而更趋多元化。

(4) 依靠网络建设精神社区。精神社区，指拥有共同的学习资源、价值观念、生活方式和信仰的人群集合体，人们不一定共居一地，但可以借助先进的网络技术把社区居民的学习和生活联系起来，使得过去相对虚幻的精神社区的提法变成了现实，创造了一种新的社会生活方式，并且在社会网络构成中占据愈来愈重要的地位。

社区有各种各样的发展模式，社区发展的存在模式是从社区概念出发对社区发展的划分，包括社会体系模式、社会冲突模式和社会场域模式3个基本模式；社区发展的功能模式是从社区发展概念出发对社区发展的划分，有计划变迁模式、政府授权模式、社会参与模式、文化创新模式4个功能模式。社区发展的机制则是指社区发展的结构、功能及其动力关系。从结构上说，社区发展工程分为概念子系统、组织子系统、文化子系统和器具子系统4个子系统。社区发展的动力机制主要来自两个方面：一是政府自上而下的计划推动，二是人民自下而上的需求拉动，二者必须有机结合起来，才能形成社区发展的合力。

4. 社区建设与社区发展的关系

社区建设是与社区发展相对应的概念，社区建设指由政府动员社区力量针对社区发展因素所组织的改造和完善过程。社区发展是一个自觉的、进步的和有计划的社会变迁过程，社区发展和社区建设的概念存在着一定的联系和差别，西方国家的社区发展和社区建设情况同我国正在进行的社区建设无疑有着重大差异，但仍有一定的参考价值。

20世纪80—90年代在中国城市和农村开展的社区服务和社区建设是中国社区发展的初级形式。我国的社区建设是指社区居民在政府机构的指导和支持下，依靠本社区的力量，改善社区经济、社会、文化状态，解决社区的共同问题，提高居民素质和生活质量，促进社会协调发展的过程。社区建设是一项复杂的系统工程，其任务涉及社区管理、社区经济、社区服务、社区文化卫生、社区环境及治安、文明家庭、计划生育和保健等多方面，强调社区的管理、建设、服务一体化。1992年，中国基层政权建设研究会在杭州举办了"全国城市社区建设理论研讨会"，强化了"社区建设"的思想。

1999年，国家司法部、中央综治办在上海召开了"全国街道社区依法治理工作座谈会"，第一次集中研究城市街道社区依法治理工作的会议，有助于社区工作日益走向制度化和法制化。我国社区建设的根本意义在于培育一种完全新型的社会、国家、个人的良性互动关系的结构，以逐步实现马克思设想的未来理想社会的目标。但是，我国的社区建设与国外盛行的社区发展有一定的异同，社区建设在其基本含义上还是在政府倡导和指导下的社区行动，而社区发展是一个社区自觉地整合社区居民和各种社区力量的社区变迁过程。社区建设是依靠本社区的力量，改善社区经济、社会、文化状态，解决社区共同问题，提高居民素质和生活质量，促进社会协调发展的过程。社区建设的目标是使社区达到经济、社会、政治、文化的全面发展。

因而从整体上看，我国社区建设有社区发展的取向，在建设的任务和内容上相对广泛，在组织动员的主要机制上是借助政府的行为。社区建设包括社区服务、社区文化、社区医疗、社区康复、社区教育、社会公德培育等内容，它的发展趋势是要向社区发展模式转化，通过启动社区发展的主体自觉和价值理念，把社区建设从城市推向农村，在内容、组织、目的和方法等方面推向社区发展的纵深阶段，促进社区更有效地自助、自发与自治。

目前，我国的社区建设存在几个方面的问题：①社区建设的规划和任务与社区居住者的实际需求和问题可能脱节，使社区建设在动力上有些后劲不足。②社区中不同的社区组织可能代表不同群体的利益，在社区建设过程中仍然缺乏协调的机制。③社区建设一般从施政决策出发，缺乏一定专业的理论指导，在建设的内容和评价指标上出现一些不明确或不科学的问题。

衡量社区建设要坚持社会指标的定量与定性相结合，定性是指方向、性质、意义，定量是指目标高低、程度。定性和定量的统一就是逐步全面量化、有序化。有学者提出了衡量社区建设的指标体系，一级指标共分10大类：社区环境、社区服务、社区秩序、社区教育、社区组织、社区风尚、社区文化、生活质量、社区共建、社区人口。在一级指标下又分若干二级指标，共有二级指标42项。在每个二级指标下又分出若干三级指标，共有176项三级指标，该指标体系为每个三级指标都分别确定了分值、标准、实测方法和指标类型。[①] 我国的社区发展与社区建设工作虽然有了较大的发展，但也存在很多制约因素，我国在全面实现小康社会的战略决策下，社区建设必将成为新的社会发展高潮。

---

① 邓伟志.社区发展的若干问题［J］.上海交通大学学报：社会科学版，1999（3）.

(二) 社区教育的理论问题

社区教育在我国改革开放后逐步兴起,开展社区教育与社区发展的关系也越来越密切,社区教育对各地的社会主义物质文明和精神文明建设起了积极作用。但是人们在理念上对社区教育的本质认识模糊,实践上出现社区教育的"泛化"现象,这有可能导致社区教育失去赖以生存与发展的基础。因此,掌握社区教育和有关理论,既是促进社区教育健康发展的需要,也是促进社区发展的需要。

1. 社区教育的概念

社区教育在人类教育历史上有着长期的实践,在古代,人类社会出现了定居性生活社区,社区教育是以非形式化、非组织化的社区生活与教育有机结合为基本特征的。在传统的农牧社会,由于社会有了分工,并且有了教育的专门职能机构——学校,但学校教育是"闲暇阶级"的专利,社区教育作为人们的自觉学习和培养活动虽然存在,却只是一种非主流、非正规意义的广义社会教育。现代意义上的社区教育是伴随着社会化大工业生产的发展和城市化运动的进程而出现,学术界一般认为社区教育,是以1844年丹麦教育家柯尔德(Kold)在罗亭乡村创办的世界上第一所"民众高等学校"为标志的。[①] 但"社区教育"一词直到20世纪初才出现,源于美国学者杜威的教育思想,而后又经曼雷(Manley)和莫托(Mott)进行实验,使社区教育的思想在实践中得以丰富和发展,并在"二战"以后通过联合国的大力推广才被越来越多的人所认识和接受。马丁(Martin,1987)认为:社区教育是针对社会上的弱势群体而开展的教育机会均等的活动;哈格雷斯(Hargreaves,1985)则从教育学和社会学的角度,认为社区教育应该鼓励更开放、更民主地获得教育系统的人力和物力,促进个人自主和促进社会合作。瑞典的教育家胡森在他主编的《国际教育百科全书》中指出,社区教育就是社区对教育的参与,社区发展也包含着为社区的繁荣而进行的教育活动。

明确的社区教育概念在20世纪60年代才最终确立,国际社区教育协会在其组织章程中把社区教育定义为一种过程,所关注的是确认社区的教育需求、愿望和问题,参与社区服务方案和计划的实施,促进整个社区的整体幸福。日本的《世界教育事典》认为,社区教育有两种含义,一是在学校教

---

① 沈金荣. 国外成人教育概论 [M]. 上海: 上海科技教育出版社, 1997: 133.

育课程中加入有关社区生活、问题的内容,二是学校作为社区文化教育中心向社区所有居民开放,组织教育活动。① 美国则是把社区中心学校发展成为普遍的社区初级学院,运用社区的丰富资源和力量改善办学条件,同时促进社区的科技和经济的发展。西方国家率先有意识地倡导与扶持以社区学校(院)为主要形式的社区教育,目前有各种类型、各种形式的社区学校(院),如美国的社区学院、英国的"社区计划学习网"、日本的公民馆,以及发展中国家的社区学习中心、社区流动学校等。加拿大和西欧的瑞典、挪威等国家都有社区教育,德国的社区教育主要由"邻里之家"实施。"邻里之家"是为社区居民解决衣、食、住、行等日常生活中的问题和困难,丰富业余文化生活,以及进行社会福利和社会保障服务的社区服务中心。亚洲一些国家和地区,如日本的社区教育的设施繁多,有公民馆、公共图书馆、博物馆和青年、少年自然之家,以及妇女会馆、市民会馆、文化馆等。各个国家的社区教育都在发展,只不过没有特定的界限和形式而已,因此,对社区教育的理解和界定就有不同。

国内外对社区教育的界说和运用较多,大多数是将它当作社区发展的有效手段和方法,立足于调动社区的教育资源和社区文化因素,通过开展多种形式的教育活动去激励社区居民的积极性和社区参与意识,提高居民的文明素质和精神生活。

从教育社会学的角度,社区教育是一个为满足社区发展和居民教育需要而建立起来的多种形式教育新体系,也是社会教育系统的重要组成部分,反映了教育社会化和社会教育化的要求,具有教育对象全员化、教育过程终身化、教育内容全方位、教育方式多形式、教育水平多层次等特点。因此,从终身教育和大教育的观念上理解社区教育,即是以全体社区成员为教育对象,学校与社区双向参与和互动,整合社区内的各种教育资源和因素,开展形式多样化的教育和文化活动的教育形式。

我国在20世纪80年代后期对社区教育有了一些探讨,教育部职成教司前司长黄尧指出:"社区教育是在一定区域范围内,充分利用各种教育资源,旨在提高社区全体成员的素质和生活质量,促进区域经济建设和社会发展的教育活动。"② 社区教育是在一定地域内,在党和政府帮助下指导、组织协调学校和各个方面相互结合、双向服务,实现教育社会化、社会教育

---

① 董华. 社区教育概论 [M]. 北京:中国社会科学出版社,2002:8.
② 黄尧. 在全国社区教育实验工作经验交流会议上的总结讲话 [J]. 中国职业技术教育,2002 (2).

化；旨在提高全民素质，共建社会主义物质文明和精神文明，促进地区经济、社会和教育发展的教育社会一体化组织体制。① 全国社区教育委员会主席厉以贤认为：“所谓社区教育，是提高社区全体成员素质和生活质量以及实现社区发展的一种社区性的教育活动过程。”② 还有学者认为，社区教育是指基层社区组织或社区工作者依靠社区力量，利用社区资源，对社区成员施以各种形式的教育，提高社区成员整体素质的社会教育活动过程。

通过对各种关于社区教育观点的理解，我们可以归纳出社区教育的基本含义：社区教育是在一定的社区内进行的所有教育活动的总称，社区教育通过学校与社区的互动、学校教育与社会教育的结合，整合社区内外的各种教育资源，包括社区内所有教育机构、教育力量协同运作的教育体系，其宗旨是适应社区发展的需要，为社区所有成员提供的教育服务。社区教育也是提高社区全体成员素质和生活质量以及实现社区发展的一种社区性的教育活动过程。社区教育的定义表述体现了一个新的教育基本理念，其意义和价值在于为社区教育的健康发展提供指导，为社区教育理论建设构造一个支撑点。

2. 社区教育的性质、目标和功能

社区教育作为一个为满足社区发展和居民教育需要而建立起来的教育体系，反映教育社会化和社会教育化的要求，具有全员、全程、全方位、多形式、多层次的特点。因此，社区教育的实质是在特定社区内根据社区发展需要及居民教育需求而进行的一种区域性教育，其属性有社区性、综合性、开放性、网络化，而社区性是社区教育的本质属性。

社区教育作为一种发展和增长社区成员新知识和新能力，提高社区成员生存能力的教育，它是面向人的一生的终身教育，涉及大教育的理念，要体现人的一生各阶段的各种发展和需求，这就要求社区教育在结构、层次、规格、内容、形式、方法上都应具有全面性。社区教育的目标是为满足社区居民的多样化教育需求，提高社区成员的文化素质和生活质量，促进社区的可持续发展。社区教育不同于基础教育和专业教育，主要是围绕社区居民的教育需求来展开，采取灵活多样的方式对居民的思想、生活、职业技术进行教育，通过居民的参与及学校与社区的互动实现目标。因此，社区教育的根本目的在于提高社区成员的素质和生活质量，促进社区建设和可持续发展。

社区教育应该与社区发展相结合，在实践中以人的全面发展为主线，以

---

① 梁春涛，叶立安. 中国社区教育导论 [M]. 天津：天津人民出版社，1993：5.
② 厉以贤. 社区教育的理念 [J]. 教育研究，1999 (3).

提高社区居民的科学文化素质和思想道德素质为目标，以满足社区居民的需要为主题。社区教育必须紧紧扣住依托社区和服务于社区发展这一关键，而且把办教育与具体社区特定的人文、地理、社会特征联系起来。教育作为一项专门性工作，基本的功能是启发人的自觉意识，传授知识技能，培养智慧、情操和人格，而社区教育具有对象广泛性、内容全面性及形式多样化等特征，可以让教育基本功能得以延伸发扬。从人的发展到社区各方面的进步发展，具体来说，社区教育的特殊功能体现在几个方面。[①]

（1）启发功能。即社区教育活动能启发社区干部及社区成员的社区意识和参与积极性。社区干部通过参与社区教育实践，能正确地认识社区的真正需要，改变单纯依从上级行政命令的工作态度定势，更多地根据社区发展的需要去创造性地开展社区工作。社区居民在参与社区教育的过程中逐步形成自觉维护社区利益和建设社区、自觉学习的积极性，这样社区发展也就有了原动力。

（2）沟通功能。社区教育的顺利开展必然要调动社区的各方面教育资源，需要互补和资源共享，使社区中的单位、居民之间的联系增加，从兴办教育、支持教育、管理教育等方面形成共识和风尚，不仅沟通了街道与单位、干部与居民之间的关系，还沟通了社区与学校、成人与青少年、社区与家庭之间的种种联系，发展情感，形成社区内聚力。对社区工作的开展来说就是开通了许多渠道，围绕学习、育人和发展的轴心协调一致。

（3）塑造功能。社区教育是做人的工作，尽管社区居民在身份职位、背景经历及年龄个性等方面均存在差异，但共同的生活环境和文化传统需要有一定的传承系统来维系。社区教育根据社区发展的共同需要开展形式多样、生动活泼的教育活动，既能满足各种居民的内在教育需要，又能照顾各种居民的社会属性，传递文化和陶冶情操，调节人们的生活方式。这有利于塑造居民的良好心境和个性，也有利于社区文化的传承和营造良好的社区气氛，对社区居民具有塑造作用。

（4）辐射功能。教育是文明的传播手段，社区教育通过一定的机构及活动，将现代化科技信息、民主法制精神、价值观念、正确舆论直接或间接地传播给居民，影响企业、单位、家庭和学校，通过全体居民的生活和生产实践，影响环境、产品和人的思想言行，形成了一股强大的能量，改变了社区的方方面面。正是由于教育对人的深刻影响，使文明借助人的活动辐射到环境和工作之中，渗透到社区的精神文明体系之内。

---

① 郑淮. 论社区教育与社区工作的关系 [J]. 中国社会工作, 1998 (6).

3. 学校与社区的互动

社区教育作为社区工作的组成部分，同时也是与学校教育相对应的一种独特的教育体系，它处于家庭—学校、学校—社区、学校—传媒等影响之下，与学校教育有着联系和交叉。一方面，社区的人口、经济发展水平、管理制度和文化环境等制约着学校教育的生源、空间环境和教育资源的配置等，社区为学校教育的活动和发展提供条件保证；同时，社区内所辖单位可以建立社区校外活动实践基地，能够改善学校教育与社会的联系，为学生适应社会生活和社会化发展提供保障。另一方面，学校教育作为社区教育这一有机体的重要组成部分，对社区教育整体水平有着其他教育不可替代的作用。学校教育还对社区教育中非学校教育的成分起着直接的辐射和影响作用，丰富了社区居民的教育和文化生活。

学校教育与社区教育密切相关，学校可以为社区教育的开展提供教育因素，如教师、教室、教材等，社区内有丰富的教育资源，又可以服务于学校教育，如文化体育设施、社会实践场所等，学校教育与社区教育二者应该是互补关系。鉴于社区教育的开展往往要借助于学校的师资、场所、设备，因而有人认为，学校教育的开放程度直接影响社区教育的发展程度。总之，两种教育在教育的目标、主体、内容、场所和管理体系上既有区别也有联系，联系就是社区教育和学校教育的互动互利的基础，区别是它们分别在教育对象、内容、形式、师资条件和运作机制等方面有所不同。

目前我国社区教育与学校教育的关系尚未理顺，其中有些是受社区教育实践条件的限制所导致的，还有一些则是由于研究者和工作者观察视角的不同造成的。理顺社区教育与学校教育的关系，要解决几个方面的互动问题。

（1）在教育观念上沟通。社区和学校都要运用现代终身教育和大教育的理念来统一教育思想，确定教育目标和指导教育行动，确立以人为本的终身教育理念。

（2）在管理体制上协调。从社区发展的角度设立教育管理机构和组织秩序，改变各自为政的局面和工作作风，探索学校社区双向互动的运行机制。

（3）在教育资源上共享。教育资源包括有形资源和无形资源。有形教育资源包括人力、物力、财力、信息、组织等。无形教育资源包括社区意识、社区归属感、良好的社区氛围、社区互助的伦理规范等。从资源开发和使用程度来分，又有显性资源和潜在资源之分。社区和学校要共同开发各种各样的教育资源，充分利用和合理配置教育人力、基地、场所、设备、信息和资金，使教育资源发挥最大的效益。

（4）在工作上互相支持。由于学校与社区的组织性质和目标不同，需要两者以社区的可持续发展利益为重，动员一切力量一起开展社区教育，共同配合做好社区建设工作。

优化社区中教育系统的教育影响和作用是社区教育与学校教育互动的目标，主要是社区教育实体（机构）对社区成员（包括青少年学生）施加有计划、有组织、有形式、有效果的教育影响，从而提高居民的文化素质和生活质量。而学校教育要依托社区并利用社区的教育资源和力量，对学生进行全面素质教育的同时，协助社区对全体社区成员进行多种形式的教育，这是强化学校的教育和社会化的功能，也是改革学校教育的根本出路。在社区内以居民委员会、村民组织等为依托，因地制宜地建立社区教育活动中心或文化站，整合社区的各种教育资源和力量，发挥学校的主体作用和功能，以及开放学校弥补一些社区文化设施不足的缺陷，能够为开展社区教育活动创造有利的条件，也为学校教育与社会、社区和家庭教育的协调发展奠定基础。

（三）国内外的社区教育实践

社区教育作为一种新的教育理念，在国内外有着许多实践经验，存在不同的模式。但是，社区教育的共同理想是：为社区内每一个人提供教育机会；打破现存教育体系内对某些群体接受教育的限制，使他们获得平等接受教育的机会；倡导终身教育和终身学习，为弱势群体提供生存的信心及方法，促进社区发展和居民文化素质的提高。

1. 国外的社区教育

自20世纪50年代后，各国在联合国的倡导下普遍开展了社区建设和社区教育运动，发达国家与发展中国家在社区教育的目标、内容和方式上存在很大的区别。

美国社区的共同特征是社会共同体，属于社会生活的系统而非政府的行政系统。社区教育的内涵丰富，社区内的各种机构和部门相互协作，通过提供各种教育机会满足各阶层的教育需要，促进社区进步，以社区学院为中心建立教育网络辐射到整体社区。在20世纪90年代通过了《美国2000年教育目标》、《学校与就业机会法》等，这些政策法规都涉及社区教育，规定政府通过增加经费投入社区教育项目来促进社区教育的发展。目前，美国有

1500 余所社区学院，在校生 660 万人，占美国大学生总数的 50% 以上。[①]

英国的社区教育主要由邻里协调小组、专题问题工作小组、社区预算小组等部门组成，具有很强的行动性特点，其主要职能是讨论与协商社区的公共事务，协调社区成员关系，建立行动小组，解决社区内的突出问题，筹划包括政府拨款等在内的各项开支。

瑞典的第一所民间中学建立于 1868 年，而学习圈和学习联合会一百多年前就开始发展了。沃森建立了第一个学习圈，并发展了其理论，他对教育有着理论、实践和哲学上的探索。"平民学习小组"（或称读书会）是"二战"后在政府资助下蓬勃发展起来的，到 1988 年底，学习小组达到 31.2 万个，参加学习人数占全国成年人一半以上。另外，市政成人教育是由市政当局负责的教育系统，包括基础教育、高等教育、成人职后教育。市民主要是从学习圈中学会社会、经济和管理的理论实践知识，以及如何参与地方事务的。瑞典的总人口是 900 万，18～75 岁的瑞典人中，有 75% 的人参加学习圈。每年都有 30 万个学习圈，共 250 万个参与者。[②]

日本在"二战"后普遍设立"公民馆"，开展大规模有组织的社区教育，日本文部省在 1980 年提出了《关于社区终身教育现状的调查报告》，认为社区教育的发展重点应较多地放在终身教育中心、公民馆和图书馆等方面。到 1990 年日本的公民馆已达 17347 所，每年参加学习者超过 1000 万人次。

发达国家对社区教育也有不同的理解，美国重视补偿性的教育，而英国、德国、日本等则重视通过社区民众的教育、动员参与社区建设。[③]

发展中国家以印度、孟加拉和泰国等为代表，由于社区发展任务主要是经济建设，社区教育的开展也是以成人教育为主，属于扶助支持型，比较多地采取职业教育的形式。印度推行社区教育主要通过鼓励人民积极参与社区活动，从社区生活中学习，开展社区服务项目帮助民众改善生产和扫盲。1995 年在泰国举行的第七届国际社区教育大会通过的《社区教育宣言》指出：没有社区建设就没有社区的可持续发展，一个强大的社区能医治各种社会疾病，良好的社区教育能够加强社区建设，社区教育、社区文明与社区管理共同构成未来社会发展的 3 大基本动力，其中社区教育是关键。现在社区

[①] 乔治·沃恩. 社区学院的故事 [M]. 2 版. 华盛顿：社区学院出版社，2002：6.

[②] 波尔深. 瑞典社区成人教育经验：自由成人教育与学习圈 [C] // 创建学习型社区国际论坛会刊. 上海：2004.

[③] 马叔平，瞿延东. 面向 21 世纪中国成人教育制度研究 [M]. 北京：高等教育出版社，2002：21.

教育在国外的发展相当迅速，多种多样的形式都围绕社区发展的需要，并与终身教育思想和社会现代化进程联系起来。

2. 我国早期社区教育的尝试

早在20世纪二三十年代，我国一些学者受到国外社会学思潮的影响和启发，企图用社会教育来改造落后的旧中国，倡导乡村教育运动，首开我国社区教育的先河，当时主要有4位学者的实践比较有影响。

（1）陶行知的乡村教育实验。陶先生受到杜威教育思想的影响，主张以社会为学校进行生活教育，他在《中华改进教育社改造全国乡村教育宣言书》中明确提出了"我们的使命是要筹募一百万元基金，集一百万个同志，创造一百万所学校，改造一百万个乡村"。[①] 他把乡村学校看作是"今日中国改造乡村生活的唯一可能的中心"，并进行了广泛的社区教育试验。1927年，陶行知先生等在南京创办了晓庄学校，其后在江苏创办乡村师范学校，创立了"生活即教育"、"社会即学校"、"教、学、做合一"的理论与方法，把培养拥有"健康的体魄，农民的身手，科学的头脑，艺术的兴趣，改造社会的精神"的人才作为教育目标。

（2）晏阳初的平民教育实验。1924年，晏阳初等在河北定县推行平民教育实验，他在分析旧中国农村社会时指出了中国农民的4大弱点，即愚昧、贫穷、体弱和自私。为了改进农民的生活方式和剔除这种劣根性的文化心理，他进行了针对性的4种教育，即"以文艺教育救愚、以生计教育救穷、以卫生教育救弱、以公民教育救私"。[②]

（3）梁漱溟的乡村建设试验。1927年，梁漱溟就提出了开办乡治讲习所的方案，并先后在河南村治学院、山东邹平县乡村建设研究院担任教学和研究工作，创立了基层教育机构"乡农学校"，取代了原来的行政机关，主张政教合一，校长是乡长、教师是职员，其目的是用教育力量代替行政力量，用教育方法辅导人民自治，授以生产、卫生、公民等知识，完全按照学校形式重组乡村，推行乡村建设，使社区学校化。

（4）黄炎培的划区施教主张。黄炎培在考察美国、日本等国的职业教育后，认为找到了改造中国教育的良方。他于1917年创立了中华职业教育社，建立了多个试验区进行农村教育，以帮助农民致富，解决乡村的经济、卫生、交通和治安等问题。

---

① 何国华. 陶行知教育学［M］. 广州：广东高等教育出版社，1991：57.
② 王炳照. 中国传统教育［M］. 长沙：中南工业大学出版社，1999：288.

抗日战争和解放战争时期，共产党领导的解放区也有社区教育的实践，以贫苦的工农大众为教育对象，开展丰富多彩的社区建设和社区教育活动，并且积累了无数成功的经验，为新中国的大众化教育制度奠定了基础。

3. 我国社区教育的基本模式

在改革开放后的教育改革中，上海、天津等一些地方积极探索了学校与社区结合做学生的德育工作的方法，并出现了社区教育委员会的组织形式。20世纪90年代初，社区教育出现了由沿海发达地区向内陆地区大、中城市发展的趋势，在北京、上海、南京、武汉、广州、重庆、沈阳等地相继出现了多种形式的社区教育模式，随后社区教育从单纯学校与社会的联系办学向逐步形成学校与社区互动育人的模式转变。社区教育成为全面提高市民素质和城市文明程度，促进精神文明建设社会化的一种有效途径。

现在我国社区教育正在形成由理论认识到实验，再逐步全面推广的发展态势，各地的社区教育的实验和实践得到了政府的支持并取得了相当多的经验。随着农村的城市化（城镇化）发展，由农村转变的城镇将会越来越多，并成为以后农村典型的社区类型，社区教育的重要性就越来越明显。就我国的多数地区而言，农村社区教育仍处于起步探索阶段，而且各地之间发展不平衡。我国社区教育的主要形式有：

（1）以乡镇、街道（居委会）为中心的社区教育。这种以乡镇、街道为单位对所辖行政区域组织的社区教育，主要是进行公民基本素质、爱国主义、法治意识、社会公德（乡民或市民）、职业道德等教育。社区教育通常是以组织读书活动、社区讲座等形式进行，寓教育于社区文化活动之中。按照"以人为本"的服务宗旨，借助住宅建筑和环境设计所蕴含的人文、科技、生态内容，在开展有偿服务中，有意识、有计划地融入社区教育的内容，既能实现其经营目标，又能服务育人，提升社区的生活质量和文化品位，使社区居民和社区同步发展。

（2）以学校为主体组织的社区教育。学校（大、中、小学）作为区域性社区教育的组织者，利用自身办学资源和优势进行社区教育。主要形式有学校组织社区内中小学生参加各种形式的课外教育活动、学生志愿参与社区工作和教育活动、学校将社区居民请进校内参与教育活动、对居民开放校内文体活动设施等。以中小学作为区域性社区教育的组织协调者，即学校根据开放性办学的思路，利用自身的办学资源和优势，在社区内开展以学生为主要对象的各种校外学习活动，其运作方式为：以学校为主体组织本校或社区内中小学生参加各种形式的课外教育和学习活动；由学校牵头组建社区教育协调委员会，定期研究学校课外教育工作，参与学校课外活动的管理；举办家长学校，定期或不定期地开展家长的交流和研讨活动；在子女教育等方面强化学校教育与家庭教育的有机结合，鼓励家长对学校运作的参与；合理充分地利用学校的教育资源，向社区居民开放校内活动设施。

（3）以厂矿企业单位为主的自助型社区教育。厂矿企业单位立足于职业岗位需要，开展各类技术与岗位培训和教育活动，以社区本身历史或实际工作为学习资源。职业技能教育是社区教育的学习课程的一部分，学习者自行决定学习目标和学习策略，学习活动的进行与控制大多由学习者掌握。厂矿企业接受区域内单位委托，通过专业开发、课程开发、项目开发等多种手段组织教育教学活动。该模式有两大特点：①是一种集高教、成教、职教等为一体并具区域性、综合性、开放性、多层次办学特色的大教育模式；②办学体制与现行高等院校明显不同，是一种颇具发展前景的新型办学模式。

三、社区成人教育与社区学院

成人是社区教育的主体，应该更注重成人的自然属性和社会属性，关注他们的学习特点。社区成人教育是将社区教育与成人教育有机地结合，利用社区的地缘优势，结合成人教育的特点，在社区教育的大背景下开展成人教育。社区成人教育是社区教育的主体，是一种以社区成人学习者为中心的模型。美国社区学院的产生与发展为社区成人教育提供了重要的参考和启发，它将社区教育与成人高等教育结合起来，逐渐成为国际教育发展的新形式，也是将学习社会理念贯彻到成人教育领域的重要途径。

（一）社区成人教育体系

1. 社区成人教育的概念

社区成人教育是指以社区为单元，以社区发展为目标，以特定社区内成人为教育对象，针对特定社区发展需要而实施的成人教育活动。它是在尊重成人的前提下，在社区这个特定环境中开展的教育。社区成人教育是一种将家庭、社会与学校相结合的教育，其内容是由"需求"决定的，不是以学科为中心，而是以实用、问题、生活为中心。形式也是灵活多样，不拘一格。社区成人教育是一种真正意义上的全民教育。

社区成人教育是社区政府在区域内最大限度地发挥管理协调作用，充分实现资源共享，调动社会各界的广泛参与，适应社区社会、经济发展需要和社区个体自身发展要求所开展的形式多样、方法灵活、注重实效的教育形式。政府、社会力量、个人都以前所未有的热情和认真的态度举办或参与成人教育，社区政府根据社区经济的发展需要举办成人学历教育、扫盲教育、职业教育和岗位培训。社会力量亦根据社区需求以及办学的实际能力，举办各种成人文化教育、职业技能培训等。社区个人则根据自身发展的需要参加各类成人教育形式的学习和培训。

社区成人教育可以提高成人的整体素质，具体表现为：提高成人的身体素质、道德素质、文化素质和心理素质等。其中，成人的身体素质包括健康水平和体能素质等；成人的道德素质包括政治思想品德、社会公德和职业道德等；成人的文化素质主要分为普通文化素质、专业理论文化素质和专业技能；成人的心理素质即成人的心理品质，主要包括成人的情感、意志、性格、态度等。而社区成人教育在提高成人各方面素质上有着得天独厚的优势。

社区成人教育可以分为两大类：一类是为社区发展而开展的教育活动，此类教育活动有利于社区经济发展、社会进步、居民安宁、娱乐和休闲等；另一类是为社区民众学习需求开办的成人教育活动，范围包括新技术、新知识的培训，科技人员的继续教育，在职人员的岗位培训以及社区老人所需的文化修养、健身保健知识的教育等。这两类教育活动是同一个过程的两个方面，在实施过程中没有明显的界线。社区成人教育不仅成为社区居民个性充分发展和不断完善的引导力，同时也渗透到社区经济和社会发展的各个方面，成为促进和调整经济协调发展的推动力。

社区发展与社区的个体发展是密切相关的，社区成人教育的发展要和社区个体发展需求相结合，这既是社区成人教育的服务方向，也是社区成员享受社区教育服务的权利。就成人的社会属性和发展任务而言，成人是社会职责和义务的直接承担者，其社会身份具有多重复杂性，社区学院作为一种强调社区成人学习者参与教学的教育模型，其发展任务带有确定性、现实性的本质特征。社区学院是一种充分与社区成人学习者生活和工作情境紧密结合的社区成人教育模式。

2. 社区成人教育的对象

社区中成人教育的对象包括社区中所有成年人。目前，根据这些成年人所具有的共性来划分，社区成人教育应特别关注3大类群体。

(1) 对企业下岗人员及失业人口的社区成人教育。随着经济体制的改革和经济增长方式的转换，越来越多的下岗人员被推向社会，推向他们所生活的社区。学习新技能为再就业做好准备是下岗人员重新就业的必经之路,同时帮助下岗人员调适心理、增强生活的信心也是成人社区教育的一项重要内容。由于新的劳动人口不断涌向劳动力市场,在全社会形成日趋严重的就业压力,对他们进行就业培训以增强就业竞争力同样是必需的。这些成人教育活动在社区进行,将极大地方便社区中的居民,并能增强他们对社区的认同感、亲切感,在增加社会稳定性方面将起到其他教育方式无法替代的作用。

(2) 对城市流动人口的社区成人教育。第六次人口普查将离开户籍登记地半年及以上、跨乡镇街道务工经商或随迁的人口定义为流动人口,此类人口已达到约 2.61 亿,同 2000 年相比增长 81.03%。如果减去市辖区内人户分离的近 4000 万人口,也已达到 2.21 亿人左右。其中户籍在城镇却流动到其他城镇的为 5000 万人,农村户籍流动到城镇的人口大约为 1.7 亿。[①] 人口的流动既带来了繁荣,也带来了许多社会问题。在城市打工的人们虽然没有城市正式户口,但是他们已长期定居在城市的某一个社区,已成为城市实际的居民。流入城市的农村人口大多数文化程度较低,法律意识淡薄,卫生意识差,对城市生活的规章制度缺乏了解,生活上有许多困难,因此,对他们开展社区成人教育是可能的,而且是必须的。中国城市化的不可逆转,社区成人教育的任务将是巨大的。

(3) 对城市老年人的社区教育。由于世界人口生育率的下降、健康水平的增进,人口老龄化已成为世界人口发展的必然趋势。中国许多大城市都已进入老龄化,老龄人口的绝对数占世界第一位,因此中国的老龄化问题十分突出。老年人退休后,由于行动不便,他们的基本活动空间就是所居住的社区,老龄教育一直是社区成人教育的重点。随着离退休老年人文化素质的提高,对老年人的社区成人教育的内容等方面也应有相应的充实与提高。

除了这几大类群体外,社区成人教育工作者还应充分了解本社区有哪些特殊居民,以及他们的特殊需求,并以此制订教育计划,只有这样,社区成人教育才能有生命力。

3. 发展社区成人教育的意义

社区成人教育是社区发展的核心因素,是社区发展的重要内涵,通过社区成人教育可以全面提高社区成人素质、强化社区整合、促进社区建设。成人教育为社区发展服务的关键是要为社区成员的全面发展服务,更好地满足

---

① 参见中华人民共和国统计局《2010 年第六次全国人口普查主要数据公报(第 1 号)》。

社区成员日益增长的物质和精神需要，通过人的全面发展带动社区的全面进步，进而达到社会的全面进步。社区成人教育可以强化社区整合。社区整合是指将各种功能、性质的社区构成要素和单位在不同纽带的联系下构成一个整体，各部分在整体中根据社区共同需要发挥自己的功能，从而发挥社区整体功能，维持社区的存在和发展。我国正处于社会转型时期，政治、经济体制改革使社区出现种种分化现象，市场经济、经济全球化快速发展，产业、所有制、职业结构的调整及分化引起人们价值观的变化，旧的社会认同正走向瓦解，因此，一个社区的健康发展在一定程度上取决于它的整合程度。

随着社会的进步、经济的发展以及人民生活水平的不断提高，人们将更多地追求高尚的情操和富有情趣的文化生活，社区成人教育全面提高社区成人素质。社区成人教育对成人素质的提高具体表现为提高成人的身体素质、道德素质、文化素质、政治素质和心理素质等。社区成人教育能充分调配社区内各种资源，满足居民的各种教育需求，使社区的每个成员都能够通过社区成人教育计划得到发展。从国际形势看，全球科技经济一体化趋势日益显著，科技飞速发展要求成人教育尽可能地将最新知识传输给社区劳动者以转化为现实生产力，推动社区经济高速发展。社区成人教育可以通过岗位培训、再就业培训等向成人传授从事生产所需的知识和技能，从而促进生产力和生产关系的发展。同时，成人教育把科学教育、环境教育、法制教育、人口教育，以及家庭生活教育、职业技术培训教育、现代扫盲教育、闲暇情趣教育、老年教育等丰富的内容纳入自己的范畴，不断充实、完善、提高，以帮助社区成员完成向"现代人"的全面转变。

社区成人教育和其他的教育形式一样是中国现代化建设和社会现代化发展的重要推动力量，在社会进步、经济建设、文化建设和民族素质、人民生活质量的提高方面都起着重要的促进作用。深化教育体制、体系改革，建立一个横向沟通、纵向衔接的教育"立交桥"，形成开放式的教育体系是教育改革的重要任务。一些市（区）、县的中等以下的成人教育机构合并组建成人教育中心校或社区学院，既能形成一定的办学规模，增强成人教育办学实力，也有助于成人学校与社区及社区成员建立牢固的联系，改善办学条件。特别是中心校的建立，对街道和乡镇的社区教育起到了辐射和示范作用，对提高成人教育整体办学水平、提高教育质量和效益发挥了一定作用，也有利于国家和各级教育主管部门对社区成人教育的规划和管理。社区成人教育的发展不仅有利于建立立体交叉、彼此衔接的教育系统，而且也将对传统的教育体制、体系改革起到重要的推动作用。

(二) 社区学院的教育形式

1. 美国社区学院的产生和发展

社区学院起源于 19 世纪末 20 世纪初的美国初级学院运动,第一个公立社区学院乔利埃特专科学校,是以高中为基础,由芝加哥大学校长哈珀(W. R. Harper)创建于 1896 年。社区学院是设立在居民生活圈内的、具有社区特色和教育功能的综合性的高等教育机构,学院的经营和管理贯彻社区的意图。社区学院迄今为止已有百余年历史,其中以美国、加拿大等国的成效最大。2008 年的统计数据显示,美国现有 1195 所社区学院,其中有 987 所是公立院校,社区学院目前注册学生有 1150 万人,其中 650 万人就读学分课程,500 万人就读非学分课程。在每年高等教育录取的高中毕业生中有 46% 在社区学院就读,现在它的数量已超过美国大学总数的 1/3,在读学生已占美国在读大学生的 1/2 以上。加拿大共有 150 多家社区学院,其中公立学院也占大多数,注册学生数达 150 万人。①

美国社区学院的产生原因有几方面。首先,工业化进程的加快需要大量熟练工人。1862 年林肯总统签署《莫里尔法案》,也称为《莫里尔公地兴学法案》,国会希望通过鼓励建立国家机构,以促进农业、机械时代的艺术和其他更实用的职业教育的发展。该法案给予公民更多的受教育权利,对旧的大众教育模式提出了新的要求,从而使得新的教育机构的出现成为可能。其次,由于社区生活质量的不断提升,不仅家长们非常重视对子女的培养和教育,越来越多的成人也产生了重新接受教育的愿望,以期能适应新岗位的要求。再次,学历必须得到社会公共机构的承认,在被雇佣时才能得到认可,教育的公平性问题受到社会的高度关注,成为人权保障的一个基本要求,由此促使了更多的公民接受高等教育,这为社区学院的存在提供了进行正规学历教育的可能。最后,知识的价值得到社会普遍认可,追求进步、充实自我成为人们的共同要求,为不同层次教育的发展提供了契机。②

社区学院是地方性的教育机构,为两年制学院,除为青年和成年人提供大学一、二年级的各种教育外,还为社区提供职业教育和文化服务,成为社

---

① 中国职业技术教育学会考察团. 社区学院教育的魅力: 来自美国、加拿大的考察报告 [J]. 职业技术教育, 2009 (15).
② 楼利明. 论美国社区学院及其在中国的发展前景 [J]. 浙江大学学报: 人文社会科学版, 2006 (2).

区的文化和教育中心。其教育形式是教师和受教育者在特定环境下进行的有系统、有标准、正规的和交互教学的组织形式，教师和学生都必须在教、学过程中达到一定的标准和要求，学生完成60学分后即可获得副学士学位，属于高中后高等教育的组成部分。美国社区学院主要有5大职能，即职业技术教育、补偿教育、社区教育、大学转学教育和普通教育。

社区学院的办学宗旨是立足社区，服务社区。由于与社区有着天然的联系，它既有别于普通高校，又不同于行业举办的成人高校、高职学院，其开展的社区教育与服务直接为社区建设提供帮助，能够履行构建社区终身教育体系的使命。除与社区建立联系外，社区学院还应在沟通传统与非传统教育中起领导作用，要为不同性别、文化、种族、社会经济地位的学生提供相应的个别化服务，促进社区居民的全面发展。社区学院开展不同形式和丰富多彩的教育活动，有利于为社区居民交往和沟通创造或提供渠道，促进社区居民彼此之间相识、相知和互相帮助，使社区成为社区居民生活真正的共同体，促进社区居民的全面发展，同时有利于社区居民的彼此交往和沟通。

2. 我国社区学院的特点

我国学术界所广泛研究的社区学院主要是美国模式的社区学院。我国第一所社区学院是1994年在上海石化总厂职工大学和上海石油化工高等专科学校的基础上创办的"金山社区学院"。20世纪90年代，在珠三角地区、长三角地区和京津及环渤海湾地区，相继出现了冠以社区学院名称或类似社区学院的一些教育实体。目前我国的社区学院有几种：①因为教育部和省级教育行政机关制定的职业技术学院的行政法规、社会容易接受等原因定名为职业技术学院，而实质上是社区学院。②最初是按照社区学院的规格、要求建立的，但因种种原因定名为经济干部学院。③以地方大学的名义出现，为了更容易得到地方政府和社会各界在经费、人员、土地、优惠政策等方面的支持，但实质上是社区学院。④有的称为社区教育学院或者社区大学，实质上仍然是满足社区居民多样化的学习需求的社区学院。⑤广播电视大学的社区分校，例如挂靠电大成立的社区大学，面向全体市民的社会化、开放式学校。

社区学院作为社区教育与高等教育互动结合的形式，不仅能够满足我国刚迈进高等教育大众化的阶段性需要，而且能为满足社区居民日益增长的文化教育需要和终生发展的需要提供一条确实可行的途径。进入21世纪，随着科技发展和社会生活的丰富多彩，"大社会、小政府"成为社会现代化运行的一个基本特征，社区的组织方式也发生了变化。社区作为现代社会的基本组织，必须率先完成社会职能、政府职能和企业职能的分离。① 发展社区学院，必须要有中国特色的定位。社区学院面向和服务于社区内所有成员，以青年和成年人为主要教育服务对象，通过举办和实施职业教育、补偿教育、社区教育、普通教育、继续教育和终身教育相辅相成的"大教育"，来满足成员全面提高素质的需要。

社区学院具有社会中介组织的角色属性。这是因为其具有：①民间性。学院组织内部的人员安排、业务活动等方面不受制于政府、党派、政治面貌的限制，而是以市场为导向，满足居民的多样化教育需求，进行职业教育和培训，培养社区需要的人才。②自主性。社区学院职业系科教学计划的制订和各种课程的设置，都是根据当地工商业的需要和就业趋势，由社区的代表组成的委员会确定和实施，组织活动内容和活动方式由组织成员自己决定。③志愿性。居民参与社区学院完全出于自愿，成员是否参加组织的活动也坚持自愿的原则。④非营利性。社区学院可以从社区各种机构和组织中获得一些活动资金，也可以通过收取一定的费用当作本组织的活动经费，这些都是为了社区建设服务，而不是用来盈利。由此可见，社区学院具有社会中介组织的特点和作用。

社区学院提供的教育服务正是社会劳动力市场所急需的，可以整合有关高等职业学院、改制的中等专业学校和独立设置的成人高校（管理干部学院、职工大学），调整课程设置和专业结构，与职业界建立密切联系，开展职前和在职培训，承担起下岗职工的再就业培训，将学历教育与职业培训相结合，探索多样化的职业教育模式，构建综合性的职业教育体系，为经济发展提供智力支持。社区学院还应该重视各种短期的职业培训，包括各种职业资格证书培训、专项技术培训、岗位培训等。

（三）社区成人教育的发展

1. 社区成人教育发展的新趋势

我国在1998年《面向21世纪中国教育振兴行动计划》中明确提出：要开展社区教育的实验工作，逐步建立和完善终身教育体系。2000年4月，教育部确定了北京市朝阳区、上海市闸北区等8个"社区教育实验区"。2001年11月，"全国社区教育实验工作经验交流会"在北京召开，会议总结交流了我国开展社区教育工作的经验，规划部署了下一步工作，公布了扩

---

① 连玉明. 学习型社区 [M]. 北京：中国时代经济出版社，2003：6.

大的 28 个全国社区教育实验区名单同时予以授牌。2001 年，全国确立了 28 个国家级社区教育实验区，各个省及计划单列市也相继建立了 110 个地方社区教育实验区。2004 年，教育部颁布《关于推进社区教育工作的若干意见》，明确了社区教育的概念，提出发展社区教育要坚持"三个服务"为目标，并要求到 2007 年，全国社区教育实验区要达到较高的发展水平，对全国社区教育工作发挥骨干和示范作用。在经济较发达的东部地区，全国社区教育实验区的教育资源基本上都要向社区居民开放，面向社区居民广泛开展各种形式的教育培训活动，使社区居民年培训率逐步达到 80% 以上，基本形成具有地方特色的社区教育管理体制和运行机制，基本具备社区教育机构、人员和经费等保障条件；在中西部地区，全国社区教育实验区的教育资源 60% 以上都要向社区居民开放，有重点地开展教育培训活动，使社区居民年培训率逐步达到 50% 以上，初步形成具有地方特色的社区教育管理体制和运行机制，具备一定的社区教育机构、人员和经费等保障条件。目前全国已经公布第五批国家级社区教育实验区，这标志着我国社区教育迈向了一个新阶段。

与国际社会迈向学习社会的潮流相呼应，我国社区教育的发展趋势有几个特点：①社区教育在终身教育的理念下逐渐与学校教育融合，终身学习成为主要的教育观；②社区教育的开放方式辐射到其他教育领域，社区与学校共同开办教育结构将越来越普遍；③社区教育的全方位网络将成为终身教育的基本架构，个性化教育被广泛接受；④社区教育为教育社会化和社会教育化提供有利条件，学习型社区成为社区教育发展的目标和方向。

目前，社区教育模式向建设学习型社区方向发展，强调以人为本，以学习为动力，以社区教育为手段，以学习型家庭建设和学习型单位建设为主要形式，以社区居民需求满足和不断提高居民素质为目的，采用多种形式，以学思想、学文化、学科学为主要内容，有效调动一切积极因素，营造良好的外部环境，建设现代文明新社区。北京、天津、上海、南京等地"学习型社区"已达 20%～50%，同时带动了"学习型组织"（企业、机关等）、"学习型楼院"、"学习型家庭"的建设。

2. 学习型社区的建设

随着学习社会的发展和终身学习理念的深入人心，社区教育的模式也发生了变化，建设学习型社区成为社区教育发展的新趋向。

学习型社区作为一个概念，目前尚未有公认的定义，它是学习社会理念和学习型组织理论结合的产物，也是社区教育与终身教育思想相互联系的一个新概念。学习型社区最早见诸文献是在欧洲终身学习计划（ELLI,1995），其定义是：一个城市（地区、乡镇）的发展超越了提供公民所需教育与训练的法定权责，进而透过提供学习机会，创造一个充满生机的参与性的及具有文化与经济活动的环境，以提高全体市民的潜能。① 这一定义是从整体上揭示学习型社区的策略和目标，是欧洲的一些组织在推进学习社会中的一种方向。摩尔（D. Moore）等一些学者在致力协助社区团体发展为学习型组织的工作中，认为圣吉的学习型组织的理念、经验及技术，可以作为发展学习型社区过程中的共同原则。学习型社区应包括几个特点：针对学习者学习目标提供支持；消除学习资源的混乱及障碍；提供更多进入或离开学习资源的捷径；提供终身教育的机会；确定社区居民有参与表达意见的机会；参与学习的机会可以是随时的和部分的；确保所有人的学习权。

学习型社区的基本含义包括：①学习型社区是一个社区成员终身学习的社区，是社区成员人人学习、时时学习、处处学习、事事学习的社区。②学习型社区是一种以社区学习者为中心的社区，是围绕保障社区成员基本学习权利和满足社区成员终身学习需求而动员的社区。③学习型社区是一个以社区终身教育体系和学习型组织为基础的社区，因而是一个无学习障碍的社区。④学习型社区是一个促进社区成员素质和生活质量提高，以及社区可持续发展的社区，是一种动态发展的社区。②

学习型社区就是由一个个学习型组织构成的，而学习型组织是学习型社区的细胞。学习型组织是指社区内学习型家庭、学习型企业、学习型事业单位、学习型政府机构等的总称。其最基本的特征是组织成员有一个共同的愿望，即不断地学习以取得成功和发展。学习型社区强调终身学习，强调全员学习，强调全过程学习，强调团体学习，构成各种教育机构之间的网络、学校和社区的合作网络、学校和企业的合作网络、企业和社区的合作网络、社区中的教育资源网络、个人学习上的国际网络等。建立以社区为主体、教育行政部门做业务指导、社区各界参与的协调统一的社区教育管理机构，是学习型社区形成的组织保证，也只有这样才有利于规划、协调、统筹、管理社区内各级各类社区教育，有利于社区终身教育网络的形成。

首先，建立学习型社区推进委员会，解决领导管理体制问题。建设学习型社区，改革社区管理体制和运作是基本前提，原有的政府派出机构要扮演动员和指导的角色，代表整体社区的利益与社区中的单位、团体和个人进行

---

① 台湾社区教育学会. 学习型社区 [M]. 台北：师大书苑有限公司，2000：56.
② 叶忠海. 社区教育学基础 [M]. 上海：上海大学出版社，2000：20.

协商和协调。所以，最好的管理体制是成立学习型社区推进委员会，负责学习型社区的规划、动员、调配、协调和评价等工作，并在整体社区发展中反映学习型社区的诉求，整合社区建设的各方面工作，特别是在提升居民的社区意识和参与感上发挥主导作用。

其次，营造社区的共同愿景，培训社区工作者。按照圣吉的学习型组织原理，营造共同愿景是关键性的修炼，共同愿景是社区居民的认同感和使命感。没有这种共同愿景居民就很难有追求社区理想的动机和学习热情，也就没有同心同德的参与和努力。为此，社区领导和工作者的工作理念、态度需要更新，工作职能也要改变，社区工作者团体要成为一个学习型组织，学会了解社区情况和居民的切身需要，掌握组织、动员、沟通的技能，成为学习型社区的推动者和中坚力量。

再次，挖掘和善用社区的一切学习资源，提供和保障社区居民充分的学习机会和途径。营造学习型社区的主要目标无非是要提供社区居民充分学习和终身学习的机会和条件，而这一方面是通过社区教育来实现的。这样的社区教育体系应该能够满足社区发展和居民终身学习的双层需要，如果配以社区学习的规章制度和动力机制，可以提供和保障社区居民充分的学习权利和机会。这是学习型社区的实体形式，也是营造学习型社区最为重要的内容。

最后，营造社区人人学习和团队学习的气氛，启动学习型社区的动力机制。学习型社区的特征是人人学习、事事学习、处处学习，但其本质不是为了学习而学习，而是为了社区的发展和社区成员更好地生活和工作而学习。只有学习才能体现人的高尚，才能达到社区的可持续发展。在社区教育的活动和课程设置上应该广泛考虑社区和居民的需要，开展丰富多彩的学习形式，开设多样化和可选择性的课程，形成多元化的学习网络。

学习型社区的动力机制在于社区居民主体性与社区学习条件的交互作用，因此，社区应该尽可能多地调动居民的社区意识和主体性，创造社区的学习环境和条件，即开发社区教育资源和营造学习风气，促进社区主体与学习条件的交互作用，逐步形成学习型社区。学习型社区形成的基本标志是：①社区充分尊重其成员的学习权利和需求，能够公平地为社区成员提供学习机会，社区成员自觉参加学习，自我导向性学习成为主要的学习方式。②社区内各种学习型组织的建立，特别是社区中学习型家庭的普遍形成，有利于发挥社区内各单位组织重视学习和教育的职能，促使社区提供各具特色的教育资源，社区形成人人学习的氛围。③社区教育资源得到充分开发，包括显露形态和潜在形态的教育资源、有形的和无形的教育资源等，社区终身教育网络形成，其中要有一个协调统一的管理机构和社区教育的基地。④社区成员素质和文化水平得到整体提高，社区成员的生活质量得到明显改善，社区环境得到改善并获得可持续的发展。

3. 促进社区成人教育发展的策略

社区成人教育是社区教育的重要组成部分，也是成人教育和发展社区成人居民的重要途径和平台。社区教育模式在教育的组织形式、教育对象、教育内容、教育手段、学制等方面不同于传统的学校教育形式，它是对传统教育的创新与突破，有自己的特色和实现的形式。要提高社区居民的文化素质和生活品质，社区成人教育必须做到内容丰富多彩、形式灵活多样；需要解决包括教育观念、教育投入、师资建设、教育内容和教学管理等各个方面的问题，发挥社区整体优势；通过教育资源共享，以获得共赢的社区成人教育成果。

我国社区成人教育的开展，促进了成人教育和社区教育的结合，产生了明显的效果，对进一步促进社区成人教育的发展具有重要而深远的意义。在总结已有经验的基础上，社区成人教育发展的侧重点应突出以下几个方面。

（1）确立学习社会和终身教育的新理念，依据素质教育和终身学习的要求，社区成人教育应致力于创新精神、实践能力的培养和各方面素质的全面发展，着重发展社区成人的学习能力、获取信息和处理信息的能力、分析问题和解决问题的能力。成功的社区成人教育培养出来的学生善于从生活的各个领域获取信息和处理信息，善于与他人共同生活，善于面对社会的竞争和生活的挑战，具有生存与发展的潜能。坚持发展社区成人教育，必然会极大地促进我国学习社会的建立和终身教育体系的形成。

（2）根据各地社区经济社会发展和提高人口整体素质的现实需要，针对传统教育的弊端，加强学习的实践环节，重视体验性、应用性、探究性、创造性和综合性的学习，注重各种学习途径和学习方式的结合。强化教育与生产劳动相结合，编写适合城市和农村不同教育特点的课程、教材，与当地经济社会发展相适应，形成能够满足各种学习者多方面、多层次需要的学习内容体系。根据提高人口整体素质和培养适用人才的需要，采取自主性和创造性的学习途径和方式，能够较好地适应大众化高等教育的多样化目标。除了普通本专科外，高职教育、高等层次证书教育、高等层次继续教育都能进入社区成人教育的视野，发挥社区成人教育在高等教育大众化的过程中的绝对优势。

（3）大力发展信息技术和网络教育系统。利用现代科技媒体手段，加快我国终身教育基础设施的建设，运用新教育教学方法和手段改进教育模式，促进教育的现代化和信息化。建立更多的网上学校、虚拟教室、虚拟图书馆等远程教育和学习基地，克服传统教育受时间、教育年龄和区域教育环境等方面的限制，运用开放的网络系统、灵活的教学方式推进终身学习进程。促进正规教育、非正规教育与非正式教育相结合，传统媒体的有效应用与远程教育网络的开发相结合。

（4）建立专门的社区成人教育机构，在县（区）建立社区学院，在乡（镇）建立社区学校，在村级建立社区成人教育教学点，由联络员经常往返于社区学院与社区学校，有效保证社区学院与社区学校之间的联系与沟通，这是比较符合我国国情的三级办学模式。普通学校、高等职业院校和开放大学（如电大、夜大和函大）、社区中心、公共文化机构和民间组织都可以有效参与社区成人教育。与此同时，要创新社区成人教育机制建设，建立健全的管理体制，使社区成人教育活动得到科学有效的管理，使经费稳定有保障；建立规范的激励机制，促使学员在良好的学习环境和学习制度中成长进步；引进社区教育的社会力量互动机制，使社区成人教育受到社会的普遍关注，让学员学有所成，以便产生适时或长期的实际效益。

（5）科学调整社区成人教育的经营模式。社区成人教育的经营模式可以包括：①社区学院或教育培训中心模式。致力于促进社区乃至社会的团结与发展，并为社区成人提供娱乐与社会交往、家庭生活、职业发展等所需的技能培训。②公司培训模式。培训公司能够全面把握和了解职业最前线信息和社区发展的需要，这将是未来成人教育在职业培训上的一个主要发展方向，因而需要找到实现需要的途径，并发挥教育资源的效率和针对性。③互联网和学习平台模式。该模式为社区成人自学提供了最自由的空间，同时利用正规大学、学院的教育资源，借助网络不断拓展其生存领域和资源空间，把学历教育以更便捷的方式推向大众。成人教育发展同样需要以网络为载体，将知识、娱乐、技巧等呈现给那些有需要的成人。随着经济和社会的发展，社区教育的领域必然会不断扩展，社区成人教育的体系也会不断壮大和完善。